公共治理与公共政策丛书

◎ 教育部人文社会科学基金项目"和谐社会中公民参与政府治理的
法治保障"（项目号：10YJC810051）最终成果

公众参与政府
治理的法治保障

The Legal Protection of Public Participation
in Government Governance

许玉镇 ◎ 著

社会科学文献出版社
SOCIAL SCIENCES ACADEMIC PRESS (CHINA)

总　序

在全球化背景下，世界范围内各级政府所面对的内外部行政环境发生了深刻的变化，传统的地方性公共事务也变得日趋复杂，需要通过建立多种治理主体的合作机制加以处理。同时，公共事务的管理过程通常表现为一个动态的政策制定与实施过程。如何通过体制创新与政策创新来解决不断涌现出来的公共服务与社会管理难题，是今后相当长一段时期内各国亟待加强研究的问题。

与此相应，中国也悄然进入了"治理时代"，并面临着前所未有的管理创新与政策变革。随着改革策略从"效率至上"向"公平至上"的转变，我国在处理地方公共事务过程中，将以公平正义为政策导向，进而谋求促进地区经济、社会协调和可持续发展；随着市场经济体制的完善和市民社会的不断发展，我国将重新界定政府与市场、社会的关系，进一步明确政府的权限，推进行政体制改革；随着社会矛盾的产生和不断激化，我国将不断加强和创新社会管理体制，完善社会政策的制定和执行；随着公民需求日益复杂化和多样化，我国公共服务将由"政府单一供给"向"多元主体合作供给"转变；等等。可以说，治理之变革适应了全球化时代我国地方政府发展的需要，也符合我国社会转型和现代化建设的要求，对于提高执政党和政府的执政能力具有重要的现实意义。

与此同时，我国以公共治理为主题的相关论著日益增多，已经形成了一个方兴未艾的新兴研究领域。然而，公共治理理论是一个"舶来品"，在具有中国特色的政治社会环境中需要一个本土化的过程。根据本土化程度的不同，我国关于公共治理的研究可以分为三种倾向：公共治理理论的引介，公共治理理论的解析和公共治理理论的中国应用。其中，公共治理理论的中国应用部分，学者们主要进行了公共治理理论的中国适用性研究，适合中国语境的公共治理理念和思路研究，中国公共服务供给、公共危机管理等领域的应用研究，等等。比较而言，对公共管理理论的引介比较多，对公共治理理论中国适用性的研究比较少；对公共治理理论的解析比较多，对适合中国语境的公共治理理念和思路研究比较少，特别是创新性理论少之又少。关于公共治理理论在不同领域应用的研究中，现状宏观概括的比较多，提出规范性建议的比较多，将公共治理理论与中国现行法规政策、事实过程相结合，并进行深入分析的比较少。因此，有必要在充分理解和创新公共治理理论的基础上，立足中国公共治理事实，努力完成公共治理理论本土化的过程。

本丛书是吉林大学行政学院行政管理专业全体同仁共同努力的结晶。早在 1987 年，吉林大学就开始招收行政管理专业本科生，是我国首批开设该专业的三所高校之一。1993 年 12 月，学校正式成立行政管理系；1997 年开始招收行政管理专业硕士研究生。2000 年吉林大学行政学院成为全国首批 24 所公共管理硕士（MPA）教学试点单位，2002 年获得行政管理博士授予权，2003 年开始招收行政管理专业博士研究生，2005 年获得公共管理一级学科博士授予权。2006 年被批准成为吉林省十一五期间省级重点学科。2008 年，在原有行政管理博士点之外，又增设公共治理与公共政策博士点。2009 年 9 月，国家人力资源与社会保障部组织开展了第七批博士后科研流动站的申报工作，经全国博士后管委会专家组评审，国家人力资源与社会保障部、全国博士后管委会批准，吉林大学公共管理一级学科获准设立博士后科研流动站。至此，吉林大学公共管理学科形成了本科生、硕士研究生、博士研究生、博士后齐全的人才培养结构。经过不断的努力，公共管理学科已经确立了以社会公正为价值取向，规范研究和实证研究相结合，以东北地区地方治理为重点的研究方向和特色，在此基础上构建了结构合理的教学与学术研究团队，注重理论研究与公共管理实践的有机结合，科学研究水平显著提高，人才培养能力进一步提高，同时在为各级政府提供决策咨询、干部培训、学位教育、合作研究等方面也发挥着越来越大的作用。

我们的研究团队选择在地方公共事务治理这一中观研究层次，着力于公共治理体制建构和区域发展政策创新，谋求公共利益的促进和区域协调发展。经过多年的积累，在原有行政管理的研究基础上不断拓宽空间，加强研究力量，形成了一批有特色的研究成果，也为今后更为深入的研究奠定了坚实基础。本丛书的特点在于：（1）在结构安排上，本丛书主要围绕公共治理与公共政策领域的重点内容展开，各项研究成果各有侧重，相互联系，形成了一个比较完整的学科体系。（2）在研究取向上，本丛书遵循"全球视野、本土问题、现实取向、合作研究"的原则，在深化基础理论研究的基础上，追踪我国实践中的热点和难点问题，努力回应地方政府管理和科学决策的现实需要。（3）在研究的方法上，每部著作都坚持规范研究与实证研究相结合，宏观研究与微观研究相结合，综合研究与个案研究相结合，理论研究与对策研究相结合，尤其注重调查研究和实证分析。（4）在写作风格和文字表述上，每部著作都尽量做到准确、简明、生动、通俗易懂，具有较强的可读性。

这套丛书不仅适合作为公共管理专业的本科生和硕士生教学用书，也适合于从事公共管理实务的各级领导干部和公务员阅读。随着公共治理与公共政策实践的不断发展，会有越来越多的热点、焦点和难点问题涌现，公共治理与公共政策的学术研究会日益深入，公共治理与公共政策的学科体系会不断发展和完善，本丛书也会根据现实需要和理论的新近发展增加新的内容，希望能够通过所有关心公共事务的同行和朋友的共同努力，促进理论界与实务界的良性互动，早日迎来中国的"善治"时代。

目 录
CONTENTS

绪 论

一 问题的缘起

中共十八届四中全会做出的《中共中央关于全面推进依法治国若干重大问题的决定》明确提出：以保障人民当家作主为核心，推进社会主义民主政治法治化、制度化、规范化、程序化是社会主义民主政治的根本保障。在现代社会，政治参与不仅是公众表达政治态度的宪法性权利，而且也是一国政治体制有效运作的重要支撑条件，因此学术界通常把政治参与作为现代民主政治的核心内容，把政治参与的质量和程度作为衡量政治民主化的重要指标。制度化、规范化、程序化是中国特色社会主义政治参与的根本保障，制度化、规范化、程序化的集中体现就是法治化。

在当代中国，推进中国特色社会主义公众政治参与法治化意义重大，是全面推进依法治国，建设社会主义法治国家，发展中国特色社会主义制度的重要内容，具有重要的理论意义与实践意义。其一，社会主义公众政治参与能切实保障中国人民当家作主的民主政治权利。政治参与是肇始于西方民主理论的概念，其意义在于通过公民的直接参与弥补代议制间接参与可能带来的"民主异化"——人民的代表成为人民的暴君。中国现行的人民代表大会制度和多党合作政治协商制度，作为根本政治制度或基本政治制度是人民当家作主的重要保障；然而人民代表大会制度作为代议制民主，人民需要通过选举代表来行使权利、保障利益，政治协商也是更多地体现界别、党派社会精英之间的平衡协商，因此民众直接参加国家的政治生活可以丰富社会主义民主政治形式，更直接实现人民民主政治权利。其二，政治参与法治化可以实现有序政治参与，有助于中国的社会稳定和政治稳定。任何政治体系对政治参与的承受能力都是有限的，适度的政治参与能够增进公众对政治权威的认同，增强政治传导和反馈效能，起到政治安全阀的作用，而无序的政治参与则可能衍生社会动乱，1966～1976年的"文化大革命"就是典型的缺乏法治化的政治参与。当代中国在30多年改革开放带来经济巨大繁荣的同时也累积了不少社会矛盾，经济体制、社会结构、思想观念深刻变化导致部分社会群体利益失衡、价值失落、生活困苦、精神迷惘，群体性事件时有发生，在这样的总体社会情况下，如果不能用法治方式划定有序政治参与和无序政治参与的界限，就会使政治参与者无所依傍，政治参与者只能利用自认为最强有力的手段达到目的，进而忽视对他人和公共利益的影响和所负的法律责任。法治化程度低的政治参与渠道狭窄、不确定，更会导致政治参与者形成投机和实用心理，合法与非法、暴力与非暴力、胁迫与说理，什么形式有用就采用什么形式，这对任何一个社会来说都是极其危险的。其三，政治参与法治化能推进有序政治参与的有效性，促进政府倾听民意，增强公共权力运行的正当性。民主意味着政治参与的实际存在，中国政治参与在某些领域的确存在动员参与、符号化参与问题，而法治化的政治参与意味着政治参与的规则性（政治参与被法律等制度性文件所认可）、特定的重复性（政治参与以一定的时间或条件为前提的可重复性）、可预见性（条件具备参与就会出现）、公开性（政治参与对社会公开），这些都会促进政治参与的有效性。有效的政治参与代表着政治体系与民众的连接关系，通过政治参与，普通民众能够表达偏好以及对重要议题的立场，同时，也意味着对既有体制与规则的认知。因此，政治参与对于民主政体统治的正当性维持具有重要影响。

应该说，国内学者在政治参与研究起步较晚的情况下在政治参与理论与实践、历史与规律等问题上取得了很好的研究成果，但是在一些方面存在进一步深入研究的空间，如从理论研究上看，在吸收借鉴国外先进研究成果的基础上没有建立起完整的符合中国政治制度和国情民情的中国特色社会主义政治参与及其法治化的理论体系；从实践研究上看，没有从法治角度建构起系统完整的政治参与制度保障，现有的政治参与途径和方式不能满足公众参政议政、政治表达、政治监督的需求。公众参与历来是政治学、行政学与法学等学科领域的重要研究课题。本书选择公众参与政府治理的法治保障作为研究政治参与法治化的切入点主要基于以下几点考虑：首先，公众参与在诸多学科中都有涉及，它是政治领域的经典研究内容。公众参与是社会中的组织与个人以利益诉求为基础、以权利为依托，通过对利益分配的参与约束政府权力、驱使政府制定符合自身利益的过程。政府行为合法性的基础是公众对政府行为的认可程度，法律对公众参与的保障也由此可以看作政府为获得合法基础的一种途径与措施。其次，公众参与在世界各地的发展是西方政治文明对外输出的产物，但是由于国情不同各国政治发展程度不一，公众参与在各国的实践过程中出现了诸多复杂问题。在传统的国家治理模式下如何应对日趋复杂的公众权利诉求，如何解决政府能力不足和公众要求高涨的矛盾，如何平衡经济发展不均衡带来的社会冲突加剧等问题日益困扰着走向治理现代化的非西方国家。最后，改革开放 30 多年来公众参与在公共事务领域的重要性增强，它对中国政府治理能力与治理体系现代化的价值日益凸显。如何保障公众参与有序高效开展，如何确保公众参与权利通过科学途径得到实现，如何通过公众参与政府治理行为促进政府转变执政施政理念等，应成为中国学术界关注的重要课题。

在人类发展史中不同时代对社会政治经济发展的诉求不同，国家与社会一直试图积极回应这些诉求，而公众参与理念便是国家与社会回应诸多诉求的答案之一。作为对时代诉求的回应，不同国家、不同时期公众参与的内在价值与外在表现具有各自特征和差异性内容。从早期直接民主中公众到场参与国家管理到 20 世纪六七十年代的授予地方公民参与权以及之后的治理理论、协同参与理念的兴起，公众参与历来是西方政府治理国家的重要手段。而在中国，随着社会结构和利益主体的多元化格局的形成，公众对于自身利益诉求的满足不再局限于被动接受，他们更希望能参与关系个人切身利益的政策议题的制定，以便有效维护自身利益。通过对公众参与发展历程的回顾可以为我们之后的研究与论述提供清晰的背景铺垫。

自国家概念产生以来政府与公众便成为国家社会发展的最重要参与主体，两者之间一直存在着对抗、冲突、妥协与合作。在西方国家，希腊城邦制下的直接民主是公众参与国家政治生活的早期典范，其理念在于通过公众力量制约政府的强制权力，约束政府行为，以公民自我管理能力的提升为基础进一步提高自身生活质量。这种直接民主使得希腊城邦下的公民可以通过选举官员的途径直接参与国家政治生活并由此被当时的执政者们奉为民主政治的最理想形式。但是当时的希腊城邦人口数量较少，地理范围狭小，加之对公民资格的狭隘定义使得这种直接民主只能在特定环境中具有一定效力。随着人口规模的扩大和国家地理范围的扩张，直接民主逐渐被时代淘汰。其后随着资本主义的进一步发展，间接民主得到发展，而作为间接民主主要形式的代议制民主逐渐在各国确立。在代议制民主下，公众参与不再是直接到场而是通过选举权利找出各自利益的代表参与国家政治经济生活，此时的公众参与最主要的表现形式便是参与选举。代议制下公众参与的实质是具备选举资格的公民通过实现个人选举权利的形式，将符合自身利益诉求的代表推选进政府成为公民在政府的代言人，代表他们参与政府管理和政策制定等行政活动。但是在代议制下的公众代表并不总是按照公众意愿行事，甚至出现异化，间接参与的部分结果便是公众失去对政府行为的影响力，公众参与在政府政策议程中的地位呈边缘化趋势。同时公众参与权逐渐被狭隘地限定在选举程序内，公众参与的热情和意识开始消退，消极面对政府行为成为一种普遍现象而发生在社会政治经济生活的各个角落。

20世纪60～80年代随着西方资本主义国家经济危机的出现，社会动荡加剧，诸如失业、贫困、环境污染等一系列新问题的出现使得西方学者开始对当时政府管理理念和体制提出批判，也让政府将自身改革提上日程。为解决公众对政府的信任危机，应对管理危机，西方国家一方面给予地方更多权力，另一方面加大对社会民间力量的引入。但此时出现公众缺乏主动参与的权利和能力等诸多社会问题，进入政府政策议题的开关仍掌握在政府手中。此时的公众虽然是政府各种项目与政策的受益者，但由于公众缺乏有效参与的途径，他们仅能以旁观者的身份被动接受政府的各项安排。这种情况致使公众对项目的理解和接受程度不高，政府政策的执行在缺乏公众支持的环境下无法解决公众实际关心的问题，政府的做法未对其获得广泛公众基础做好铺垫。为此各国政府相继出台新的法律法规，以法律的强制性要求政府在今后的行政行为中必须建立有效的公众参与途径和程序，以公众利益诉求为基础制定相关政策，这标志着公众参与的新时代的到来。

在信息化和全球化的今天，公众参与的途径和形式变得日益丰富，不再仅限于政府所安排的制度化渠道。网络的飞速发展为公众获取信息参与政府行政行为提供了新的渠道，也对各国政府提出了新的要求。同时理论界对公众参与也有了新的研究成果，治理和善治理论、参与式民主和参与式治理、协同治理、网格化管理等，为公众参与在新时代的发展提供了丰富的理论依据。在治理和协同参与的时代，各国政府不再是国家社会的唯一治理主体，社会与市场作为参与主体的地位得到提升，政府开始以平等、协商、合作的态度加强与公众的联系。各国开始以政府主导、社会自治、公众参与、多方合作的理念为基础共同面对国家与社会发展中的各种问题。

在中国，公众参与的地位、重要性以及政府对公众参与的重视程度逐步提升。改革开放与市场经济的确立打破了原有单一的经济主体，个体商户、私人企业的出现使利益主体呈现多元化趋势。与此同时，社会结构也随之发生裂变，多元化成为社会利益主体结构的特征。随着经济的进一步发展，公众不再满足于仅仅成为政府管理的受众，而是希望能够通过一定途径参与政府管理，表达利益诉求、维护自身利益。面对公众日益高涨的参与需求，政府开始重视公众参与工作的开展，在法律体系建设上逐渐完善相关法律法规的制定，在参与方式上逐步拓展公众参与的领域和途径。在法律体系的建设方面 1982 年中国在已有的公民参与权的基础上将结社自由纳入宪法保障范畴，使公众参与组织化程度的提高有了根本保障。其后《村委会组织法》《居委会组织法》进一步强化了公众参与的组织权利。此外随着国家对决策民主化的重视，中国开始建立听证制度、社情民意反映制度等涉及公众参与方面的制度，而《价格法》《行政复议法》《行政处罚法》《环境保护法》《行政强制法》等保障了公众参与的权利行使，公众参与的意义和价值日趋加大。中共十八届三中全会提出"推进国家治理体系和治理能力现代化"以及"紧紧围绕坚持党的领导、人民当家作主、依法治国有机统一深化政治体制改革，加快推进社会主义民主政治制度化、规范化、程序化，建设社会主义法治国家，发展更加广泛、更加充分、更加健全的人民民主"，政府治理能力、政治民主化和法制化将成为中国未来发展的主题，这对中国公众参与的发展提出了新的要求，对于开展法治保障下公众参与政府治理的研究也具有重要的实践意义和价值。

二 研究意义

在此主要讨论法治保障公众参与政府治理的时代价值，以及公众政治参与大致包括的三个领域，即立法、基层民主和政府治理。法治保障公众参与政府治理的时代价值具体讲有下述几点。

首先，体现人民民主的宪法原则，保障公民政治权利。《中华人民共和国宪法》（2004 年）明确提出建设社会主义政治文明国家，而公民政治参与程度的高低是政治文明发展程度的重要标志，参与权作为一项基本人权是建设政治文明的重要内容。"管理国家的权利指人民依照法律规定的形式和程序参加国家各项事业的管理,行使当家作主的权利。在我国,人民是国家的主人,管理国家是人民依法享有的重要的民主政治权利。"① 公众参与可以提高公众的民主意识和权利意识,扩大公众的公共空间,在参与中认知公共生活,培养公民的公共合作精神。在当代中国,公众参与是利益相关的公民作为政治参与权利的享有者通过行使自己的政治权利参与利益分配,让公共决策成为各利益相关方分配利益的舞台,公共决策成为利益分配的一个互相妥协、互相认可的场域。保障公众对政府治理的参与权体现了参与式民主的要求。1970 年美国政治学家卡罗尔·佩特曼出版了《参与和民主理论》一书,系统阐述了参与民主理论。佩特曼认为,"真正的民主应当是所有公民的直接的、充分参与公共事务的决策的民主,从政策议程的设定到政策的执行都应该有公民的参与。只有在大众普遍参与的氛围中,才有可能实践民主所欲实现的基本价值如负责、妥协、个体的自由发展、人类的平等等"②。参与式民主被认为可以弥补当代自由主义民主的不足,纠正代议制民主精英主义的倾向,同时也是向直接民主的回归。参与式民主的最新发展是"协商民主"(deliberative democracy)。协商民主是一种治理形式,其中平等、自由的公民在公共协商过程中,提出各种相关理由说服他人或者转换自身的偏好,在广泛考虑公共利益的基础上利用公开审议过程的理性指导协商,从而赋予立法和决策以政治合法性。③ 参与最为直接地体现了民主。

其次,保障公众参与政府治理符合中国政治文明建设的精神,也是保护基本人权的重要内容。2004 年中国再次修改宪法第 18 条,宪法修正案提出"推动物质文明、政治文明和精神文明协调发展,把我国建设成为富强、民主、文明的社会主义国家"。广泛、自觉的政治参与是现代政治文明的本质特征,一国公民政治参与程度的高低是政治文明发展程度的重要标志。政治文明的重要内容是民主法治建设,参与权作为一项基本人权在建设法治国家、建设政治文明的历程中将发挥十分重要的作用。联合国大会 1948 年 12 月 10 日通过的《世界人权宣言》第 21 条规定:"(一)人人有直接或通过自由选择的代表参与治理本国的权利;(二)人人有平等机会参加本国公务

---

① 张文显:《张文显法学文选(卷三):权利与人权》,法律出版社,2011,第 239 页。
② 〔美〕卡罗尔·佩特曼:《参与和民主理论》,陈尧译,上海人民出版社,2006,第 36 页。
③ 陈家刚:《协商民主引论》,《马克思主义与现实》2004 年第 3 期。

的权利；（三）人民的意志是政府权力的基础，这一意志应以定期的和真正的选举予以表现，而选举应依据普遍和平等的投票权并以不记名或相当的自由投票程序进行。"① 1998 年 10 月 5 日，中国常驻联合国代表秦华孙大使在联合国总部代表中国政府签署了《公民权利和政治权利国际公约》。《公民权利和政治权利国际公约》是联合国制订的最重要的国际人权文书之一，1966 年 12 月 16 日由联合国大会通过并开放供签署，1976 年 3 月 23 日生效，共有 53 条。该公约与《世界人权宣言》和《经济、社会及文化权利国际公约》一起，被通称为"国际人权宪章"。《公民权利和政治权利国际公约》第 25 条规定每个公民应有下列权利和机会："（甲）直接或通过自由选择的代表参与公共事务；（乙）在真正的定期的选举中选举和被选举，这种选举应是普遍的和平等的并以无记名投票方式进行，以保证选举人的意志的自由表达；（丙）在一般的平等的条件下参加本国公务。"② 因此从履行公约义务的角度来说，加强对参与权的法律保障也是必要的。

再次，保障公众参与政府治理的权利是走向善治、实现治理体系现代化的重要途径。善治理论要求国家公共事务的治理不应仅有政府单一主体，还需要社会多方力量的共同参与，在平等协商的前提下共同治理社会和国家的公共事务。随着中国提出建立国家治理体系，政府的工作重心和理念开始发生转变：从统治走向治理、从善政转向善治。治理与统治及管理的运行向度不同，后两者中的政府权力是自上而下的单向度运行。而治理理念下的政府则不同，它强调权力是上下双向运行，其权力中心是多元化的，各参与主体通过协商与合作确立共同目标和达成目标的方式及途径。可见要想实现善治和治理体系现代化，必须确保公众参与的权利得到足够的法律保障。公众参与可弥补政府失灵，矫正可能出现的政府行为偏差。政府作为一个最重要的主体在治理中的作用是毋庸置疑的，但政府是由一个个机构和众多活生生的人（官员及其他工作人员）组成的，还需要一套将机构和人员组合起来从事各种治理活动的制度和规则。其中人是核心的要素。根据公共选择理论的解释，人都是"经济人"，政府官员也一样，他们在制定和执行公共政策的过程中不可能只追求公共利益，而是也受个人的出身、教育、知识、能力、经历、立场等因素的影响，每个人所

---

① 转引自董云虎、刘武萍编著《世界人权约法总览》，四川人民出版社，1991，第 963 页。
② 转引自董云虎、刘武萍编著《世界人权约法总览》，第 978 页。

理解的公共利益实际上也未必是真实的公共利益或者只是局部和短期的公共利益，再加上官员与民众之间的空间距离和管理链条过长，导致官员很多时候并不清楚民众的真实诉求，管理者与被管理者之间不同程度存在信息不对称性，这个时候即使官员想从公共利益的角度去制定和执行公共政策，其结果也未必就真的符合公共利益的方向。在社会整体发育程度不高的情况下，官员的公共利益价值取向会受到更多的质疑，如时下中国官员腐败案件频繁发生，人们感到很多时候官员其实被私人利益所"俘获"。所有这些都说明现实生活中确实存在"政府失灵"现象，为此需要其他主体参与到公共治理中来以弥补或矫正"政府失灵"。市场参与社会的治理主要表现于经济生活领域，使经济生活有规有序，提高经济资源的配置效率，减少经济风险和危机。但市场本身的寻利性特征使经济主体的活动必然存在严重的"负外部性"问题，它们可能向社会转嫁成本，对社会和公民造成侵害，即存在"市场失灵"，为此就必须由其他主体对市场进行监管和制衡以维持经济与社会之间的均衡。

政府和市场"双重失灵"决定了公众参与公共治理的必要性。公众参与主体一般由两部分即社会组织和公民组成，而社会组织是由公民自愿组成的组织，可以把它看成公民的一部分。公民之所以需要参与到公共治理中来，一是因为这可以填补国家（政府）和市场无法达到的领域，如志愿活动，以及提供国家和市场无法供给的社区公共物品和特殊的公共物品，实现公共事务的自主治理。二是因为公民组织可以充当公共权力与私人领域的过渡带，把私人领域形成的共识传达给公共权力。毫无疑问，公民自己最清楚自身的利益诉求，当众多个体的利益诉求形成共识后，一定程度上就可以作为公共利益或部分（局部）的公共利益为政府部门提供决策的依据。三是因为公民社会可以减少公权力干预私人生活，同时减少市场对社会的过度侵入。前面说到政府官员有时在做出决策时并非都出于公共利益的考虑，尤其是当其被市场力量"俘获"时就可能做出违背公共利益的决策。同样市场在扩张的过程中也可能造成对公民的伤害。在这两种情况下，公民可以通过各种形式进行自我保护，如提出诉讼或发起群众性的社会活动来维护自身的权益，抵制公权力的侵害和市场利润至上的价值观。传统的政府管理模式是单向度的自上而下的，公众缺少知情权、表达权、参与权和监督权；现代的政府治理是政府和公民通过上下互动、合作、协商达成共识，实现政府对社会公共事务的管理。当下中国公民参与政府治理的一个显著趋势是，越来越多的公民倾向于直接介入政府治理以监督政府有关公民切身利益的政策和管理活动。正如科恩所言：民主是一种社会管理体制，在该体制中社会成员大体上能直接或间接地参与影响全体成员的决策。需要指出的是，现代民主法治是社会和市场健康发展以及与政府形成有效互动的必要制度保障，也是防止它们被强势集团控制的制度约束。2007 年 6 月厦门"PX"事件、2008 年 11 月重庆处理出租车罢运事件的对话 - 协商 - 妥协的模式和 2009 年番禺垃圾焚烧厂事件中官民良性互动等，表明这种新型社会治理模式开始出现。

最后，保障公众参与政府治理还能有效缓解社会矛盾和群体性冲突。"公众参与政府治理"意欲增加社会结构的开放、包容和弹性，消减社会结构的封闭、对立和刚性；增加社会成员诉求表达的机会，拓宽公众参与公共事务的渠道；整合国内不同利益主体构建起通过谈判、协商、对话等方式解决社会矛盾的机制。通过整合可以有效解决社会问题与矛盾，可见公众参与对社会稳定的重要作用。保障公众参与政府治理还能提高政府决策的科学性、正确性，提升决策质量和执行效率。面对社会结构发生变化、社会问题日趋复杂的挑战，政府为公众参与提供公开、透明的参与途径和科学合理的参与程序，可提高公共政策的科学性和可接受程度、拓宽公众参与渠道，增加公众身份认同。"在民生政策形成过程中，利益相关者的有序参与是政府科学决策、民主决策的重要保证，也是协商民主的重要体现。但由于历史原因，现有体制机制缺陷及其法治化不足等问题，现阶段民生政策形成过程中利益相关者的参与严重缺失。"① 只有公众参与的深入开展才能提高公众对公共政策设定的影响力，协调施政者与受众对共同问题的意见，这已成为考量一国民主体制与政府治理有效性的重要指标。1995 年联合国全球治理委员会的报告认为公共治理的直接主体包括政府、私人组织和其他公共组织是在它们地位平等的基础上共同参与公共事务的管理。该份报告表明全球治理改革将公众参与的地位进一步提升。公众参与的程度加深与范围扩大、途径多样与程序科学有助于公共政策的制定、体现民意、反映民情提高决策的科学性、代表性和质量，同时也有助于公众理解政府政策、接受并配合政策的执行、提升政府政策的执行效率。

① 许玉镇、王颖：《民生政策形成中利益相关者有序参与问题研究——基于协商民主的视角》，《政治学研究》2015 年第 1 期。

三　研究综述

这部分主要是对国内外公众政治参与研究学术史进行梳理，对其中的代表观点进行评析。关于政治参与的起源最早可追溯到古希腊政治学说，公民直接、主动参与国家政治生活是古希腊民主政治的核心。现代意义上的政治参与思想则是来源于近代民主理论中有关人民权利的思想。资产阶级启蒙思想家卢梭在其著作《社会契约论》中对政治参与进行了比较系统的思考，他提出，"在一个真正自由的国家里，一切都是公民亲手来做"[①]，并强调指出，在运用主权在民理论对代议制民主进行理论批判过程中，直接民主是确保公民政治自由和民主的重要保障，他进而深入阐述了公民参与政治的重要方式及意义，为研究政治参与问题奠定了理论基础。卢梭的思想主张在法国大革命中成为罗伯斯庇尔领导的雅各宾派的理论旗帜，对欧美各国的资产阶级革命产生了深刻影响。20世纪初期，对于政治参与的研究进入繁盛时期，西方行为主义政治学尝试把政治参与归于一种政治行为，尤其是伴随着20世纪60年代政治社会学从社会学中独立出来，国外学术界和理论界进一步加深了对政治参与的研究，形成了一系列丰硕的理论成果。亨廷顿成为这一时期的杰出代表，他在《难以抉择——发展中国家的政治参与》和《变化社会中的政治秩序》两本著作里，对政治参与都做了经典分析，在政治学界影响深远。亨廷顿在书中要表达的核心观念，就是一个后进国家现代化事业能否成功取决于中央集权的政府能否统筹兼顾，于政治建设的同时在变革中保持政治秩序和稳定。如果社会动员和政治参与扩张速度偏快，政治组织化与制度化速度偏缓，其结果就是政治动乱。他认为，发展中国家公民政治参与的要求会随着经济发展和利益的分化而增长，如果一个国家的政治体系不能给公民的政治参与提供渠道，利益分化的公民群体的政治行为就有可能与社会秩序相冲突，给社会带来不稳定。日本学者蒲岛郁夫的《政治参与》一书论述了政治参与在民主理论中的重要地位，分析了日本政治参与的历史和现状，对未来的政治参与进行了理论展望。蒲岛郁夫认为，政治发展的历史，是公民不断参与公共事务管理的历史，也就是公民政治参与不断发展的过程。作为一个有着东方文化背景的学者，他在借鉴吸收亨廷顿关于政治参与相关理论的基础上，明确指出政治参与是旨在对政府决策施加影响的普通

---

① 〔法〕卢梭:《社会契约论》，何兆武译，商务印书馆，1980，第124页。

公民的活动。美国学者罗伯特·达尔在其《论民主》中将公民有效参与排在民主的五个标准的首位。科恩在《论民主》中对民主进行定义，也明确指出对于民主而言，参与是关键性的概念。总的来看，国外学术界对政治参与研究的重点主要集中在政治参与的作用、政治参与的方式与途径、政治参与的制度建设三个方面。

对政治参与作用的深入研究，直接关系到政治参与制度的设计理念。西方学者对政治参与作用的认识不尽一致，主要分为积极、消极、作用一般三种，表现在对政治参与制度的设计和定位上，就是在制度规范的倾向性上分别持倡导、限制与中立态度。其中，认为政治参与有积极作用，应在制度设计中积极倡导政治参与的观点居于学界主流地位，包括政治多元主义的视角、法团主义的视角、社群主义的视角、后现代主义的视角、民粹主义的视角、政治自由主义的视角、新社会运动的视角；认为政治参与消极作用较大，应该在制度规范中限制政治参与的，有新保守主义和精英主义；认为政治参与作用不大，对政治参与持中立态度的主要是新自由主义的部分学者。实际上，许多学者对政治参与作用的认识复杂多样。如熊彼特主张公民积极参与选举，而选举后由精英治国，实际上也主张限制公民参与公共事务。丹尼尔·贝尔认为，后工业社会需要贯彻能者统治的原则，同时普通公民却会要求更多地参与社会生活，这将导致参与式民主与专业知识统治之间的冲突，他预测参与式民主将会继续发展，但结果不乐观。

政治参与方式是政治参与制度化建设的重要内容。现代西方发达国家针对不同的政治参与方式，制定了内容详尽的制度规范。西方学者关于政治参与方式的分类主要有如下几种：一是根据参与主体组织化程度的不同，将政治参与方式分为个体参与和组织参与两类；二是根据政治参与过程中决策权分配状况，政治参与方式分为独裁或自主决策、协商式决策、公众决策三类；三是根据公民参与及影响力的程度不同，政治参与方式可以分为五类：自主式管理决策、改良的自主管理决策、分散式的公众协商、整体式的公众协商、公共决策；四是根据政治参与的活动形态，可以分为投票、选举活动、地区活动、个别接触以及体制外的暴力。西方发达国家针对政治参与活动的不同形态，如游行示威、政治投票、政治选举、政治结社、政治表达、政治接触等，都研究制定了相应的制度和规定。政治参与的具体途径同样是政治参与研究的重要内容，需要制度加以具体的规范。其中的代表人物为美国学者托马斯，他将公民政治参与的具体途径分为四类，即以获取信息为目标的公民参与，包括关键公众接触、由公民发起的接触、公民调查等；以增进政策接受性为目标的公民参与，包括公民会议、咨询委员会、斡旋调解等；以构建政府与公民强有力的合作关系为目标的公民参与，包括领导人认可、培养知情公众、相互学习，以及政府支持等；公民参与新的高级形式，包括申诉专员和行动中心、共同生产、志愿主义、决策中制度化的公民角色、保护公共利益的结构等。

西方学者广为关注的政治参与制度建设的热点问题主要有：一是直接参与（参与式民主）和间接参与（代议制民主）问题；二是程序民主论的参与民主与实质民主论的宪政民主，两者的制度设计具有重大区别；三是协商民主论的沟通参与与远程民主论的代议参与；四是政治合法性与非制度化政治参与的制度规定；五是政治稳定与政治参与的制度协调；等等。尽管西方学者对政治参与制度化的研究成果较多，但都是对西方国家公民政治参与制度化的理论与实践的总结、概括，对西方之外国家的公民的政治参与制度化与法治化研究很少。在冷战时期，西方学者以意识形态否认社会主义国家政治参与的研究，20世纪四五十年代，西方学者用极权主义模型来评价苏联和其他社会主义国家的政治参与，认为那是高度动员和虚假的，不符合自愿、功效和回应的自主参与原则。中国在改革开放之前，被西方认为是"专制集权"的国家，在国外学者的眼里，中国公民几乎没有参政、议政的权利，国外学者对中国政治参与制度化的认识是"批评多于研究"。改革开放以后，随着政治体制改革的不断深入，国外学者对中国公民的政治参与研究兴趣渐浓，但由于中国地域广阔，人口总量大，社会阶层多，要建立一套能满足不同地域、不同民族、不同阶层、不同文化背景公众的统一的政治参与制度，确实存在较大的困难，对国外学者来说，做这样的研究困难更多。

中国学者对公众政治参与的研究与西方相比起步比较晚，真正现代民主政治意义上的公众政治参与研究，始于20世纪80年代。随着对西方政治学的介绍和引进，政治体制改革提上议事日程，中国的政治学、法学等学科体系逐步恢复和建立，政治参与的概念也随之出现在中国民主政治研究者的视野中。2002年中共十六大报告正式提出"扩大公民有序的政治参与"；2007年10月，中共十七大报告继续提出"公民政治参与有序扩大"的要求；2012年中共十八大报告更加明确提出"要加快推进社会主义民主政治制度化、规范化、程序化，从各层次各领域扩大公民有序政治参与，实现国家各项工作法治化"。中共十八届三中全会通过的《中共中央关于全面深化改革若干重大问题的决定》指出，要"更加注重健全民主制度、丰富民主形式，从各层次各领域扩大公民有序政治参与"；中共十八届四中全会在通过的《中共中央关于全面推进依法治国若干重大问题的决定》中明确提出要"推进社会主义民主政治法治化"。在中共中央一系列重大政策的导向下，对公民政治参与的研究成为学界关注的一个热点问题，研究成果日渐丰富。研究初期，中国学者主要是介绍西方的政治参与理论，引进西方政治学的民主理论等知识。中国公众参与的实践大约是在 20 世纪 90 年代兴起，但公众参与成为广泛的社会行动和热门的政治话语则是 21 世纪初以后的事，特别是2003 年以后发生的一系列公众强烈要求参与的事件，使公众参与越来越成为中国的社会热点和焦点问题。经过近 20 年的探索和发展，国内学者对政治参与问题的研究逐步形成政治学、法学、公共管理学等多学科共同研究的繁荣局面，学者们根据各自学科的特点对政治参与的相关问题提出了各自颇有建树的独到见解，进一步推动了中国政治参与问题研究的发展。主要表现在如下几个方面。

第一，从基础理论层面对民主与政治参与机制和现象进行了系统研究。如北京大学的王浦劬教授在所著《政治学基础》中由政治参与的定义入手对其主体、本质、外延和目标进行了明确界定：政治参与从主体来看是普通公民的政治行为；从本质来看是公民对国家的权利、义务和责任的关系；从外延来看只限于合法手段影响政府活动，而不包括非法活动；从目的和对象来看不局限于政府决策，而是与所有政府活动相关的政治生活。中共中央编译局俞可平教授认为公共参与就是公民试图影响公共政策和公民生活的一切活动，包括投票、竞选、公决、结社、请愿、集会、抗议、游行、示威、反抗、宣传、动员、串联、检举、对话、辩论、协商、游说、听证、上访等，同时认为要实现政府善治，政治参与是重要前提。复旦大学教授陈明明在与陶东明合著的《当代中国政治参与》一书中第一次系统和完整地分析了中国政治参与的发展，并从规范化为主的角度，探讨公共政策中的公民参与机制。魏星河教授等在所著《当代中国公民有序政治参与研究》一书中，对公民有序政治参与的概念做了系统的论述，并且对中国影响公民有序政治参与的诸多因素进行了全面的理性分析，提出了评价公民政治参与的指标体系及测评的基本方法。另外还有王维国编著的《公民有序政治参与的途径》一书更加强调政治参与的"扩大"与"有序"之间的关系，对于政治参与制度化的构建有重要推动作用，而吴利平所著《中国转型期的公民政治参与》一书则列举了大量事实和材料，以实证和规范相结合的方式，探讨转型期中国公民有序参与的意义、途径以及具体制度构建等问题。值得提及的是，随着非制度化政治参与现象的增多，政治学领域对群体性事件等非制度化政治参与研究成果大量涌现。

第二，从人权保障角度出发，政治参与主要研究公民政治参与权利及其保障与救济。比较有代表性的如已故中国政法大学宪政研究所蔡定剑教授主编的《公众参与：风险社会的制度建设》和《公众参与：欧洲的制度和经验》。蔡定剑教授认为，参与就是让人们有能力去影响和参加那些影响他们生活的决策和行为；而对公共机构来说参与就是所有民众的意见得到倾听和考虑，并最终在公开和透明的方式中达成决议。作为一种制度化的公众参与制度，应当是公共权力在进行立法、制定公共决策、决定公共事务或进行公共治理时，由公共权力机构通过某种途径从公众和利害相关的个人或组织获得信息，听取意见，并通过反馈互动对公共决策和治理行为产生影响的各种行为规范。西北政法大学学术文库行政法系列编排出版了王周户教授的《公众参与的理论与实践》，主要从行政法治角度论述公众参与的基础理论、中国参与民主的理念诉求和制度功能、公众参与行政管理的程序与保障、公众参与的主体与途径、中国诉讼式公众参与的实践、公众参与与信息公开、公众参与与专家和利益集团、公众参与地方立法的实践与探索等内容。广州大学人权研究中心陈佑武教授在《论政治参与法治化的人权保障价值》一文中，详细论述了政治参与的法治化作用及其必要性；南昌大学的黎晓武教授在《论网络背景下公民参与权的行使》一文中，将网络这一新兴媒体作为政治参与的重要途径来研究；济南大学的讲师韩慧在《转型时期我国公民群体性政治参与良性发展的法治路径探讨》一文中将政治参与分为个体性政治参与和群体性政治参与两个维度，并对群体性政治参与出现的问题做了分析。在法学领域还有一些学者从法治化的角度对政治参与做了一些研究，如《论政治参与的法治化》①、《论政治参与法治化的人权保障价值》② 及《和谐社会公民政治参与权的法治保障》③ 等，当然还有许多学者的优秀研究成果，由于本书篇幅所限和本课题的研究侧重点，在此不再一一详细论述。

---

① 李英：《论政治参与的法制化》，《郑州大学学报》（哲学社会科学版）2009 年第 3 期。
② 陈佑武：《论政治参与法治化的人权保障价值》，《人权》2013 年第 5 期。
③ 章舜钦：《和谐社会公民政治参与权的法治保障》，《长江论坛》2008 年第 3 期。

　　第三，公众参与政府治理还可以从与政府公共管理的关系方面展开对政治参与的概念、参与主体、领域、路径的研究，主要代表学者有北京大学法学院王锡锌教授、北京大学政府管理学院赵成根教授等。王锡锌教授将公众参与定义为在行政立法和决策过程中，政府相关主体通过允许、鼓励利害关系人和一般社会公众，就立法和决策所涉及的与利益相关或者涉及公共利益的重大问题，以提供信息、表达意见、发表评论、阐述利益诉求等方式参与立法和决策过程，进而提升行政立法和决策公正性、正当性和合法性的一系列制度和机制。赵成根教授则试图建立一种以政策制度为核心的民主理论，开辟一种从政策科学角度研究公众参与的新的研究思路。其他一些学者也运用管理学的理论和范式对公众参与的量和度展开了定量研究。

　　从国内研究方面看，公众政治参与及其法治化的研究成果主要呈现以下四个特点：一是涉及学科越来越广泛，20世纪90年代中期以前政治参与制度化的研究主要集中在政治学领域，但90年代后期，法学、公共管理学学者也较多研究此问题，近些年来，哲学、社会学、历史学、传播学等专业学者也开始涉猎政治参与制度化的研究。二是理论研究日益深化与细化。早期政治参与研究侧重宏观探讨，近年来理论研究开始逐步深入，如把参与主体区分为工人、农民、青年、学生、私营业主、农民工、律师、知识分子、民主党派、工会、妇女等不同类型的具体研究。三是逐步加大对策性研究。研究者开始运用不同研究工具，从中国社会发展现状出发，运用数据深入分析中国政治参与的现状并提出相应对策。如中国社会科学院政治学研究所房宁教授主持编写了中国政治参与年度状况蓝皮书。四是研究方法多样化。除了传统的法学、政治学研究方法外，许多心理学研究的方法、系统功能分析方法、抽样调查法、个案访谈法，甚至自然科学的一些研究方法也越来越多地在政治参与法治化的研究中得到应用。

　　综上所述，结合国内外研究，本书认为公众参与问题的研究具有复杂性，其研究所涉及的学科繁多，对以往研究的检视也因此需要从多学科角度进行汇总。罗森布鲁姆等在《公共行政学：管理、政治与法律途径》一书中将公共行政学的理论和特点划分为三种角度进行分析，本书在此借鉴该分类研究方式将公众参与的研究视角分为政治学、公共行政学与法学三类。通过对不同学科视角下公众参与研究成果的检视，梳理不同学科视角下公众参与理论和研究发展的历史脉络，以期呈现出更为系统清晰的公众参与研究的发展特点，并在此基础上加深对公众参与的了解与认识。

1. 政治学视角

从学术谱系的角度看，公民参与的研究源自政治参与，甚至在相当长的时期内两者之间的区分是不清晰的。[①] 公众参与的研究最早出现在政治学领域内，成为政治学界的关注焦点。政治学视角下的公众参与理论研究更多将视线放在价值取向和价值判断上，注重对公众参与意义的探讨与研究，强调公众参与的回应性和民主化。政治学视角下的公众参与是民主精神的一种外在表现形式，是实现民主制的途径和方法。对公众参与的研究也不是技术手段的探寻而是抽象性的价值观层面的研究。回应性方面，汤玉权认为政府回应主要包括两层含义："一是狭义上的政府回应，即指政府在公共管理过程中对公众的社会需求和所提出的问题做出积极反应和回复的过程"，这包括政府反应和政府回复两个部分。政府回应既是公共管理的实践过程，也是系统的政府管理理论和行政理念的逻辑延伸。"二是责任政府意义上的政府回应，它是指作为政府本身，其行政管理职能下的所有行政行为都是要承担相应责任的。"[②] 政府对公众的回应既是公众给予压力的产物，也是政府调整自身的一种改革。可以说，公众参与的开展正是回应性的一种体现，也是政府公共权力合法性基础的应然要求。

政治学角度对公众参与的探讨除具备回应公众需求的意义外，更重要的是一种民主的体现，这也是政治学研究视角中的核心价值观。公众参与的产生和兴起一直伴随着政治学界对民主的理论意义和现实体现的争论而不断发展。将参与和民主理念联系起来并不会令人惊讶，因为在最朴素的意义上民主总是与公众参与相关联的。[③] 民主和参与之间的关系构成政治学视角下公众参与研究的争论焦点。有学者认为，"从已有文献来看，围绕这一问题的规范研究在很大程度上与代议制民主与参与式民主的争论和公共政策制定的精英模式与参与模式的讨论联系起来，形成了'倡导论'、'怀疑论'和'平衡论'三种不同的理论取向"[④]。从理论的历史发展看公众参与的理论，

---

① 朱德米：《回顾公民参与研究》，《同济大学学报》（社会科学版）2009 年第 6 期。

② 汤玉权：《回应公民参与：政治学视角下地方政府决策合法性探究》，《黑龙江社会科学》2012 年第 3 期。

③ 王锡锌：《公众参与：参与式民主的理论想象及制度实践》，《政治与法律》2008 年第 6 期。

④ 郭小聪、代凯：《公民参与的争辩与经验研究——十五年来海外相关研究述评》，《厦门大学学报》（哲学社会科学版）2014 年第 3 期。

主要有古典民主、代议制民主和参与式民主发展的几个时期。

　　古典民主理论时期，民主和参与的紧密关系得到理论上系统的阐述。①其代表人物卢梭认为公众直接参与决策是民主制度的一种体现与应然的制度安排，民主制度的建立基础和运行所需的动力维持需要公众的参与。当然卢梭也承认这种直接参与存在着空间和时间上的局限性，即空间上的范围扩大将提高公众参与的难度，时间上的延长使得效率受到影响，他也认识到直接参与的形式在领土面积范围日益扩大的主权国家得以实施的难度。正是看到了卢梭所倡导的直接参与形式的局限性，密尔提出了在宏观政治层面以代议机构替代公众直接参与即代议制。密尔认为公众对国家事务的参与应在宏观层面通过选举权的行使，选出代议机构的成员以代替自己行使权力。公众的直接参与应在微观层面即社会基层治理等方面进行。这一方面解决了直接参与的效率损失和空间限制，另一方面也能在直接关系公众生活空间的微观领域对公众的参与进行教导使其能具备一定的参与能力和意识。在密尔提出代议制下的间接参与形式后，随着自由主义民主的兴盛公众参与逐渐受到怀疑甚至否定。无论是精英民主理论的代表人物熊彼得所提出的"民主政治就是政治家的统治"，抑或是多元论者达尔对政治平等性的不同阐释以及理性选择民主理论中有关公众参与私利性和政治精英的理性选择都是对公众参与的怀疑和恐慌。他们都认为公众参与对民主的实现存在威胁，公众并不能理性地进行利益诉求与抉择，甚至可能由此破坏公共利益的实现。

　　参与式民主理论不同于自由主义民主理念，前者以发展的眼光看待公众参与，正视自由民主理论和实践的缺陷，重新关注公民积极有序参与理论的建构。②自 1960 年阿诺德·考夫曼首次提出"参与式民主"概念至今，参与式民主理论极大地推动了公众参与的理论和实践发展。而美国学者佩特曼撰写的《参与和民主理论》进一步拓宽了参与式民主理论的研究范围，也奠定了参与式民主的理论基础。此后麦克弗森进一步对如何实现参与式民主进行了更为细致的研究，对其模式和形式的探寻在一定程度上完善了参与式民主的理论体系。参与式民主理论鼓励公众投身各领域内的治理决策过程，

　　① 王锡锌：《公众参与：参与式民主的理论想象及制度实践》，《政治与法律》2008 年第 6 期。
　　② 董石桃：《公民参与和民主发展——自由民主和参与式民主的比较及其启示》，《黑龙江社会科学》2010 年第 3 期。

无论是哈贝马斯提出的公众参与活动空间的"公共领域"理论，还是巴伦强调的"扩大公民对政治的直接参与以'社群'、'共识'等理念为中心将市场社会中游离的个人重新连接在一起"① 的"强势民主"理论，都旨在鼓励公众积极行使参与权。参与式民主理论并不是全盘推翻自由主义民主理论而是对其存在的狭隘性和局限性的观点进行批判，并在此基础上对其进行修正和完善以求提出完善的公众参与理论。

2. 公共行政学视角

威尔逊提出的政治–行政二分法作为时间节点，标志着行政学的诞生，无论之后的公众行政学、公共管理学、行政管理学等不同学科如何变化名称，其发展开端都始自威尔逊的二分法。虽然行政管理学与政治学出现分离并各自独立成为一门学科，但二者在研究上却存在共同的研究对象，公众参与便是其中之一。与政治学视角下的公众参与有所不同的是，公共行政学并不将焦点放在公众参与的意义、作用等价值层面而是更注重其实用性即工具性和技术性。

自公共行政学独立成为一门学科后其对公众参与的研究态度和角度也发生变化。早期传统公共行政时期公共行政学对公众参与持限制性发展的观点。威尔逊在其著作《行政学研究》中写道：当公众评论直接关注政府的日常琐事和政府对日常工作方法的选择时，它当然会像是一个笨拙讨厌的家伙！像是一个乡下人在操作一部难以驾驶的机器。② 他认为应该将公众参与限制在一定范围内而不能让其任意发展。古德诺在对威尔逊观点进一步完善的基础上认为公众参与应该仅限于政治参与范围而不能干预到作为国家意志执行的行政领域。③ 可以说在传统公共行政时期，诸多学者认为公众参与并不能进行大范围的应用，至少在行政领域不能进行推广。学者们认为行政官员并不对公众负有直接责任，公众参与仅能对民选官员的政治理念进行干预以限制国家权力的行使。同时该阶段的公共行政学也没有对公众参与的具体程序、方法和原则等进行研究，更没有触及公众参与的激励机制等制度设置。

随着传统公共行政危机的出现，西方各国日益关注政府行政的公平性与

---

① 〔美〕卡罗尔·佩特曼：《参与和民主理论》，第10页。

② 参见彭和平、竹立家编译《国外公共行政理论精选》，中共中央党校出版社，1997，第19~20页。

③ 参见〔美〕约翰·克莱顿·托马斯《公共决策中的公民参与：公共管理者的新技能与新策略》，孙柏瑛等译，中国人民大学出版社，2005。

正义性，公众的利益诉求和参与意愿逐渐强烈。新公共行政学即在此时出现，以弗雷德里克森（又译弗里德里克森）为首的新公共行政学者们对传统公共行政的狭隘观点和理论进行了批判。他们认为在民主的社会中公共行政人员最终要向公民负责，公共行政的精神建立在对所有公民的道德基础上①，应该鼓励公民以个体或集体的形式广泛地参与公共行政从而使公共行政更响应公众呼声和以顾客为中心。② 新公共行政的核心观点在于公正与民主，他们提出应积极引导公众和公共行政人员参与到国家治理之中而不应在行政领域限制公众的参与。公共行政学在新公共行政时期提出引入公众参与并强调赋予公众以话语权以彰显公正与民主的价值取向，但是"尽管公民参与行政的权利被竭力倡导，但在公民参与公共行政的范围、深度、方式上缺乏论述，作为普通公民的'积极公民资格'并没有走得太远"③。

其后在 20 世纪 70 年代末，产生了旨在引入企业管理方法和精神的新公共管理学派。他们认为政府改革应以企业为榜样，积极学习企业的管理技术和手段，并强调政府官员应具备企业家精神。此时公众参与作为新的管理规范理念，其地位在政府管理层面日趋重要。在此阶段盖布勒和奥斯本合作撰写的《改革政府：企业家精神如何改革着公营部门》成为最具影响力的著作。他们将公众看作"顾客"，强调政府应对顾客负责，积极回应顾客的需求，因此有必要增加对公众诉求表达的渠道建设。为此政府应更注重与公众的合作，以公民个人的积极参与促使政府效能的提升。新公共管理改变了之前公共行政视角下的政府与公众关系，更注重公众的参与问题。这主要体现在：（1）重新审视政府与社会的关系，将公民视为"顾客"，公民被置于与政府较为平等的地位上；（2）强调管理过程的开放和透明，增强公民的知情权；（3）强调纵向分权，这种分权不仅指行政层级内部权力和职能的转移，也包括鼓励公民在政策制定和执行中进行充分的意见表达；（4）提倡在公共服务中引入竞争机制，为公民提供广泛的服务设计和选择的机会，强调政府对公众需要的回应。④ 虽然新公共管理理论强调公众参与的重要性，

---

① 〔美〕乔治·弗雷德里克森：《公共行政的精神》，张成福等译，中国人民大学出版社，2003，第 203 页。

② 〔美〕盖伊·彼得斯：《政府未来的治理模式》，吴爱明、夏宏图译，中国人民大学出版社，2001，第 61 页。

③ 陈志青：《公民参与的诸模式：公共行政理论的观点》，《行政论坛》2009 年第 6 期。

④ 马小娟：《西方公共行政理论演进中的公民参与观检视》，《广东行政学院学报》2010 年第 2 期。

但是将公众当作"顾客"的分析视角却较为狭隘,建立在"经济人"假设基础上的"公众"仅看到公众的利己性,忽视了公众作为共同体成员的公共责任。同时新公共管理强调的效率观点也忽视了公正、公平、代表性等价值基础,使得公众参与的价值基础缺失,造成公众参与对政府改革的实际效用降低。

对新公共管理理论的价值取向进行批判的新公共服务理论提出应重新建立公众参与的价值基础,认为效率不应成为政府追求的唯一目标而应将其纳入民主和公共利益的体系之中。其理论内涵涉及公众参与价值取向的内容包括:服务于公众而不是顾客,重视公民权胜过企业家精神。该理论的代表性人物登哈特夫妇认为政府应"为了公共利益而为公民服务","他们必须以一种尊重公民权和给公民授权的方式共享权力并且带着激情、全神贯注并且正直地实施领导"①。新公共服务理论将公众置于政府治理的中心地位,强调公民身份和权利、公民本身是民主治理过程中的重要组成部分。②

公共行政学视角下的公众参与从范围狭小的限制性部分发展到如今的广泛应用,其理论和实践发展与不同时期的世界经济、政治背景和环境的巨变紧密相关。从早期缘起于政治学的价值判断到今日的制度、程序等技术手段的研究,公共行政学中的公众参与不再仅限于一般的意义研究,而是发展出符合自身学科特点的技术性工具特征,更加关注除抽象性的价值取向之外的实际制度安排等技术性因素,研究范围也更贴近公众生活。

3. 法学视角

法学关注公众参与的权利问题,主要包含对权利产生的依据和权利属性、权利的保障和意义等方面进行研究。"任何权利都非凭空产生,而是人类社会既有规则、习惯、历史文化传统及群体正义观念等因素综合作用的结果。"③ 通过对已有文献的梳理发现,法学界对公众参与问题的探寻主要包括公众参与的宪法制度基础和公众参与权的界定和发展,以及公众参与对法治建设的意义。依宪执政制度基础是法学视角下公众参与的缘起依据,人权

① 〔美〕珍妮特·V. 登哈特、罗伯特·B. 登哈特:《新公共服务:服务,而不是掌舵》,丁煌译,中国人民大学出版社,2004,第153页。
② 陈志青:《公民参与的诸模式:公共行政理论的观点》,《行政论坛》2009年第6期。
③ 蔡立东、姜楠:《承包权与经营权分置的法构造》,《法学研究》2015年第3期。

是依宪执政的应有之义。人民享有不可剥夺的基本人权与政府行使自己的管治权应该并行不悖。[①] 世界各国的宪法条款对于公民权利的规定都受此影响，中国宪法也明确界定了国家权力的属性和来源。在依宪执政研究基础上许多学者开始对公众参与权的相关方面进行研究。在对公民参与权的概念界定中，有学者将参与权界定为一项基本人权，认为公民参与权就是指公民通过国家不断创造的各种合法途径参与公共事务的权利，是一项基本人权。公民参与权是一类权利，主要包括选举权、被选举权、担任公职权、参加听证、参与民意调查、提出意见、建议权等。[②] 还有学者将参与的效果和作用纳入定义，认为一国的公民以国家主人的身份依照法律的规定通过各种途径和形式参与管理国家和社会事务，以实现推进决策科学化、民主化的权利。[③] 在界定公民参与权含义的基础上，有学者进一步将参与权细化为公民的立法参与权、行政参与权、司法参与权和政治参与权，并对各领域的参与权研究现状进行汇总。[④] 在界定参与权的基础上，有学者就如何保障公众参与权的行使进行研究，认为影响公众参与权行使的因素包括参与的制度化和法治化程度、政府作用的发挥程度、社会组织的发育程度、政治参与的层次性状况、公民的参与意识等五个方面。对公众参与权的保障也应从这五点出发，从公众的主观参与意识和能力的培养以及客观的参与途径建设入手完善对公众参与权的保障。[⑤] 此外有学者从法治建设的角度探讨公众参与并对中国法治建设的意义做出了阐释，认为公众参与法律有助于实现与保障权利、有利于追求自由与平等、有利于确立与弘扬法律至上的精神。[⑥]

四　研究重点

公众参与政府治理的法治保障内容较多，本书重点研究以下问题。

（一）探讨党的领导和公众参与政府治理的关系

公众政治参与是公众在政治运行过程中表达自己的思想、意图和利益以影响国家政治决策行为的活动，使国家政治体系的运作避免或减少对"公

[①] 王振民：《关于民主与宪政关系的再思考》，《中国法学》2009 年第 5 期。

[②] 黄学贤、齐建东：《试论公民参与权的法律保障》，《甘肃行政学院学报》2009 年第 5 期。

[③] 闫桂芳、张慧平：《公民参与权剖析》，《理论探索》2004 年第 2 期。

[④] 朱未易：《地方法治建设中公民参与的法理分析与制度进路》，《南京社会科学》2010 年第 10 期。

[⑤] 王雅琴：《公民参与权及其保障思路》，《理论探索》2011 年第 6 期。

[⑥] 李泽：《公民参与法律在法治进程中的意义》，《法制与社会》2007 年第 11 期。

意"的可能的偏离。政治参与的行为主体是普通公民，介入的对象是国家政权。公民通过参与政治活动，为政党提供丰富的政治资源，有利于实现党的领导。政党的领导活动与公民政治参与具有紧密联系。

长期以来，西方政治学理论是否认中国"公民参与政府治理的实效"的。西方学者普遍认为，就西方资产阶级政党而言，它们通常是适应公民政治参与扩大的需要而产生的，因而历来被看作有助于实现公民政治参与的有效工具。西方学者认为，政党的一个基本任务是赢得选举，通过选举控制或执掌政权。这样，西方政党政治资源的获得多集中在选举期间，依靠公民积极参加政党的投票选举活动。为此，这些政党常常要尽力迎合公众的要求，充当他们利益表达和政治参与的工具，以便得到公众的信任和支持，在选举时赢得更多的选票。如果民众对政党不认同，不加入政党的选举活动，那么政党获取的政治资源就会减少，它们的力量就会削弱，难以在选举中获胜而成为执政党。也就是说，西方政党是通过公民参与本党的选举等活动来求得生存、执掌政权和贯彻自己的政策主张的。因此，不断扩大和保障公民的政治参与权利，是西方政党得以存在和发展的前提。然而在中国，共产党的产生与西方政党有所不同，西方学者认为，它不是公民政治参与扩大的结果，而走的是先建立政党、领导民众夺取政权后再实现民主政治的模式。共产党一党执政拥有绝对执政地位，没有与之竞争的其他党派，选举只在基层，而且流于形式。西方学者认为，中国虽建立了人民代表大会制度，但民众对人大代表的选举和监督只限于县级以下，整个政府官僚体系几乎都由政党领导下的任命形成，缺乏民主性和真正的公民政治参与。

本课题旨在在批判性借鉴西方民主和政治参与观点基础上，建构中国特色社会主义政治参与的理论，中国式"政治参与"实现形式必须是中国共产党领导下的政治参与。这是结合中国国情，从实践做出的必然选择。

首先，这是中国宪法规定和国情所决定的。宪法规定的中国共产党的执政地位是不容动摇的，中国的一切政治活动都必须首先坚持党的领导。在中国目前国情下，公民政治参与会影响到社会利益的分配，进而引发不同利益主体间的矛盾和冲突，因此必须对民众不同的政治利益要求、愿望随时进行沟通和反映，对公民之间、不同利益团体之间可能出现的利益矛盾给以及时协调和化解。公民政治参与过程还需不断对公民进行政治意识、政治价值和政治习惯等方面的教育和训练，在强化公民政治权利意识的同时，特别要强化自身的政治责任意识，使其正确地认识、对待和处理自身的利益问题。而这就需要充分发挥中国共产党促进利益综合、平衡和政治社会化的功能。

其次，这是加强党的执政能力建设、实现科学执政、民主执政、依法执政的必然要求。中国的现代化进程必然推进政治参与，公众政治参与的广度和深度是政治民主化和现代化的重要尺度，允许更多人参与国家的治理，不仅能协调好各方面利益，而且直接体现了国家治理的文明程度。在党的领导下，依法保障公民政治参与权，是对民主政治内涵的新拓展，是维护和实现人民当家作主权利的有效途径，是发展社会主义民主政治、构建社会主义和谐社会的客观需要。当然，坚持党对政治参与的领导还要落实在具体制度设计上，为此，本课题在三个推进路径研究上，都有党内制度这一部分，通过党组织、党内规则运用等相关制度体现实现党对政治参与的领导。

（二）探讨法治化如何推进中国公众有序参与政府治理

有序政治参与是我们党在十六大报告、十七大报告、十八大报告等文件中反复强调的中国政治参与的特色。在西方学者的理论中经常提及政治参与，但很少提及有序政治参与，但是无论是否明确提出"有序"，政治参与和政治稳定的关系都是政治参与理论与实践必须关注的课题。特别是当代中国社会阶层变动，利益格局调整，思想观念变化，公众政治参与热情高涨，群体性事件时有发生，政治参与和政治稳定关系复杂。根据国家信访局的统计，从20世纪90年代中期开始，中国群体性事件呈上升趋势，以年平均10%的速度递增。2009年国家信访局接待50人以上的集体上访18625次，涉及157万人之多。2012年全国各级法院受理案件1200万件。政治参与是政治现代化的重要内容，在传统向现代社会的转变过程中，经济、政治、文化和社会自身的发展必然导致公民政治参与的日益扩大。政治参与的发展状况反映了一个国家政治民主发展的程度。政治稳定是指一定社会的政治发展保持有序性和连续性，是保证一个社会一切其他发展的前提条件，是各国发展的首要目标。因此，一个具有现代意识的政治领导群体，都希望自己治理的国家有较高的政治参与水平，同时这种参与发展能促进政治稳定。

政治参与和政治稳定的关系比较复杂。无疑，政治发展的有序性和连续性是政治参与实现的前提条件，很难设想在政局混乱、政变不断的国家会有公民实现政治参与的可能，而政治参与的实现也会给政治稳定带来积极影响。一般来说，政治参与发展完善的国家都具有较高的政治稳定度。这主要因为：（1）政治参与满足了公民日益强烈的参与政治生活的愿望；（2）政治参与增强了政治的传导和反馈功能，有利于政府的正确决策和及时解决各种社会矛盾问题；（3）政治参与本身可形成一种广泛而有力的社会监督，发挥其群众性和政治性的力量，可有效治理官僚主义和政治腐败；（4）政治参与可以起到某种政治安全阀的作用。在推进现代化的进程中，伴随社会转型必然会出现一些利益的失衡、价值的失落、生活以及精神上的困难等社会问题，由此引发公众的失望、不满、愤懑的情绪。这些情绪最终都会集中到政治上来，表现为对政府的政策或公职人员的不满。如果这种异常强烈的失望、不满、愤懑情绪长期积压，得不到充分表达和宣泄，其后果堪忧，就会如处在高温、高压状态下而缺乏保险阀门的锅炉一样，一旦出现诱发因素就可能引起爆炸事件的发生。而现代社会的政治参与，恰好为公众表达自己的要求和愿望，维护自身利益，宣泄不满和愤懑情绪提供了正常的、合法的、多样化的渠道，起到为社会政治稳定装上安全阀的作用。

无疑，政治参与在总体上是能促进政治稳定的，但由于受多种因素影响，政治参与和政治稳定存在一定的特殊变数关系。政治参与孕育着政治稳定，而政治参与的发展过程及其不成熟性却可能滋生动乱。一方面，政治参与带来政治稳定的程度受政治参与的制度化程度影响。一个社会政治参与制度化程度越高，政治参与带来的稳定程度就越高，反之，一个社会政治参与制度化程度越低，则带来的政治不稳定甚至政治动乱的可能性就越大。此时，无制度化的政治参与表现为无序的政治参与，是合法与非法、暴力与非暴力、胁迫与说服的混合，具有鼓动性、易变性、不规范性和非理性等特点。民众此时跟着领袖的指向和鼓动处于一种狂热的政治参与状态，给社会安定带来极大威胁。这方面，1966～1976年的"文化大革命"就是一个被"左"的思想指导、缺乏制度化的政治参与的典型例子。另一方面，政治参与还可能受到政治稳定目标的过度挤压而演变为有法制而无法治的政治参与。有些国家拥有完善的法律体系，宪法和法律都对公民民主参与的权利和义务做了详尽的规定，然而在实践中，政府通过对舆论、新闻媒介和社团组织等方面的控制，使民众参与政治的一些方式和渠道丧失，甚至利用法制化手段削弱民众应有的民主政治权利，以达到政治稳定的目标。这实际上是集权统治，是拒绝民众参与政治生活。

那么，如何才能真正处理好政治参与和政治稳定的关系，充分发挥政治参与对政治稳定的促进作用，避免政治参与中可能出现的非制度化和过分法制化倾向，最终达成政治稳定效果呢？本课题认为，结合中国国情的政治参与法治化是协调政治参与和政治稳定复杂关系的有效途径，政治参与必须以法律为界，得到法律的规范和认可，在法治的轨道上运行。

第一，政治参与以法治为界。在法治社会，政治参与为法律所规范和认可，国家必须为公民和社会组织的政治活动确定基本的法律规则，并且法律要对政治参与进行适时调整，提高政治参与的制度化程度。以有无法律规定为据，政治参与主要分为制度化政治参与和非制度化政治参与。法治不仅意味着对制度化政治参与的规范和重视，也在可能的前提下促进非制度化政治参与向制度化政治参与转化，尽力将政治参与都纳入法治框架之中。一方面，如前面提到的，法律为政治参与制定规则，保证政治参与依法进行；另一方面，法治也保障非制度化政治参与的实现。非制度化政治参与主要表现是在建议、信访、申诉、控告、集会、游行、示威等活动中的过激的、非理性的行为或群体性事件。中国实行依法治国，保障公民的集会、游行、示威等权利。法治对违法政治参与进行制裁，保障公民政治参与的有效性。法治既保障政治参与行为，为政治参与提供正确指导，又对违法的政治参与进行制裁，提高违法的政治参与行为的成本，从而从反面保障政治参与的有效性。

第二，中国公民的政治参与在现代化进程的推进中从来没有停止过。从最初的第一届全国政治协商会议，到人民代表大会制度确立，实现对公民集会、游行、示威等政治权利的规定等，公民政治参与的权利不断扩大。中华人民共和国宪法、行政许可法、行政强制法等法律，以及党的十八大报告、《中共中央关于全面推进依法治国若干重大问题的决定》等为公众政治参与提供了良好的制度平台和政策导向，但现有公众政治参与具体运行体制机制不健全，导致普通民众在政治生活中不能切实享有并行使政治参与权利。必须完善中国公众政治参与的运行机制，否则人民当家作主的政治制度优越性无法充分体现出来，这不仅会使政治参与沦为政治花瓶，而且会导致民众对中国政治制度的怀疑。政治透明度不高、暗箱操作、公民的参与没有产生实际效果，在有关社情民意的决策中公民的意见和建议被忽略等问题还在一定范围内存在，如何保障政治参与有效性是当下亟待解决的重要问题。本书认为，政治参与与法治化能保障政治参与有效性。

（三）探讨网络在公众参与政府治理中的地位与功能

中国的社会发展转型期恰逢互联网的普及和信息技术的高速发展，微博反腐、网络建言、博客评说、网上提案等形式为公众政治参与提供了广阔的空间，网络以其低门槛、圈群化、即时互动和裂变传播的核心特性，打破了权贵精英对话语权的垄断，体现出天然的民主潜质，作为一般社交媒体平台的网络在中国承载着越来越多的政治表达功能，极大地推进了公众政治参与的速度、深度和广度。"开放式、低成本的利益表达机制对于推进国家治理体系和治理能力现代化极其重要。当下中国贫富差距扩大、改革发展成果共享不足等社会公正领域的突出问题与利益表达的严重失衡密切相关，因为利益表达成本过高导致特定利益群体特别是社会弱势群体和利益受损群体难以有效提出自身利益诉求。"① 但是公众网络政治参与也存在一些问题，主要有两方面：一方面是网络自身分散化、娱乐化和碎片化的属性，使部分网民对政治参与行为不负责任，不求对错，导致网络暴力、网络群体极化、网络民粹主义等网络参政的无序化行为；另一方面，国家公共权力对公众网络政治参与行为一定程度上存在监管缺位、越位的问题，一些地方政府面对网络民意要么反应迟钝，无所作为，要么对汹涌的网络"拍砖""围剿"风声鹤唳，网民的言论稍一涉及部门利益，就冠之以"影响社会和谐稳定"的大帽子，上纲上线，"勤奋删帖"甚至"跨省追捕"。本课题旨在在理清网络－政治参与－法律三者法理逻辑关系的基础上，从公众网络政治参与的法治化维度，提出解决以上问题的思路和对策，阐明当代中国公众网络政治参与主要有网络参政议政、网络民主监督、网络群体性意见表达三种形式。本课题以推进公众网络政治参与的有序性和有效性为目的，有序性以网络参与行为的合法性为判断核心，有效性以参与行为实际影响公共决策为判断核心。"法治国家是法治中国的核心。法治运行的几个主要环节，包括立法、行政执法、司法，都是由国家负责或主导的。国家立法机关的立法活动构成了法律运行全过程的起始性环节，立法的好坏对后来的法律运行环节必然产生连锁反应。国家行政机关的执法活动是法律实施的主渠道。我国 80% 左右的法律以及几乎所有的行政法规都是由国家行政机关来执行的，因而行政执法状况直接决定国家法律实施的总体水平。国家司法机关的司法活动是法律实施的最后一道防线。司法不仅担负着解决社会纠纷、保障法律权威的使命，还负有守护社会良知、维护社会会正的职责。"② 围绕上述目标，本课题从理论基础、立法、执法、司法四个维度展开对网络政治参与法治化的研究。

---

① 张贤明：《低成本利益表达机制的构建之道》，《吉林大学社会科学学报》2014 年第 2 期。
② 黄文艺：《法治中国的内涵分析》，《社会科学战线》2015 年第 1 期。

（1）网络政治参与法治的基本理论研究。这部分是本课题研究的基础，需要从法哲学或法理学视角理清网络－政治权利－法律三者的内在逻辑关系，本课题拟深入研究以下三个问题。一是深入研究技术与法律两大范畴之间的关联性。法律产生于农业社会，成熟于工业社会，在信息社会中，面对"泛在的网络"，针对网络空间的特殊法律需求，法律和法学必然发生转型，向哪里转型，怎样转型，目前研究不足，基本还是将传统的法律理念和法律规则通过立法转换直接运用于网络空间。二是深入研究公民政治权利发展在社会转型发展中的可行性路径。结合中国基本政治制度，深入研究发展中国家民主化进程与公民基本权利发展、经济发展、社会稳定之间的关系，充分汲取后发现代化国家民主政体转型的成功经验或失败教训。三是深入研究公众网络政治参与法律保障的整体建构，既考虑现实需求的迫切性，又考虑法律自身的稳定性、权威性，避免被技术、民愤、突发事件"牵着走"，注重网络政治参与法律保障的整体架构和分部推进。本课题研究的核心观点是：最大限度保障公众网络言论自由权。法律要明确规定民主监督与政治谣言、言论自由与国家安全之间的界限，严格遵循"法无明文禁止即可行"原则，最大限度保障网络言论表达自由。同时还要最大限度禁止网络监管公共权力滥用。遵循"法无明文授权即禁止"的原则，明确网络依法行政的要旨。

（2）公众网络参与政府治理的立法研究。这部分是本课题研究的重点。党的十八大强调，加强网络社会管理，推进网络依法规范有序运行。网络立法是信息时代的新课题，截止到2013年底，中国关于网络和网络空间管理的规范性文件共有约180个，其中直接或间接涉及政治参与的约占一半。应该说网络立法已经迈开了步子，但还存在一些问题，主要有：一是网络法律层级较低，全国人大及其常委会通过的法律只有3部，部门规章和其他规范性文件占据主体。二是核心法律缺失。目前专门针对网络的法律只有3部，专门针对网络政治参与的则没有，大部分属于零星填补现实需求而与网络参与间接相关的行为准则，如《预防未成年人犯罪法》《治安管理处罚法》中的若干条文。三是强调网络管制的法律多，保障公民网络表达自由的法律少。在180个网络规范性文件中调整行政法律关系的占85%，比如2012年12月颁布的《关于加强网络信息保护的决定》的12个条文，几乎全部在强调网络监管。四是规范性文件之间内容冲突。有关网络的司法解释太多，部门规章出台又太快，多头立法，冲突不断。本课题拟针对上述中国网络立法存在的主要问题，提出网络政治参与的整体立法框架，研究专门性核心性立法思路。

（3）公众网络参与政府治理的执法研究。网络的勃兴以及网络不当行为的存在促使产生政府部门网络管理权限的问题。无论从技术角度，还是从民主政治角度，政府都应首先对网络参与提供一个宽松、宽容的制度环境，鼓励更多的社会成员通过网络参与到公共事务中来，而不应是建立过多限制公民基本权利的网络封锁过滤制度。客观地讲，网络管理对传统的政府管理行为模式提出了挑战，一些地方政府滥用职权，封锁打压网络政治参与的情况时有发生，网络政治参与的执法保障要从政府行使网络管理行政权的法律依据入手，在程序和方法、内容、对象、效力等方面对政府网络管理行为进行规制，既要保障政府的网络管理职能的充分发挥，又要防范政府违法行政压制网络民意的粗暴行为。

（4）公众网络参与政府治理的司法研究。"无救济即无权利"，这部分着重研究网络政治参与权的法律救济途径。应明确网络参与法律责任，包括政府网络管理行政执法责任追究机制和公民网络违法行为的法律责任追究机制，保障公民合法的网络政治参与行为不受公共权力的任意干预，而网民恶意散布政治谣言、侵害他人、危害国家安全的行为也应受到责任追究。

五　研究思路

（一）总体思路

本书的总体思路是依照"问题提出—理论研究—实地调研—综合分析—成果产出"的研究路径对中国公众参与政府治理及其法治化进行理论阐释与实践推进。本课题基于大量关于政治参与的实地调研材料以及在充分占有文献资料并对中国公众参与政府治理的现状拥有宏观把握的前提下，通过对中国当前具体国情以及时代背景的充分认知，详尽梳理并分析中国公众参与政府治理过程中存在的问题，并从中推演出适合中国政治体制的参与法治化路径。简言之，发现中国公众参与政府治理出现的问题，解释问题存在的原因，以法治化解决政治参与过程中存在的问题是本课题研究的路径或宗旨。这具体包括以下几个方面。

第一，描述中国公众参与政府治理的发展现状。全面研究中国的公众政治参与需要了解公众政治参与的现状，本课题申报前已经做了一定的社会实际调研，在充分占有研究资料的基础上提出了本课题所研究的问题。研究表明中国公众参与政府治理客观情况并不乐观，需要加强对整体情况的量和度的把握，加之各类公众信访或上访事件、群体性事件在中国经济转型、社会矛盾突出的国情以及国际形势复杂严峻的形势下呈现逐年递增趋势，这需要我们认真调研掌握中国公众政治参与的总体情况。

第二，探寻并分析中国公众参与政府治理存在问题的根源。中国公众政治参与的范围广泛，涉及全社会的方方面面，因此要对各领域进行有针对性的深入调研，并在调研中充分认识中国公众政治参与过程中存在的问题。目前，中国公众参与在政府决策、社区治理、互联网等主要领域较为活跃，这些领域政治参与存在的问题也比较突出。本课题通过深入社会实地调研，发现并探索中国公众参与的实际问题及其原因，以期以有效的方式化解这些社会问题。

第三，以法治化为解决公众参与问题的有效路径。法治化是对有序政治参与和无序政治参与进行甄别与治理的有效途径，对公众参与法治化的推行将对中国民主政治发展及依法治国方略的推进起到关键性作用。本课题将从基础理论入手，从中国实际出发，突出对现实机制探索的对策性研究，从制度、法律、政策等各方面推动建构保障公众参与的法治环境。

公众参与是政治民主化的体现，也是中国开展国家治理体系建设、提高政府治理能力的客观要求。公众参与的实践和理论发展都较为丰富，各领域都对其进行了各自的解读。对于公众参与的有效开展，笔者认为，公众参与的有效性依赖于完善的制度建设和完备的法律体系的保障，它们是公众参与能否顺利实施及是否具有实际意义和价值的前提条件。因此，本书以法治保障为分析视角，以政府治理为研究领域将公众参与政府治理划分为参与主体和参与途径两方面进行相应的研究分析，探讨公众参与权利的内容及法律依据并理顺政府与公众间的关系与发展脉络。本书还将分析当前公众参与途径的依据与问题，研究不同领域公众参与实践的发展状况，并总结各领域中的现存问题，从法律的视角出发对问题的成因进行分析，以期对中国公众参与政府治理法治保障体系的完善提出具有一定价值的对策建议。

具体来讲，本书以公众参与政府治理的法治保障为题分三部分进行相关论述。

第一部分主要对公众参与和政府治理的概念进行研究与界定。通过对公众参与概念的梳理从不同角度分析其意义与价值，论证公众参与对政府行为的规范、促进与改革的作用，明确界定公众参与的主要方面和领域。而对治理理论的发展历程和国内外观点的回顾，解释了治理理论可以作为解决中国公众参与问题的理论基础，也能成为公众参与之所以存在的理论依据。

法律与制度建设是公众参与的保障基础，现有的公众参与问题多是由于两者的不完善所造成的，这是诸多问题产生的根源性因素，具体体现在公众参与的权利规定和参与途径的制度规范两方面。本书第二部分主要从这两方面进行论述。公众参与主体是公众参与制度设计的起点，它所提出的"谁来参与"的问题是公众参与有效开展的前提；对参与主体权利因素的研究可知中国公众作为参与主体具备的能力基础是否稳固。本书结合文本规定与实践行使两方面进行主体权利研究，在分析相关法律法规条款等规范性文件的基础上，结合不同领域公众参与主体权利行使的实践，总结权利因素中存在的问题。权利因素是公众参与的法律表现形式，而途径则是制度规范的具体体现。参与途径是参与主体权利实现的渠道，本书对中国现有的主要参与途径——传统的听证、协商座谈以及新兴的网络媒介——进行研究，并结合不同途径的发展现状分析现有途径存在的主要问题。

法治政府是中国政府今后发展的重要方向，对公众参与的法治保障是政府迈向法治道路的应然要求。本书最后一部分首先是对前面研究得出的主体权利和参与途径存在的不同问题进行法律视角下的成因分析，通过对不同问题法律成因的缘起追溯将表象问题本质化，即对问题进行法律层面的归纳汇总。我们在法律视角下对问题成因的分析有助于更深刻认识公众参与在中国发展的阻碍性因素。基于法律视角下的问题成因分析，本书最后一部分进一步探讨中国公众参与政府治理法治保障体系的完善，并在宪法、一般性法律法规和制度建设三方面提出完善法治保障体系的对策建议。

（二）研究视角

本课题是以综合政治学、法学、公共管理学等多个学科的相关知识为基础理论的一项跨学科的研究课题。参与权是公民政治权利的重要内容，政府治理是行政学的重要内容，其研究不能缺乏政治学、行政管理学等学科的视角和方法，课题负责人在这个问题上力求打破固有的学科界限，真正面对中国问题，从而提出有针对性、可操作性的对策。课题研究集中使用了问卷调查和访谈的实证研究方法，以立法和政府治理、基层自治领域为突破口进行调研。对中国碎片化的公民参与权的现状也有部分描述、解释并提出改变思路。本课题将综合各学科研究优势，全面系统地对中国特色社会主义政治参与法治化问题予以剖析和发展。

（三）研究路径

本书经过实地调研和文献梳理，首先描述了当代中国公众参与政府治理的现状及存在的问题，接着通过总结历史上公众参与的成功经验和惨痛教训以及分析中国的现实国情，解释并剖析了公众参与存在问题的原因，最后结合中国特色社会主义制度与国外有益经验得出要建构中国特色社会主义政治参与及其法治化，通过参与政府立法、参与政府决策、参与社区治理推进法治化的进程。

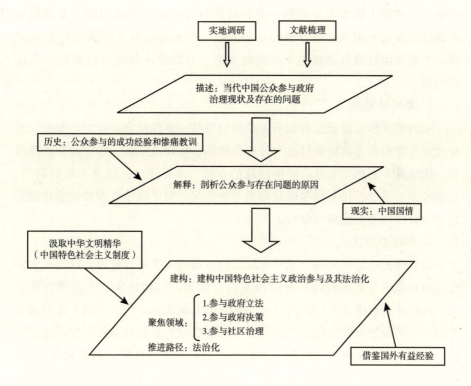

（四）研究方法

1. 文献研究法

文献研究法主要指收集、鉴别、整理文献，并通过对文献的研究，形成对事实的科学认识的方法。目前，国内外学者对政治参与问题进行了大量的研究，相关研究成果非常丰富。课题组通过购买 CSSCI 和 SSCI 引证数据以及分析软件，对 CSSCI 和 SSCI 文献库中的海量相关文献进行共被引分析，让文献间的引证关系以科学的方式展示各构成要素，通过研究设计、搜集与梳理对文献进行系统的分类与分析，并结合学者的规范分析，建立、完善要素间的逻辑联系。

2. 社会调查法

社会调查法是指社会调查人员有目的、有计划、有系统地搜集有关研究对象社会现实状况或历史状况材料的方法，是通过抽样调查、问卷调查、观察与访谈、案例调查等形式对所关注的问题进行资料收集与分析的实证性研究。本课题对此研究方法的运用，主要集中于通过问卷调查、深度访谈以及案例分析等方法，完成对中国政治参与现状以及法治化程度的调研，目的在于收集充分的第一手数据资料以解决研究的问题。本课题的子课题涉及几个重点参与领域的复杂问题，只有通过对主要领域的实地调研，才能厘清社会各层各类矛盾间的关系，有效解决政治参与过程中存在的问题。

3. 案例研究法

案例研究法是指研究者如实、准确记录某一事件或个案发生、发展、变化过程并以此作为典型素材进行分析与解剖，促使人们进入特定的情景和过程，建立真实的感受和寻求解决问题的方法。本课题对此研究方法的运用，主要集中于通过关注不同领域政治参与的状况，对中国公众参与法治化的问题进行分门别类的梳理与分析。

4. 比较分析法

比较分析法是指对两个或两个以上的事物或对象加以对比，以找出它们之间的相似性与差异性的一种分析方法。由于比较的内容、方式和标准不同，比较研究会得出不一样的结论。本课题对此研究方法的运用主要有两个方面：一是通过对国内外公众参与政府治理状况与法治环境的对比，分析中国与其他国家在公众参与政府治理状况方面的联系与区别，借鉴相关经验，同时提出具有中国特色的法治方案；二是通过对前述研究中有关中国参与法治状况的调查数据和结果进行比较，分析中国政治参与法治化的基本状况与影响因素，并提出能够促进公众参与法治化进程的对策建议。

第一章　公众参与政府治理
法治保障概述

第一节　公众参与的内涵与外延

　　世界范围内参与式民主理论的兴起为公众参与政府治理提供了雄厚的理论基础。20世纪六七十年代开始的公众参与政府治理逐渐成为现代民主制度的重要内容。时至今日，现代社会的治理已成为一个协调、施加影响并且平衡相关利益体的行为过程。正如丹尼尔·勒纳所言："传统社会是不允许参与的社会，而现代社会是允许参与的社会。"① 公众参与在中国的兴起有其社会政治发展的逻辑。当代中国正经历着社会结构深刻变动、利益格局深刻调整、思想观念深刻变化、市场经济深入发展、公众财富和利益日益增加等社会变革。独立、多元的利益主体的出现必然产生独立、多元的权利诉求，由此带来的一些深层次的矛盾和问题使得当代中国的公众参与已经成为社会发展的显性需要。当然公众参与之所以在中国得到较快发展，还因为它得到了政治上的认同。在社会发展向政治发展提出诸多要求的背景下，挖掘现有体制内的政治资源并不断促进社会公平正义、开拓新的公众政治参与渠道，建立通畅的利益表达机制，是中国共产党提出"扩大公民有序政治参与"的初衷与目的。公民有序政治参与是发展社会主义民主、建设社会主义政治文明的一项重要任务。多渠道与多层次的公民有序政治参与是构建社会主义和谐社会不可或缺的基本方面。因为实现依法治国、实现中国共产党"依法执政、民主执政、科学执政"、在社会主义政治文明建设进程中推动民主的发展等均需要扩大公民有序政治参与。公众参与是衡量现代民主政治

---

① Daniel Lerner, *The Passing of Traditional Society*, New York: Free Press, 1958, p.50.

发展水平的一个重要视角和维度,也是衡量一个国家政治文明程度的重要尺度。中西方学者都从不同的角度出发对公民参与的含义给予阐释,同时也有着不同的解释。

斯凯夫顿报告(Skeffington Report)认为公众参与是指公众和政府共同制定政策和议案的行为。参与涉及发表言论及实施行动,只有在公众能够积极参加制定规划的整个过程之时才会有充分的参与。① 阿恩斯坦(Arnstein)认为公众参与是公众的一种权利;参与是权力的再分配,通过这种再分配那些被排除在现有的政治和经济政策形成过程之外的无权民众能够被认真地囊括进来。②

俞可平认为,所谓公众参与是指政府之外的个人或社会组织通过一系列正式的和非正式的途径直接参与到政府公共决策中;它包括投票、竞选、公决、结社、请愿、集会、抗议、游行、示威、反抗、宣传、动员、串联、检举、对话、辩论、协商、游说、听证、上访等一系列公众在公共政策形成和实施过程中直接施加影响的各种行为的总和。③ 江必新认为公众参与指的是行政主体之外的个人和组织对行政过程产生影响的一系列行为的总和。④ 也有学者认为公民参与"是指公民试图影响和推动政治系统决策过程的活动"⑤。或者公民参与"是指公民为了争取、实现和维护自己的利益而参与社会政治过程,以直接、间接的方式影响政治决策的行为"⑥。

政治参与是公民或公民团体试图影响和推动政治系统决策过程的活动。它表明政治参与的主体是公民和公民组成的团体,政治参与的客体是政府决策及与之相关的公共生活,政治参与是一种自下而上的政治行为,政治参与的目的是影响或改变政府决策。⑦ 同时,政治参与总是与政治秩序联系在一起的。⑧

---

① Ministry of Housing and Local Government, *People and Planning* (Skeffington Report), Her Majestry's Office (1969), p. 1.

② S. R. Arnstein, "A Ladder of Citizen Participation," *Journal of American Institute of Planners*, Vol. 35, No. 4 (1969).

③ 参见贾西津主编《中国公民参与:案例与模式》,社会科学文献出版社,2008,代序第 1 页。

④ 江必新、李春燕:《公众参与趋势对行政法和行政法学的挑战》,《中国法学》2005 年第 6 期。

⑤ 陶东明、陈明明:《当代中国政治参与》,浙江人民出版社,1998,第 10 页。

⑥ 周平:《论我国改革过程中的政治参与》,《云南社会科学》1991 年第 4 期。

⑦ 孙关宏、胡雨春:《政治学》,复旦大学出版社,2002,第 245~249 页。

⑧ 〔英〕安德鲁·甘布尔:《自由的铁笼:哈耶克传》,王晓冬译,江苏人民出版社,2002,第 48 页。

政治秩序与政治民主一样，都是政治学工作者与实际工作者关心的话题。政治秩序作为反映国家控制力及反映公民与国家关系的一个重要变量，其外表是均衡与常态的，其本质是正义与合法的。当一个社会处于政治秩序常态时，人们行为具有一致性、相似性、重复性、稳定性，政治发展是可以预期的。正如有的学者所指出的，秩序是事物的一种状态；在这种状态下，纷繁众多的各种因素彼此相互联系，使我们可以从我们所熟悉的部分空间或时间来得出对于其余部分的正确期望，或者至少使我们有可能得出正确的期望。根据"公民参与"和"秩序"两个概念的含义，我们对"公众有序政治参与"的基本界定是：公众在认同现有政治制度的前提下，为促进国家与社会关系良性互动、为提高政府治理公共事务的能力与绩效而进行的各种有秩序的活动，它包括各种利益表达、利益维护的行动。这种活动是依法的、理性的、自主的、适度的对公共事务或政府决策进行个人或集体意愿表达的行为。但由于任何法律制度设计的来源最初并不是在法律文本之中，我们在思考扩大中国公众有序政治参与时，还得考虑另一种情形，即"公众有序政治参与"还应包括没有直接法律依据但可能代表事物发展方向的、不会给现有政治秩序造成危害的行为。

因此，从广义上说，公众有序政治参与包括两部分行为：依法的政治参与行为和有秩序的参与行为。从事物发展的趋势与立法过程来看，任何法律制度都是在现实需求之后订立的。因此，所有的政治参与行为，在没有确立法律之前，都是没有直接法律依据的行为，但没有法律依据的政治参与行为并不等于无价值的参与。所以，公民有序政治参与行为，有法律容许的参与形式，也有法律尚未规范的行为。但有秩序、理性的、自主的、适度的是公民有序政治参与的四个基本特征。公民参与政治是遵守秩序的，这种秩序是宪法与法律所设定的。中华人民共和国宪法赋予公民参与政治的权利是很充分的。但要实现政治参与的有序性，却需要具体实施制度规范支持，增强法律法规的操作性及程序性。只有把法律原则外化为可操作的程序规程，政治参与的有序性才能得到真正的体现，否则，公民参与政治就可能成为一种有法律依据却无实现程序的无序行为。秩序即有序性代表着社会结构的均衡、社会运行的稳定和社会行为后果的可预测。在当代，公众参与政治活动，广义地说是为了维护自身的权益，当利益多样性显现在社会中，对他人权益的尊重也是公民进行自身利益表达的实现条件和制约因素，这也是现代民主人人平等的另一个内涵。如果说每个人均从自身利益出发，不顾他人利益，就会出现利益表达失范，政治运行紊乱，一定范围内的无序，共同利益得不到维护，个人权益也没有制度保障。因此，政治参与中的有序性，也体现为公众参与各种政治活动时认同现有的政治权威与秩序，既要表达与争取自身利益，同时又怀有宽容、妥协的精神。因为这是民主制度下的公民素质的基本特征之一。公民参与政治行为是理性的。理性即政治理性，是公民在进行政治活动时能够清醒、自主地做出明智的选择，而不是因外界一时的鼓噪与宣传改变自己的主张与立场。公民政治理性，主要有三层意思：一是公民在行使权利时，有一定的政治知识，能够独立地进行价值判断。公民政治参与既是实现权利的过程，同时也是履行责任的过程，这是由公民权利与义务的统一性所决定的。公民政治参与会有后果，在进行政治参与时，不能用对民主的忠诚代替对民主的理性认识，须知，公众政治参与犹如一把"双刃剑"，丧失理性的政治参与播下的可能是"龙种"，收获的却是"跳蚤"。民主政治的发展显示，任何政治决策都是博弈的过程，理性是政治博弈得以维持并取得较好结果的内因。没有政治理性，政治发展难以维系。二是公民对公共决策结果的理解。一旦在少数服从多数原则下产生了新的决策，对那些希冀实现自己利益但此决策结果却未能反映其愿望的公民而言，以宽容的心态接受结果也是民主理性的要求。三是参与采用的方式是非暴力的。在制度不完善的条件下，利益表达也许需要多次进行，参与意愿在多次行为后才能使自己的目的达到。因此，这需要公民能够冷静对待，冲动并不能导致问题的解决，只能增加解决问题的难度。公众政治参与应是适度的，就是说政治参与是有限度的。这是因为：第一，公民对政治信息掌握得不完全。任何行为要达到理想境界，最基本的前提条件是对相关信息有完全的掌握，但这在现实中几乎是奢望。信息的不完全决定了公民在进行思维判断时的局限，思维判断的有限性决定了公民理性思维的有限，进而使得其行为不可能达到最佳效果。尽管我们处于信息社会，政务公开、公民知情权的落实比古代社会要强许多，但对公民个体来说，对政务的了解不可能是全息的。第二，公民个体行为存在差异，个人行为常常是发散式的，公民可以进行利益表达，但其个体视角的局限决定了其参与效能的有限。第三，国家对公民政治参与的制度供给总不会始终处于领先地位。社会经济的发展，总是在不断地向政治制度与法律提出新的问题，法律供给不足或是出现法律空白的现象时有发生。第四，政治参与的力度要与社会承受力相适应。所谓社会承受力，主要指政治主体对各种尖锐矛盾胶着、突发事件爆发的接纳度。社会承受力体现中国公民有序政治参与的含义、特点及价值。

我们在思考扩大公民有序政治参与时，可以预料各政治主体如能以比较平静的心态面对各种尖锐社会矛盾和突发事件，社会正常秩序就不会因此突然中断；当社会承受力较弱时，一有风吹草动，各主体就会草木皆兵，导致社会常态失序。以上存在的四个原因，决定了并不是所有的政治参与行为都是能够立竿见影地对公共政策产生影响，也并不是所有的政治参与行为都是符合法律制度的。公民构成宪法和法律最基本的权利主体和政治生活的实践主体。公民既是一个法律概念，同时也是一个政治概念。在法律上，它指具有一国国籍，根据该国宪法和法律享有权利和承担义务的人。在政治上，它指的是有权利参加国家政治生活的人。公民是共和政体中的现象，根据主权在民学说，国家权力归于全体人民，共和的基本含义就是权力由人民共享。然而，国家权力从组织到运行表现为若干复杂的过程与程序，这就需要按照一定的规则把人民和这些过程与程序结合起来，使人民能够发挥作用。于是，便产生了宪法，国家政治生活的宪法化把人民组织到了具体的政治关系中。从而，人民就成了公民。① 中国是社会主义国家，一切权力来自人民，同时宪法规定，凡具有中华人民共和国国籍的人都是中华人民共和国公民。公民在法律面前人人平等，公民资格不受年龄、民族、种族、性别、职业、家庭出身、宗教信仰、教育程度、财产状况等条件限制，享有政治权利。之所以强调有序政治参与的主体是公民，是因为旨在区别公众行为与职业政治家的行为或与国家公职人员行为的不同。公民政治参与既是权利也是义务，可以履行也可以放弃，而职业政治家和国家公职人员参与国家管理，是运用公共权力的过程，是其责任，在没有得到许可的情况下，责任是不可推卸的。与公共权力运行最大的不同，公众参与政治的权利是由公民自行决定放弃还是行使，只要法律没有禁止的行为均可使用。而职业政治家与公务员对公共权力的行使则必须严格遵照法律，否则就是违法。也正是在这个意义上，我们看到公众政治参与和政治家及国家公职人员政治行为的不同。当公民依法结成一个民间社团后，公民个体参与就成为公民集体参与，但由于它是公民自愿、依法的行为，同样也是公民政治参与的一种

① 王仲田：《政治学导论》，中共中央党校出版社，1997，第122页。

形式。扩大中国公民有序政治参与的渠道与形式，正在与构建社会主义和谐社会一道成为今后一个时期政治发展的重要内容。中共中央提出"扩大公民有序政治参与"，本身也表明当前中国公民政治参与还需要有新的制度保障，还需要开辟新的途径与方式，还需要为经济发展与社会和谐做出更多的贡献。我们还看到在现实政治生活中，存在与构建社会主义和谐社会主旋律不协调的另一种现象：公民无序政治参与在一些地方或在一些时候还在发生，虽然是局部的，但造成的影响却是很坏的。如何理性看待这种现象，分析其发生的原因，化解各种社会矛盾，直接关系建设社会主义和谐社会目标的实现。我们可以从多个视角分析：或是政府的因素，或是公众的原因，还有可能是历史的因素或是现实客观条件等。公民参与无序，如超出现有政治制度所能承受的限度，就可能引发动乱，失去社会主义现代化建设的稳定局势。这也是每一个渴望国家强盛、个人生活幸福的公民所不愿意看到的。

公众政治参与，最大的政治功能和价值在于通过影响政府的行政和决策，使国家政治体系的运作避免或减少对"公意"的可能的偏离。尽管公民通过政治参与影响政府决策的作用是有限的，但它是对公共行政的一种不可或缺的政治补充，是民主政治的一个基本特征。中国社会主义政治制度有着自身的优越性，同样有着公民政治参与诉求的内在逻辑。在本质上，社会主义政治制度正是以容纳比西方政体更为广泛的公众政治参与为基础的。因此，广泛的公众政治参与应该成为社会主义政治制度优越性的一个重要特征。从"建设中国特色社会主义政治"的内在要求和发展趋势看，"扩大"公民有序的政治参与，是21世纪中叶中国实现社会主义现代化的必然要求，是党代表人民利益的重要体现。公民有序政治参与是公民、国家、社会三者良性互动的形式，既是政治制度完善的需要，也是政治制度完善的结果，其核心价值是理性、和谐、正义、民主。首先，公民有序政治参与体现了政治参与的理性。政治参与理性主要表现：一是"具有对政府进行约束作用"，"民主的政治参与可以在国家和社会之间稳妥地矫正政府的行动与公民的意愿和选择之间的矛盾。为了体制的正常运转，政府需要从社会上得到有连贯性的信息和活力的补充，否则政治体制便难以维持。政治参与将把这种信息和活力注入政治体制。公民通过政治参与，表达自己对公共财富和价值分配的意愿和选择，并施加压力，使政府的行为不至于与公民的意愿和选择发生矛盾，从而左右政府的决策"。二是"作为教育公民的方式"，"公民通过政治参与可以学习如何发挥自己的政治作用，变得关心政治，增强对政治的信赖感，并感到自己是社会的一员，正在发挥着正确的政治作用，从而有政治体制的归属感"。三是通过政治参与，可以增加社会的稳定性，政府"由此提高统治能力"。其次，公民有序政治参与是民主形式与本质的统一。仅有国家层面上的制度设计，而无公民在国家公共事务中行使权利的操作规程，政治参与的秩序难以保障。要使公民参与的效果显著，公民参与就必须是在法律保障之下的理性行为，必须是有序的行为。公民有序政治参与的本质是民主与秩序的统一问题。一个社会没有民主不行；同理，没有秩序也是不可能的。为使国家、社会与公民三者良性互动，为提高政府治理公共事务的能力与绩效，应当依法鼓励公民有序参与政治活动。再次，公民有序政治参与是法律原则的外化。从理论上说，中国宪法赋予公民参与政治的权利是很广泛的，这是"一切权力属于人民"的最高体现，是民主的核心价值，是正义的基本要求。公民有序政治参与就是公民社会生活平等、自由的体现，表明公民依法表达自己的意愿及维护自己的利益是合法合理的。但追求正义不是个人能力所及，还需要社会的多数人共同努力。扩大公民有序政治参与既是正义之要义，也是追求正义之过程。最后，公民有序政治参与在于完整体现社会主义民主的要义。民主是建立在秩序之上的民主，法律是秩序的保障。不讲秩序的民主，不讲法律的民主，是无序的、非理性的。中国政治进程刻骨铭心的历史教训，表明无序的民众参与是国家稳定的大敌，带来的只是国家的灾难与民族的悲剧。因此，我们在研究公民政治参与时，强调"有序"，"扩大"公民参与，必须维护现有的政治秩序。民主的基本价值并非仅仅是为了利己的自由与权利，还必须尊重与保障他人的自由与权利。因此，法治社会的公民有序政治参与，是在法律许可的范围内，在不妨碍他人自由与公共安全的前提下进行。

第二节　政府治理的相关理论

一　国外政府治理研究

（一）治理现象与治理范式

作为一项现代意义上的世界领域的公共行政改革潮流与理论实践，治理研究源于西方国家治理现象全球化，全球治理理念方兴未艾。

1. 治理的"正式机制与非正式机制"的研究视角

全球治理理论的主要创始人之一詹姆斯·罗西瑙（James N. Rosenau）①在其代表作《没有政府的治理》等著述中明确指出，治理与政府统治不是同义语，它们之间有重大区别。他将治理定义为一系列活动领域里的管理机制，它们虽未得到正式授权却能有效发挥作用。与统治不同，治理指的是一种由共同的目标支持的活动，这些管理活动的主体未必是政府，也无须依靠国家的强制力量来实现。换句话说，与政府统治相比，治理的内涵更加丰富，它既包括政府机制，同时也包括非正式的、非政府的机制。

2. 治理的"权力-责任"研究视角

1998 年英国学者格里·斯托克（Gerry Stoker）对流行的各种治理概念做了一番梳理后提出了五种主要的观点。② 这五种观点分别是：（1）治理是指一系列来自政府但又不限于政府的社会公共机构和行为者的复杂体系；（2）治理意味着在为社会和经济问题寻求解决方案的过程中存在着界限和责任方面的模糊性；（3）治理明确肯定了在涉及集体行为的各个社会公共机构之间存在着权力依赖；（4）治理意味着参与者最终将形成一个自主的网络；（5）治理意味着办好事情的能力并不限于政府的权力、政府的发号施令或权威运用。在公共事务的管理中还存在着其他的管理方法和技术，政府有责任使用这些新的方法和技术来更好地对公共事务进行控制和引导。

3. 不同的治理的模型研究视角

治理理论的另一位代表人物罗茨（R. Rhodes）认为，治理意味着"有序统治的条件已经不同以前或是以新的方法来统治社会"。接着他列举了六种关于治理的不同定义。这六种定义是：（1）作为最小国家的管理活动的治理，它指的是国家削减公共开支以最小的成本取得最大的效益；（2）作为公司管理的治理，它指的是指导、控制和监督企业运行的组织体制；

---

① 罗西瑙论述的治理，不同于过去的统治概念，它不是依靠强制力量达成的目标。同时，治理也不局限于某一国家或某一地区的内部管理，它也是国际领域中值得推崇的国际关系管理新逻辑。参见〔美〕詹姆斯·N. 罗西瑙：《没有政府的治理》，张胜军、刘小林等译，江西人民出版社，2001。

② 〔英〕格里·斯托克：《作为理论的治理：五个论点》，《国际社会科学杂志》（中文版）1999 年第 1 期。

（3）作为新公共管理的治理，它指的是将市场的激励机制和私人部门的管理手段引入政府的公共服务；（4）作为善治的治理，它指的是强调效率、法治、责任的公共服务体系；（5）作为社会控制体系的治理，它指的是政府与民间、公共部门与私人部门之间的合作与互动；（6）作为自组织网络的治理，它指的是建立在信任与互利基础上的社会协调网络。①

（二）治理理论

1. 实力－依赖关系论（power-dependence in central-local relations）

实力－依赖关系论的代表人物是英国的罗茨。作为地方治理理论之一的实力－依赖关系论假定中央与地方都有办法对付另一方及其他组织，但这里的办法是指宪法、法律、组织、财政以外的各种对策如政治、信息、执行任务等方面的对策。无论是中央还是地方都试图调动其所掌握的资源使其影响最大化并将对对方的依赖降到最小，但没有一方能够完全掌握实现其目标所需的宪法、法律、组织、财政、政治、信息资源。因此，除了有个别的政府可能按科层结构组织外，大多数的政府组织都是以相互依赖为特征的，资源交换是相互依赖的结果。②

2. 政权论（regime theory）

美国学者斯通（Stone）1989 年从他在美国亚特兰大所做的研究中提出"都市政权"的概念。斯通指出："都市政权是一种非正式但相对稳定的、易于获得体制内资源的集合体，这一资源使之在决策中保持持久的作用。"③"政权论"的观念较倾向于新多元论，强调经济力量的重要性并注意到成长机器（growth machine）但未能关注其他冲突和妥协的政治过程。"政权论"由于比较关注城市发展的经济层面并采取地方性的取向、忽视更广泛的社会经济过程以及地方政治与外来力量的联结而受到批评。

3. 调节论（regulation theory）

在 20 世纪 80 年代末一些学者开始从经济领域的讨论中将"调节论"带入城市政治的范畴引入社会调节的观点，试图找到经济、政治与社会转型之间的关系。调节论起源于马克思主义所认为的资本积累是一个矛盾冲突的过程，必须建立一个政治、社会、文化的调节机制即所谓社会调解机制

---

① R. Rhodes, "The New Governance: Governing without Goverment," *Political Research*, 1996.

② R. Rhodes, "The New Governance: Governing without Goverment," *Political Research*, 1996.

③ 转引自史伟锋《政府治理理论研究综述》，《江西行政学院学报》2008 年第 1 期。

(model of social regulation) 才能支持资本积累的再生产。

（三）政府治理的实践

多组织、多中心治理理论观点。文森特·奥斯特罗姆是多组织、多中心治理研究的主要代表之一。他在所著《美国地方政府》① 中从实证的历史的角度论述了美国地方政府治理的复杂结构——色彩斑斓的"百纳被"结构、政府运作宪法秩序、不同层次政府解决问题的类型、在地方治理中公民的角色、公民理性选择与不同治理机制的能力和限度等。美国地方政府的特点就是形式多样、差别巨大，其特征就是为了满足不同利益团体同时提出的要求而产生的大量的地方单位，它们履行着各种不同的服务职能。美国地方政府是一种地方"自治政府"，以"民众有权"为基本原则。地方自治政府作为与州政府和联邦政府体系并存的一种形式而存在。奥斯特罗姆在其著作《美国公共行政的思想危机》② 中以"权威分散交叠管辖"为特征的多组织、多中心治理来论述自己的民主行政的观点。

（四）治理的其他研究视角

1. 作为一种结构、过程和分析框架的治理

彼埃尔（J. Pierre）和彼得斯（B. Guy Peters）在其著作 *Governance, Politics and the State* 中将地方治理概念视为结构、过程和分析框架以进一步澄清其含义。将地方治理视为一种结构时即假定各种不同的政治和经济制度都是被创设出来的结构，这些结构是一些组织化的集体行动，也是允许、规定或禁止某些行动的游戏规则。被普遍认知的治理结构包括科层体制、市场与网络等，这些结构都能解决但同时也会引发某些治理上的问题。这些结构在地方治理上是并存的。作为过程的地方治理，当视地方治理为一个过程时即假定治理是社会和政府互动的一种动态结果，治理途径时常被认为比较注意过程及其动态结果而较少重视正式的制度安排。作为分析架构的地方治理在治理概念的相关文献中导致概念混淆不清的一般原因源于治理既是现象又是理论和分析框架。彼埃尔和彼得斯特别强调治理概念作为分析的架构不仅是把机构之间的互动性与公共政策的制定过程相连接，同时也指出社会与治理的关系。

---

① 〔美〕文森特·奥斯特罗姆等：《美国地方政府》，井敏、陈幽泓译，北京大学出版社，2004。
② 〔美〕文森特·奥斯特罗姆：《美国公共行政的思想危机》，毛寿龙译，上海三联书店，1999。

2. 政府治理流程研究

穆恩（M. J. Moon）和韦尔奇（E. W. Welch）在其文章"Managerial Adaptation through the Market in the Public Sector"中从国家中心说的价值立场出发认为一般的政府治理流程应该涵盖三项主要的职能：设计的职能、生产的职能和维持的职能。

（五）问题与反思

治理现象研究始于认识到公共行政的主体已经超出了多层级的政府机构而延伸至社区、志愿部门和私人部门，这些部门在公共服务及项目实施中所扮演的角色是治理视角关注的重要领域。过去公共责任属于政府专有而现在它为政府与其他许多非政府组织所共享。从历史角度看便产生了狭义的"治理"定义与广义的"治理"定义之分。狭义的"治理"一直存在，比如如何有效地运用政治权力实现政治权力的根本服务目标是不同形态国家必然面对的任务。广义的"治理"定义是一个现代现象，至少从系统性角度看是近代以来的产物。因为近代以来市场和公民社会逐渐发展起来，不仅成为相关领域的活动主体而且扩大了这些领域的范围和影响力，对政治权力的全面控制能力提出了挑战和替代的可能。这也造成公共目标实现途径和方法更加复杂多样。即便如此，广义的"治理"定义也不能完全把国家或政府排除出去，它们依然在这个复杂系统中扮演着重要甚至关键角色。因此，从这个意义上说，两种形式的"治理"在实践层面上是不能分开的。

二 国内政府治理研究

（一）治理研究的三种途径

国内地方治理研究有诸多视角，大体上可以归结为三个研究途径："政府管理"导向的研究途径、"公民社会"导向的研究途径和"合作网络"导向的研究途径。

其一是"政府管理"导向的研究途径，聚集了大量的学者、政府官员。这一研究途径将治理等同于政府管理，侧重于从政府部门的角度来理解政府与市场的关系以及市场化条件下的公共管理改革，主要包括"最小国家的管理活动的治理""作为新公共管理的治理""作为善治的治理"等用法。毛寿龙教授是这一研究途径的主要学者之一。他在《西方政府的治道变革》一书中将 Governance 一词翻译成治道，认为治道是在市场条件下政府如何界定自己的角色、如何运用市场的方法管理公共事务的道理。治道变革指的是西方政府根据如何适应市场经济有效运行的需要来界定自己的角色，进行市场化变革并把市场化观念引进公共领域，建设开放而有效的公共领域。大体上毛寿龙采用了新公共管理的做法，强调企业经营技巧及市场导向的激励机制在公共管理中的运用。国内还有其他诸多学者从这一研究途径出发延伸了很多研究视角。例如，以经济学的分析工具和实证主义的方法，研究中国地方政府的事权、财权的权限问题所带来的地方政府治理效能低下；从激励约束手段、财政分权的视角来研究地方政府治理的改革从而使地方政府治理走向善治理想，如学者吴昊、王小龙等。指出地方政府治理结构是政府、市场、企业三类组织的行为边界和三者在经济生活中的排列组合，论证政府治理结构与区域发展的辩证关系，提出了制度成本、制度创新和正式制度等分析框架，如学者付永、曾菊新等。

其二是"公民社会"导向的研究途径。在"公民社会"研究途径看来，治理是公民社会的"自组织网络"，是公民社会部门（或者称第三部门）在自主追求共同利益的过程中创造的秩序，这种秩序在公共资源管理、社区服务与发展、同业协会和跨国性的网络中普遍存在。公民社会的"自组织网络"是一种"没有政府的统治"，是独立于国家体制之外、由个人组成的多元的且自主的领域。"自组织网络"主要从公民社会部门的角度来分析治理，将治理看成横向联合的"公民参与网络"，是一种"社会中心论"的治理观。俞可平教授是目前国内"公民社会"研究途径的主要代表人物之一。他的《中国公民社会的兴起与治理的变迁》主要研究改革开放后兴起的民间组织及其对社会政治生活的影响，他分别选择了有代表性的中国青少年基金会、行业协会、村民组织、社区组织为实例，对民间组织的影响、功能、运行、机制管理方式及其对治理的影响进行了比较全面的研究。从案例出发，作者对正在兴起的中国公民社会及其对善治的意义做了初步的理论概括。该书以无可辩驳的事实告诉人们，公民社会的兴起已经并正在对中国的整个社会生活发生日益深刻的影响。

其三是"合作网络"导向的研究途径。这一途径试图在"网络管理"的框架内整合上述两种研究途径。有学者认为20世纪90年代以来私营部门、第三部门以及各种社会运动出现在管理公共事务的大舞台上，这些非政府部门与政府部门联结起来形成相互依存的合作关系，就共同关心的问题采取集体行动。因此，"治理是政府与社会力量通过面对面的合作方式组成网状的管理系统"。这一途径一方面承认"自组织网络"的主要观点，将公民社会部门看作治理的主体并用它来解释公私部门分权－合作治理的新型关系；另一方面它也吸收了"政府管理"途径的重要观点，承认一个负责、高效、法治的政府对于有效治理的重要意义并认同"掌舵而非划桨"、市场导向、顾客导向等新公共管理的思想理念。陈振明教授是这一研究途径的重要支持者之一。他在《公共管理学》著作中谈道：在治理的诸多用法中只有"合作网络"治理才有新的特征。他还分析了许多相关问题，如多中心的公共行动体系；反思理性的"复杂人"，这是"合作网络"治理的行为假设；合作互惠的行动策略；共同学习的政策过程。该途径强调多中心的公共行动者通过制度化的合作机制可以相互调适目标，共同解决冲突，增进彼此的利益。从这一意义上讲，治理的实质就是一种合作管理。随着历史的发展，统治将随着国家的消亡而消亡，而治理将成为"自由人联合体"中管理公共事务的社会协调模式。

（二）问题与反思

治理现象的出现是世界范围内的一次公共行政改革潮流，对此国内学者分三个研究途径进行了理论推演，但是当结合中国地方政府治理具体实践时，各个研究途径的分析力和解释力都表现出一定的局限性。例如，"政府管理"研究途径侧重从政府部门的角度来理解政府与市场的关系以及市场化条件下的公共管理改革等，但是"作为新公共管理的治理""作为善治的治理"等理论则要求公民社会民主制度、法治环境、技术条件有一定程度的发展并基于一定的水平。国内学者大多从这一研究途径出发进行研究，可是较少地涉及这些社会环境和基本条件，研究对象主要集中在政府职能、政府角色、中央政府与地方政府的关系、政府治理能力以及行政管理等方面。"公民社会"研究途径将治理看成横向联合的"公民参与网络"，是一种"社会中心论"的治理观，这在中国当然是行不通的。因为中国社会与西方社会前进路径不同，在中国的现当代没有经历一个社会与国家、政府相分离、形成自主化的阶段或过程。社会在一开始就是融入国家的，甚至基本就是一个社会不断被政治化的过程——广泛而高度的社会动员、长期存在的单位体制即为明证。相对于国家、政府而独立的社会或者说民间力量基本没有成长的空间和机会，因而在公共事务上政府主导就成为理所当然的了。要参与社会活动或公共事务，就必须通过进入体制内的系统以政府身份或代表来进行。"合作网络"导向的研究途径试图在"网络管理"的框架内整合上述两种研究途径，其实质是"国家、社会、市场"三分法，采取的是纯粹的

"多元论"立场。国家只是整个复杂系统中的一元,私人企业、非营利组织等与国家处于对等的地位。而通过这些"元"之间的互动关系形成有效的网络来实现各种公共服务则是该定义的基本目的。"合作网络"的这种多中心的公共行动体系在中国也是行不通的,因为中国的公共行动体系是单中心的,没有第二个中心何谈多中心?所以中国地方政府治理的变革应该是在公民社会发展的基础上、在政府的主导下治理主体的多元化变革,并克服主体间的层级节制关系、扁平化关系,建立利用市场机制的参与、协同的激励性管理制度。

三 行政裁量的参与主体分析

公众参与政府治理在实践中主要集中在政府行政自由裁量权的适用领域。任何权力都存在被滥用的风险,行政裁量权也不例外,而且已然引发了诸多行政裁量的问题。对行政裁量权进行有效规制,已经成为今天法学界无法回避的问题。其实不单是法学界,其他领域的学者以及广大民众对于行政裁量问题也应当有一个初步或者更深入的认识,这对于中国法治社会的构建不无裨益。然而实际情况却恰恰相反,要使行政裁量权在法学领域之外有一个普遍的认知依然任重而道远。

(一)行政裁量权的界定

单从字面意义来看,行政裁量权可以简单理解为行政机关在从事行政活动时具有一定的鉴别、裁量的自由。这种界定显然不具备充分的说服力。随着时代的进步和裁量理论的发展,行政裁量权的内涵不断丰富,对其界定也始终没有定论,各种界说不尽相同,这大抵与各国的文化背景、法学传统与学术水平相一致。在此本着简明扼要的原则仅列举它的几种较具代表性的观点以供参考。

以德、日为代表的大陆法系学者对行政裁量权的界定通常是建立在行政裁量与不确定法律概念的区别之上,而所谓"不确定法律概念"是法律概念的一种特殊类型,具有语义模糊性和多义性等特征。在行政法领域,不确定法律概念与行政裁量是"如影随形"的一对范畴,但两者也存在明显的差异。德国的哈特穆特·毛雷尔教授对此做过较为系统的总结。他认为裁量的客体是法律后果,而不确定法律概念的客体则是法定事实要件。他进而指出,不确定法律概念可以并且必须受到全面的司法审查,只有在遇到不可逾越的界限及与其相应的法律界限的情况下例外才是合法的。大陆法系学者采用此种狭义的界定方式并从能否进行司法审查的角度入手明确指出行政裁量权是不受司法审查的权力。例如，"行政裁量是指行政机关经由法律的授权在法律规定的构成要件实现时可以决定是否使相应的法律效果产生或者选择产生何种法律效果"①。或者"行政裁量是指行政机关在法律积极明示之授权或消极的默许范围内基于行政目的自由斟酌选择自己认为正确之行为而不受法院审查的权力"②。

与大陆法系不同，英美法系国家已普遍将行政裁量权看作保障行政机关实现公共利益的有价值的工具。在行政裁量权的概念方面，多采用广义的理解且侧重对行政裁量权实质的描述而少见明确的界定。以下是具有代表性的观点，其中戴维斯教授的界定已经得到英美法系学者普遍的认同。"行政自由裁量权的概念是一种选择一个以上可行的行为的权力，对这种选择正常人有不同的观点，允许有自己的倾向"③ 只要公职人员权力的实际界限允许其在可能的作为或不作为方案中自由做出选择，那么他就拥有裁量权。④

中国大陆地区的学者的界定受大陆法系国家影响较多，一般采用狭义的界定方式并以合理性和合法性原则为基础严格规范行政裁量权的行使。例如，"自由裁量权是指在法律规定的条件下行政机关根据其合理的判断决定作为或者不作为以及如何作为的权力"⑤；"行政自由裁量权是法律、法规赋予行政机关在行政管理中依据立法目的和公正合理的原则，自行判断行为的条件，自行选择行为的方式和自由作出行政决定的权力"⑥。

上述观点涵盖了迄今学术界对行政裁量权比较权威的几种界定。可见不同法系学者之间存在较为明显的差异，即使同一法系甚至同一国家的学者也可能存在不同的看法，这都无可非议。综合这些观点，笔者认为行政裁量权的内涵大致可以概括为三点：第一，裁量权是一种选择性权力，包括作为与不作为的选择以及在作为前提下进行的有关裁量时间、程序、幅度等问题的选择；第二，裁量权的行使不得超出必要的界限，包括遵从合理性原则的和

① 〔德〕哈特穆特·毛雷尔：《行政法学总论》，高家伟译，法律出版社，2000，第 124 ~ 125 页。
② 翁岳生：《行政法与现代法治国家》，祥新印刷有限公司，1990，第 42 页。
③ 〔英〕威廉·韦德：《行政法》，徐炳等译，中国大百科全书出版社，1997，第 40 页。
④ 〔美〕肯尼斯·卡尔普·戴维斯：《裁量正义》，毕洪海译，商务印书馆，2009，第 2 页。
⑤ 罗豪才：《行政法学》，北京大学出版社，1996，第 121 页。
⑥ 姜明安：《论行政自由裁量权及其法律控制》，《法学研究》1993 年第 1 期。

法律规定的要件;第三,行政裁量权无论是广义还是狭义的都应接受司法的审查,这样虽未必能够完全防止裁量权的滥用,却可以在一定程度上弥补滥用裁量权造成的损害。

(二)行政裁量权的滥用现状

在对行政裁量权有了一个初步认识之后,我们了解到行政裁量权的基本特性,如果行政机关没有裁量权就如同艺术家失去了创造的灵感,后果难以想象。因此行政裁量权的存在已是无可争议之事。当下更值得我们关注的是裁量权的不当行使带来的种种社会问题以及如何规范裁量权的行使、弥补造成的损失。我们先来看一下造成各种行政裁量问题的根源及行政裁量权滥用的几种具体情形。胡建淼教授对此做过详细的阐述。

第一,以主观形态为视角有目的不适当和违反相关性两种情况。目的不适当是指裁量决定所追求的目的不是法律授权的,目的或者在追求法定目的的同时还存在着法律所不允许的附属目的或隐藏目的。前者如抓赌不是为了维护公序良俗而是为了创收。后者如在批准土地使用许可时要求开发商为行政机关免费提供若干套住宅以解决行政机关工作人员住房紧张问题。不适当目的很难完全类型化,常见的几种情形有:(1)牟利即谋取不正当的利益;(2)徇私指的是行政裁量权的行使从私人感情或利害关系出发的情况;(3)报复或者加以损害的意图指的是基于个人或小团体之间的恩怨而借行使职权对相对人实施打击报复的情况;(4)满足虚荣心指的是行政机关领导及工作人员急功近利在片面追求所谓"政绩""荣誉"心理的驱使下做出不当行政行为。违反相关性则包含三个方面:考虑了不应考虑的因素、没有考虑应当考虑的因素以及对相关因素权重问题的考量。

第二,以客观结果为视角,主要表现为三种情形:裁量怠慢、程序性裁量不当以及违反有关原则。裁量怠慢又称怠于行使裁量权,它表现为行政机关有依法做出行政裁量行为的义务却由于某些原因没有作为。广义的程序性裁量不当表现在三个方面:时间裁量不当(不合理的期限和延迟)、方式裁量不当(行政机关采取的措施无助于达成执法目的或者虽能够达成执法目的但会使相对人的权利遭受过分的损害)以及狭义的程序裁量不当。违反有关原则情形主要包括违反平等原则、正当期待原则和比例原则。平等原则要求行政机关在同一案件中不能因人而异、厚此薄彼,而在处理先后出现的同类案件时要遵循先例;正当期待原则约束行政机关的根源在于对人的尊重使公民能够对自己正当的确信有所依赖;比例原则所探讨的是在目的和所采取的手段之间是否存在一个适当的比例的问题。①

（三）行政裁量的参与主体

1. 自我规制的政府

传统控权理论主张通过立法机关和司法机关对行政裁量权进行规范和控制②，即通过立法机关与司法机关对行政裁量权进行规制。这种通过法律手段对行政裁量权的规制已不适应当今社会的发展，其自身的局限性阻碍了行政裁量权的行使。

就立法机关而言，其自身机构属性和工作特点决定了立法机关对行政裁量权的规制存在缺乏针对性和专业性等问题。例如，可能出现的"过度规制"导致行政人员缺乏主动性，对裁量权的行使较为"保守"，行政行为的真实目标发生错置；同时，"即使是有代表性的立法者，他们的知识和推理能力也都有局限。他们中任何个人不可能知道别人知道的每一件事，也不可能作出只有集体才能作出的论断"③。这说明立法机关自身能力也具有局限性，并不能对行政裁量权做出细致的规定。

而司法机关对行政裁量权的规制也具有一定的局限性，"一是司法机关对行政裁量权的控制范围较窄且具有时间上的滞后性。司法机关对行政裁量权的控制是通过司法审查来实现的，并且遵循不告不理的原则，即使相对人的权利遭到行政行为的侵害，相对人也可能出于种种考虑而不提起诉讼；即使相对人提起了诉讼，也未必可以真正进入审判程序；即使进入审判程序，司法机关事实上也只能对它所受理的极小部分案件加以深究。所以，通过诉讼程序来实现裁量权的控制属于一种事后的控制，具有不可避免的滞后性，其最大的缺陷在于难以弥补滥用裁量权造成的非正义。二是司法控制的成本较高。众所周知，诉诸司法程序需要高昂的成本，除当事人需交付的诉讼费用外，还要经历的漫长的诉讼周期，支付因此带来的时间成本"④。此外，司法机关对行政裁量权的规制也存在抑制行政行政机关主观能动性的问题。

在此情况下，政府逐步进行自我规制的尝试，并在其中积极引入其他主

---

① 胡建淼：《行政行为基本范畴研究》，浙江大学出版社，2005，第128~134页。
② 许玉镇、贾朋飞：《公共治理视域下行政裁量权的多中心治理》，《当代法学》2011年第5期。
③ 〔美〕约翰·罗尔斯：《正义论》，谢延光译，上海译文出版社，1991，第391页。
④ 许玉镇、贾朋飞：《公共治理视域下行政裁量权的多中心治理》，《当代法学》2011年第5期。

体的参与，从而实现对行政裁量权的有效控制。戴维斯教授特别推崇行政过程的内部控制与自我约束，他认为，"对自由裁量进行控制的主要希望——或许是唯一的希望——就在于行政的自我控制，应当鼓励行政机关制定规则以实现自我约束，行政机关内部制定的执法手册、工作人员手册等解释性立法对限制行政裁量权具有不可忽视的贡献"①。而中国已开始大规模的制定行政裁量基准，由此使政府逐步成为行政裁量权规制的最重要主体。"所谓裁量基准，是指行政机关在法律规定的裁量空间内，依据立法意图以及比例原则的要求并结合执法经验的总结，按照裁量涉及的各种不同事实情节，将法律规范预先规定的裁量范围加以细化，并设以相对固定的具体判断标准。"② 随着中国于 2004 年颁布实施《全面推行依法行政实施纲要》，各级行政机关在不同领域都逐步推出裁量基准，这表明行政裁量基准制度的日益完善成为中国政府行政改革与职能转变的重要标志。

此外，政府对行政权力行使的全程监控日益加强，也表明对行政裁量权的规制进一步加强。笔者认为这种控制的加强具体表现为以下四点：（1）对行政人员素质的考察，除了在公务员的选拔过程中严格把关、综合选拔外，还加大了对公务员的业绩考评和法律素质测评的力度。中国现有的公务员招考方面在制度和法律法规层面已日趋完善，但是公务员队伍，尤其是一线执法队伍在执法过程中暴露出法律意识和法律知识的欠缺。随着中共十八届三中全会以"法治"为主题，"法治中国"成为中国未来发展的核心内容，这就进一步要求具有行政裁量权限的机构和权力行使的个人需要具备良好的法治思维和法治理念。提高公务员队伍的法治素质，从宏观层面是中国建设法治政府的要求，从微观层面也能有效解决诸多社会矛盾与冲突。（2）参照行政案例和惯例，构建行政裁量的示范机制。构建行政裁量的标准，为行政裁量权的行使设立"模板"，一方面有助于降低行政成本，另一方面也有助于避免行政裁量范围不明确可能带来的非正义行政行为的产生。（3）拓展行政机关内部监督机制的功能，具体包括层级监督和专门监督；层级监督是以行政隶属关系为基础，通过上级对受委托和授权的下级组织和个人进行的监督检查。其主要的监督方式包括预示、随机抽样调查等，也包括下级将部分问题交给上级处理，或利害相关人向上级提出申诉行为等。专

---

① 转引自胡建森主编《行政行为基本范畴研究》，浙江大学出版社，2005，第122页。
② 周佑勇：《行政裁量治理研究——一种功能主义的立场》，法律出版社，2008，第57页。

门监督是政府通过设立专门的机构对相关机构的执法情况进行的监督工作，如行政监察和行政审计就是专门监督的重要形式。（4）基于裁量结果的控制。① 对裁量结果的控制主要包括绩效评估制度、行政复议制度和责任追究机制。其中，绩效评估制度是以一系列评估指标的设立，为行政机关和工作人员的行政行为提供衡量标准，它是行政人员依法行政的内部重要推动力。

2. 作为行政裁量权规制主体的非营利组织

通过上述介绍，可以发现政府在行政裁量权控制中的巨大潜力和作用，但是这种政府自我规制方式也面临"人治模式"和"内容不明确"等诸多质疑。例如，行政机关自说自话地设定行政裁量基准，其主体地位、法律效力、生成模式的正当性都存在疑问，有学者明确指出，裁量基准的订立既是对法律认识理解的过程，也是行政机关与相对人沟通协作服务的过程，其最大的优势是规制对象的广泛而直接的参与，必须引入公众协商机制，强化行政过程的利益沟通。② 当代中国大力推动市场经济改革，这也在一定程度上推动了政府角色和任务的重新定位，并且也为行政裁量权的多中心治理模式的采用提供了契机。所谓"多中心治理"，是由美国学者文森特·奥斯特罗姆和埃莉诺·奥斯特罗姆夫妇提出的，他们将公共秩序领域的"多中心治理"问题引入公共治理领域，试图在保持公共事务处理有效性的前提下，通过公共产品提供者的多种选择来打破传统的垄断局面，并迫使各生产和治理主体自我约束，强化相互沟通和协调，从而降低社会治理成本。其基本的规则和特点在于以自我治理为基础，由多个权力中心和组织体来治理公共事务，提供公共服务。与传统的政府单中心治理不同，多中心治理更加强调参与者的互动过程和能动地创立治理规则。多中心治理的逻辑起点是公共问题。多中心治理体制和公共服务体系在于"维持社群所偏好的事务状态"。③

---

① 许玉镇、贾朋飞：《公共治理视域下行政裁量权的多中心治理》，《当代法学》2011 年第 5 期。

② 对行政裁量基准制度的质疑还包括认为裁量基准可能引发裁量的僵化，将会出现裁量控制的简单化和技术的误用，更为重要的是裁量基准本身面临着合法性、有效性危机，为此，行政裁量的良好行政只能寄望于多元控制手段的综合运用。参见王锡锌《自由裁量基准：技术的创新还是误用》，《法学研究》2008 年第 5 期；周佑勇《裁量基准的正当性问题研究》，《中国法学》2007 年第 6 期。

③ 〔美〕迈克尔·麦金尼斯：《多中心体制与地方公共经济》，毛寿龙译，上海三联书店，2000，第 46 页。

可以说，多中心治理是为公共问题而生的。只要行政裁量问题具有公共性质，那么就存在多中心治理的可能性。按照多中心治理理论，行政裁量权的治理应该打破单中心的政府自我规制模式，构建政府、社会和公众的三维框架下的多中心治理模式，非营利组织以及行政相对人等公众代表应该有效参与行政裁量权的治理过程。

非营利组织是指不以营利为目的的组织，研究者们往往根据其研究侧重点的不同，赋予非营利组织不同的称谓，如非政府组织、第三部门、公民社会组织、民间组织等。20 世纪 70 年代，社会组织的扩张成为一种不可抗拒的潮流，全球的非营利组织迅速发展。美国学者萨拉蒙甚至认为，当前世界各国卷入了一场全球性的"社团革命"之中。[①] 为弥补行政裁量内部规制的不足，应当积极调动非营利组织的参与热情，发挥其在公共事务治理方面的积极作用。首先，应对非营利组织参与治理给予政策和法律上的认可，并赋予非营利组织一定的自治权。非营利组织作为一种组织实体，拥有完备的领导决策体系、财务核算机构，能够独立承担社会责任，并且具备鉴别裁量权是否过当的能力。其次，政府除给予必要的资金和项目的支持外，还应定期邀请非营利组织的代表参与重大公益事项的决策，参与行政规章、裁量基准以及公务人员行为规范等规范性文件的制定，并赋予其自由发表言论、陈述观点的权利。最后，对于非营利组织自身而言，应充分利用政府给予的条件，积极配合政府对裁量权的治理工作，提出富有建设性的意见和建议，并对裁量行为实施必要的监督，保证裁量权的合理行使。

当代中国非营利组织主要在环境保护、城市规划、教育、公共卫生等领域参与政府裁量权的行使。例如，2000 年以后，针对紫坪铺、怒江、虎跳峡等水电工程可能造成的对环境和人类文化遗产的破坏，自然之友、绿家园志愿者等环境保护组织与地方政府之间持续多年博弈，最终促使某些工程停建。又如，北京百旺家园高压输电工程环境影响听证会和圆明园环境综合整治工程环境影响听证会很大程度上是由非营利组织促成的。城市改建中对原有风貌和古建筑的保存，民间关于教育体制改革的讨论，对政府艾滋病防治政策制定的参与，推动政府流动人口政策法规的改变等都是非营利组织以自己的方式影响干预政府自由裁量权的行使。

---

① 〔美〕莱斯特·萨拉蒙：《非营利部门的兴起》，何增科译，载何增科主编《公民社会与第三部门》，社会科学文献出版社，2000，第 243 页。

3. 作为裁量决策参与者的公众

1. 公民参与行政裁量治理的困境

目前在中国公民参与公共治理的实践尚未形成完备的结构体系，缺乏必要的理论指导和制度保障。公民认为政府热衷于挂牌子、搞活动；而官员则抱怨公民没有主动精神和积极性，缺乏参与意识。两者互不相让导致公民参与公共治理的制度、机制建设止步不前。而具体到行政裁量问题的治理方面，这一问题就更加突出，既没有经验可循，又缺乏理论指导，更重要的原因可能在于政府在治理裁量权问题上的作茧自缚与公民参与意识、法治意识的淡薄。因此，公民参与行政裁量的治理面临重重困难，主要表现在以下几个方面。

（1）"公民唯私主义综合征"

政治的本义向来是集中于公共事务、公共利益、社会责任以及公民参与的理解方面，在公共领域，人们可以利用公共设施和技术手段解决种种社会问题。然而进入 20 世纪后期，这一政治传统逐渐被市场逻辑操纵、被公司权力颠覆，社会生活出现了普遍的"非政治化"现象，导致公众对在公共领域寻求解决公共问题的办法失去了信心。公民的角色逐渐从关注公共领域向"唯私主义"退却，哈贝马斯认为公共领域患上了"公民唯私主义综合征"。他认为"公民唯私主义"原本是一种公民权利的建构，但随着围绕这些权利而日益建制化的经济和国家越来越具有一种系统自身的逻辑，也越来越将公民角色压缩为单纯的组织成员的边缘性角色，最终形成的就是"公民唯私主义综合征"。① 任何公共问题的治理都是以公共利益为最终目标，但是公民的活动多是出于私利的目的，因而解决公民参与公共活动目标与公共治理目标的相悖问题是促进公民参与首先要解决的问题。

（2）公民法律意识的淡薄

在公共问题的治理上需要公民具备一定的法律意识和知识储备，尤其是具体到行政裁量问题的治理本身作为一种行政法现象，如果治理主体对即将面对的问题没有基本的认识，治理便无从下手。中国公民法律意识的淡薄向来是推进法治社会建设的瓶颈，行政裁量的治理对法律知识的储备又有较高的要求，尤其是对行政裁量权要有比较全面的认识，然而事实则是广大民众甚至学者对这一概念都缺乏基本的认知。这就使公民法律意识淡薄的问题在

---

① 参见孔繁斌《公共性的再生产——多中心治理的合作机制建构》，江苏人民出版社，2008，第 256 页。

行政裁量问题治理上显得更加突出。

(3) 制度建设滞后

要想推进多中心治理模式的发展就必须调动公民参与公共治理的热情,而要调动公民参与公共治理的热情就必须提供相应的制度保障。然而现实中制度建设的止步不前导致中国公共治理中公民参与度偏低。主要的原因大致在于:第一,对公民参与公共治理的制度性认识不足,有公民参与政府管理的法律而没有公民参与公共治理的制度。公民的参与成为行政机关的一种恩赐。第二,公民参与公共治理的意识和行动的缺乏导致制度的制定缺乏必要的实践经验的补给,造成制度建设的滞后,难以满足公民参与的需要。第三,行政机关对公民参与公共治理的必要性和重要性认识不足,对相关制度的建设没有投入相应的财力、人力和物力的支持,影响了制度建设的进度。

第三节 当代中国公众参与政府治理的
政治保障与法律保障

一 政治保障与法律保障的内容

当前中国公众参与政府治理的需求越来越强烈,但如果没有相关的法律、法规对利益相关方参与政府治理的方式、程序、广度、深度进行规定,就可能无法保障公民的有序参与,就会导致公民参与特别是群体性参与超出现有政治体系的承受能力而与中国现行政治体制机制运行产生矛盾甚至引发社会冲突。特别是当前中国政治、经济、社会各个领域的改革都已进入攻坚阶段,引发利益冲突的风险增大,公民参与的法律规范的制定尤显迫切。为此,必须为公民参与提供法律上的支持和保障。例如,在实践中基于共同的利益诉求以某项政府决策中众多直接和间接的利益关系人自发、自愿临时集结的公共参与活动,这些群体性公民参与是公众的一种参与方式和利益表达方式,本身不具有社会危害性。如果加以正确引导将其转为法律制度范围内的参与方式,就会发挥促进社会进步的积极作用;但是如果引导不当就会引发对社会和当事人都不利的群体性事件。相对于政治保障,法律保障有自身的不足,比如它可能不如政治保障灵活,不如政治保障可以直指实体正义,其执行力度可能也不如政治保障那样高效迅速。但是在一个法治国家正确对待日益增多的公民参与政府治理(包括群体性公民参与),最根本的依据应该是法律规定，法律规定应该是政治决策的依据。法律既要有效保障人民群众广泛参与政府管理，保障人民群众的意见和建议得到充分表达，合理的诉求、合法的利益得到充分体现，又要严格限制街头暴力等群体性事件。

应该说当代中国的公民参与在政治上已经获得了高度认可，但是这种在政治上的高度认可并没有带来实践上的高度执行；在一些地方的高调实施也是基于领导人的个人修养和素质，而实施的动力有时甚至是积累政绩的功利选择，这种高调实施往往随着个人的升迁调离而转淡。在中国是否采纳公民对政府治理的意见和建议对于行政长官来说并不存在很大的政治压力，所以中国的公民参与必须有强有力的制度保障，而最强有力的制度保障应该是法律。政治上的认可是法律明确规定公民参与的主体领域和方式途径的前提，但是一旦公民参与被全国人大立法通过，相关主体的一切活动就必须首先遵从法律的规定而不能随政治政策的变动而变动，不能随领导人注意力的转移而转移。一个法治国家宪法和法律对政治权力的约束性是不容置疑的，公民参与恰恰是借助法律的强大力量推进政治体制改革的重要途径。公民参与政府治理的法律保障有如下不可替代的优势与特征。

第一，公民参与政府治理的法律保障是以公民权利和义务的形式加以规定的保障。在法律上公民参与既不是政府的一项恩赐，也不是寻求政府正确决策的一种方法，而是公民的一项权利。法律是以权利、义务为核心展开的制度设计，是一种合法性的思维方式。这意味着公民要求参与一项政府决策也许是没有效益的（即投入大于产出可能影响地方 GDP 的增长），甚或在道德伦理上被认为是追求个人利益的利己主义，但从法律上看这些均不能成为否定公民参与的正当性理由。由于法律考量一项公民的行为并不是从政治、经济、伦理的角度来做出的或者说这些角度在立法的时候已经考量过了，所以只要是合法的或者说是有权利的那么就必须是被允许的。公民参与的政治保障更多的是一种自上而下的思维方式，是以集体、国家、国际为视角的，而法律保障是一种自下而上的思维，是以"每一个人就是整个世界"的思维为视角的，因而法律保障与政治保障是不同的。

第二，公民参与政府治理的法律保障是程序优先于实体的保障。法律保障具有确定性、强制性。法律追求的确定性，首先是程序的确定性，它是通过程序正义而达到的实体正义。在公民参与中法律不可能规定公民参与的具体程度、要达成的目标、政府在某一决策上具体要听从多少公民的意见，因为一旦如此法治就成了强制。法律不可能具体规定每一个公民参与政府治理时要达到的具体程度，只能通过对制度程序的规定、通过追求制度正义来实现个体公民参与的正义。所以法律关于公民参与的程序规定必须是"好"的，否则公民参与只会成为一个摆设，成为证明某项公共决策合法性的"遮羞布"。好的程序设计既可以吸收公民参与的智慧，保障公民参与的权利，防止政府错误决策的出台，又可以吸收公民的建议，促进公共决策的执行；而一项坏的公民参与程序设计则会成为愚弄大众的工具，使欺上瞒下成为为错误公共决策涂脂抹粉的工具而招致公民的集体愤怒；而权力行使者如果自认为其决策是"合法"的，理直气壮地强力推行，就会形成公共权力与私人权利的直接对抗而引发群体性事件。如在城市拆迁的许多案例中，个别部门的公共决策貌似符合程序要求，形成所谓"合法"的强制拆迁因而引发了不少恶性事件。程序优先于实体简单而言就是因为法律正义是一种制度正义而非个案正义，是以对制度正义的追求取代个人正义追求的模式。程序正义、制度正义是可计量可预计的正义，实质正义则是可以因价值观的不同而不同的正义。所以研究公民参与的法治保障就要思考并寻求一种科学的公民参与的程序与途径。

第三，法律保障公民参与政府治理是有救济措施的保障。"无救济即无权利"，法治保障视野下的公民参与的权利意味着法律必须规定权利受到侵犯时的救济措施，即公民政治权利的法律保障。当然公民参与的法律保障并不排除政治保障，不排除政府为有效地促进公民参与采取的一些方式，如市民评审团、政策效果展览会、政绩考核的公民参与、公共调查、公共辩论等等。但是它们与法律的保障是不同的，后者是一种权利义务的思维方式。法律应对政府部门违反公民参与程序做出明确罚则，如果政府机关没有为公民参与做出公正的努力就必须承担相应的法律责任。如果缺乏这样的救济机制，政府部门不能得到有效监督和制约，公民参与就会形同虚设。

当代中国的公民参与主要存在于三个层面：第一是立法层面；第二是政府治理层面，包括政府的决策和实施；第三是基层自治层面。其中涉及领域最广、发展最不平衡、老百姓最为关注、最易产生纠纷的是政府治理层面。当下中国的政府治理不能还是传统意义上政府发号施令自行设定管理目标、自行寻找实现手段的单向度过程，而是建立在多维视野之上从观念上和体制上承认利益的多样性、价值的多元性乃至民主的多维性要求、通过广泛而真切的利益表达以反映不同主体权益的博弈、歧异价值的沟通过程。政府将参与治理的公众视为利益相关者，不是消极的管理客体而是需要在治理过程中团结合作、分享政策影响力的伙伴。

世界范围内代议制民主的危机、参与式民主理论的兴起为政府治理的公民参与提供了雄厚的理论基础。传统的代议制民主强调通过利益聚合机制和利益代表机制实现公民的政治参与权，强调公民平等的投票权和政府决定的最终结果。而参与式民主则强调扩大普通公民的参与集体决策的过程，在这种体制中每个公民都应平等地参与公共政策的制定过程，自由表达意见，愿意倾听并考虑不同的观点，在理性的讨论和协商中做出具有集体约束力的决策。20 世纪六七十年代开始，公民参与政府治理渐成兴盛的现代民主制度的重要内容。① 时至今日现代社会的治理已变为一个协调、掌舵、施加影响并且平衡相关利益体相互行为的一个过程。

在当下的中国，公民参与政府治理首先体现了人民民主的宪法原则。2004 年中国修宪明确提出建设社会主义政治文明，一国公民政治参与程度的高低是政治文明发展程度的重要标志，参与权作为一项基本人权是建设政治文明的重要内容。政治参与可以提高公民的民主意识和权利意识，扩大公众的公共空间，在参与中学会过公共生活，培养公民的公共合作精神。正如科恩所言："民主是一种社会管理体制，在该体制中社会成员大体上能直接或间接地参与影响全体成员的决策。"② 其次，当代中国公民参与还成为政府治理的创新模式。传统的政府管理模式是自上而下的，公民缺少知情权、表达权、参与权和监督权；公民参与的治理是政府和公民通过上下互动、合作、协商达成共识，实现政府对社会公共事务的管理。当下中国公民参与政府治理的一个显著趋势是越来越多的公民倾向于直接介入与己相关的政府治理以监督政府的涉及公民切身利益的政策和管理活动，利益相关的公民作为政治参与权利的享有者通过行使自己的政治权利参与利益分配的博弈，让公共决策成为各利益相关方博弈的舞台，公共决策成为利益博弈的一个互相妥协、互相认可的场域。2007 年 6 月厦门 PX 事件、2008 年 11 月重庆处理出租车罢运事件的对话 – 协商 – 妥协的模式和 2009 年 11 月番禺垃圾焚烧厂事件的官民良性互动表明这种新型社会管理模式雏形开始出现。再次，能有效

---

① 1969 年阿恩斯坦发表的《市民参与的阶梯》和 1969 年英国的斯凯夫顿报告为研究代表，对公民参与政府治理的理论、原则和方法都有深入研究。阿恩斯坦在比较不同国家公众参与方式的发展水平与制度演进的基础上，提出了"公民参与阶梯论"，讨论不同阶段的公众参与方式。

② Carl Cohen, *Democracy*, Beijing: The Commercial Press, 1988, p. 10.

缓解社会矛盾和群体性冲突。21 世纪以来中国进入了一个社会冲突高发期,群体性事件数量急剧上升。"据统计,近年来全国发生的群体性事件每年以20%左右的速度递增……50 人以上的群体性事件更是大幅度增加……表明,有越来越多的人试图通过非常规手段,借助于社会力量解决他们面临的问题与矛盾。"① 中国群体性事件的增长是与中国经济的高速增长几乎同步出现,并不是由经济发展缓慢或者衰退引发而是经济增长中政府治理出现了偏差。从根本上防止群体性事件需要中国各级政府治理方式增加社会成员诉求自由表达的机会,增加社会成员参与社会公共事务的渠道;提倡社会成员求同存异、和谐相处且构建起通过谈判、妥协的参与机制,消除社会成员间的矛盾与冲突。2011 年 12 月的广东乌坎事件正是政府尊重公民的参与权才成功化解了官民危机。最后,公民参与政府治理也能提高政府部门决策的正当性、质量和执行效率。我们知道,对公民参与政府治理的质疑从没停止过,最主要批评涉及它的效率和对代议制的冲击。一些人认为很多重大的项目由于公众参与导致议而不决。但是现代政府本身正深深地受到世界范围内的技术和社会转型的挑战,面对这些挑战公民参与所提供的透明化、公开化的程序促进了公共政策的协商性和接受性,强化了政策制定者与政策调整对象间的共识。这些正变成对当代政府治理以及民主体制进行正当性考量的重要方面。联合国全球治理委员会 1995 年发表的报告指出:治理是各种公共的或私人组织放到了与政府平等的政治地位上成为公共治理的直接主体。可见全球治理变革把公众参与提高到了一个更高的地位。更重要的是,民众所蕴含的智慧通过参与得以体现,有助于增强政府决策的质量;参与使民众对执政者政策有所认识和理解,易于建立政府与人民之间的互信,又因政府决策是公共协商的结果从而使公共政策执行的效率得到了基本保证。

事实上执政党和中央政府对于公民参与政府治理的积极意义已经有了清晰的认识并从政治上给予了高度认可。中共十六大明确提出:健全民主制度、丰富民主形式、扩大公民有序的政治参与。中共十七大又进一步提出:增强决策透明度和公众参与度,制定与群众利益密切相关的法律法规和公共政策,原则上要公开听取意见。2012 年的《政府工作报告》也指出:扩大社会主义民主,依法实行民主选举、民主决策、民主管理、民主监督,保障

---

① 王东:《群体性事件的特点及处置原则》,《中国行政管理》2010 年第 7 期。

人民的知情权、参与权、表达权和监督权。中共十八届三中全会报告深刻指出：坚持用制度管权管事管人，让人民监督权力，让权力在阳光下运行，是把权力关进制度笼子的根本之策。……发展社会主义民主政治，必须以保证人民当家作主为根本……更加注重健全民主制度、丰富民主形式，从各层次各领域扩大公民有序政治参与，充分发挥中国社会主义政治制度优越性。

　　这种政治上的高度认可并没有带来实践中的高度执行，政府自上而下组织的公民参与很大程度上流于形式甚至招致逢听必涨的批评；公民自下而上的参与基本上是防卫性、维权性参与即某项公共决策损害到个人利益时才会真正参与，否则人们通常只会保持比较高的参与愿望但不会直接参与。笔者也曾组织对中国较早出现的公民参与政府治理的方式"市长热线"进行实证调查。市长热线是近年来出现的一种较为群众所知的公众表达和行政救济、政府回应机制，我们曾在长春市这样一个综合文明素质比较高的城市做问卷调查。在200名被调查者中有35%的人不知道市长热线；在知道市长热线的130人中有64.6%的人没拨打过；在130名知道市长热线的被调查者中比较了解市长热线运行机制的只有9.2%，有点了解的占36.9%，不了解的占到了43.9%；遇到难事67.7%的人不会求助市长热线或看情况。可见市长热线这样一个知名度较高的公众参与形式实践中参与度也不高。中国第一本由国家权威机构发布的中国公民政治参与蓝皮书《中国政治参与报告（2011）》根据中国公民政治参与的实际状况创设了初步的指标评估体系，以选举参与、人民团体与群众自治组织参与、政策参与、接触式参与、参与意识和参与满意度等5个一级指标（每个一级指标1分，总分为5分）评估2004年以来中国公民的政治参与水平。在国内学者和研究机构已有问卷调查数据和相关统计数据的基础上，综合评估中国当前的公民政治参与处于低等水平（以5分作为评估标准，目前的得分为2.115分）。在政治参与涉及的5项指标中得分最高的是"政治参与意识与政治参与评价"（0.553分），其次是"选举参与"（0.529分），再次是"政策参与"（0.503分），"人民团体与自治组织参与"得分位列第四（0.452分），接触式参与得分最低（0.078分）。①《中国政治参与报告（2012）》进行了全国性"中国公民政策参与"的问卷调查（见表1-1），从中可知中国公民在政策参与客观状况方面的得分不高，尤其是在实际政策参与方面，在总共2分的分值中只获得

---

　　① 参见房宁主编《中国政治参与报告（2011）》，社会科学文献出版社，2011。

0.22 的得分；不论是通过参与政府政策听证会、政策方案意见征求，还是参与网络政策讨论和以书信表达个人意见，都存在较少的参与实践。

表 1-1 中国公民政策参与客观状况具体描述统计

指 标	分值	得分	得分率(%)
(一)政策重要性认知	1.00	0.53	53.00
(1)政策重要性的认识	0.50	0.40	80.00
(2)是否关注政策话题	0.50	0.13	26.00
(二)权利与途径认知	1.50	0.97	64.67
(3)政策参与权利认知	0.50	0.41	82.00
(4)政府提供参与形式认知	0.50	0.26	52.00
(5)公民个人可能的参与形式认知	0.50	0.30	60.00
(三)政策内容认知	2.50	1.18	46.40
(6)了解经济政策(物价)内容	0.50	0.18	36.00
(7)了解社会政策(低保)内容	0.50	0.28	56.00
(8)了解社会政策(医改)内容	0.50	0.25	50.00
(9)了解社会政策(收入)内容	0.50	0.15	30.00
(10)了解三农政策(反哺)内容	0.50	0.32	64.00
(四)政策过程认知	3.00	1.31	43.67
A. 决策过程认知	1.00	0.56	56.00
(11)决策方式认知	0.50	0.25	50.00
(12)决策信息的了解	0.50	0.31	62.00
B. 政策执行过程认知	1.00	0.57	57.00
(13)执行方式认知	0.50	0.21	42.00
(14)公民的自愿配合程度	0.50	0.36	72.00
C. 政策评估过程认知	1.00	0.18	18.00
(15)政策评估方式认知	0.50	0.07	14.00
(16)政策评估内容认知	0.50	0.11	22.00
(五)实际政策参与	2.00	0.22	11.00
A. 政策经常提供途径的实际参与	1.00	0.10	10.00
(17)参加政府政策听证会	0.50	0.05	10.00
(18)参与政策方案意见征求	0.50	0.05	10.00
B. 个人可能采用途径的实际参与	1.00	0.12	12.00
(19)参与网络政策讨论	0.50	0.07	14.00
(20)以书信表达个人意见	0.50	0.05	10.00
合 计	10.00	4.21	42.10

资料来源：史卫民、郑建君著《中国公民的政策参与》，载房宁主编《中国政治参与报告(2012)》，社会科学文献出版社，2012，第6页。

二　政治保障与法律保障的联系与区别

"在行政官僚组织的基本结构并未发生根本变化的情况之下，何以出现地方政府积极推动参与式管理的现象呢？在笔者看来……一个极为重要的结构性因素是，来自最高层的政策目标指示已经发生了转变，并影响到相应的干部考核和提拔的运作……干部的考核指标变得更为均衡……社会稳定等内容的重要性迅速提升；在考核程序上，也更加重视民主测评、民意调查等程序技术。"① 这种高层政策指标的变化体现了公民参与政治保障的一方面，但是另一方面在一个法治国家公民参与权仅有高层认同的政治保障还不够，还需要把这种政治保障转化为法律保障，只有政治保障与法律保障相互配合才能摆脱公民参与因高层领导人注意力的变化而变化，从制度上保障公民参与持续、稳定、渐进发展。"法律的存在与运作始终体现着的政治逻辑主线，即政治作为法律的存在根基、现实目的、实践背景和发展动因，一方面反映出法律对于政治的事实上和逻辑上的依赖性，另一方面也反映出政治对于法律在事实上和逻辑上的控制与决定性。""……法律乃是另一种形式的政治，即法律以其规范化、权威化、统一性的标准化要求表达着政治的诉求。"② 在公民参与方面，政治保障与法律保障是高度契合的，但法律不同于政治，两者有如下区别与联系。

第一，公众参与政府治理的政治保障是以国家利益为核心、通过保障国家利益而保障公民个人利益；法律保障是以个人利益为核心、通过保障公民个人利益而保障国家利益。政治保障首要考量的是国家整体全局的利益，公民参与之所以能够得到政治上的高度认同，一方面是因为公民参与可以作为国家政治体制改革的一部分，公民参与所代表的参与式民主既可以成为发扬社会主义民主的一部分，又可以避开选举式民主可能给中国带来的动荡。另一方面，政治参与的主体是民众，政治参与是"民众试图影响政府决策的活动"。③ 任何一个政府都需要倾听人民的声音，任何一个政府的治理都会力求决策的正确与科学，所谓兼听则明，政府需要尽可能地倾听不同立场的

---

① 王锡锌、章永乐：《我国行政决策模式之转型——从管理主义模式到参与式治理模式》，《法商研究》2010 年第 5 期。

② 姚建宗：《法律的政治逻辑阐释》，《政治学研究》2010 年第 2 期。

③ Samuel P. Huntington, Joan M. Nelson, *No Easy Choice Political Participation in Developing Countries*, Beijing: Huaxia Press, 1989, p. 5.

意见以促使决策的可接受性。政府治理实际上就是对相关主体的多元利益诉求及其冲突的一种平衡，也是对社会中不同利益群体的利益调整和平衡以确保治理的顺利进行。公众参与就可以成为这样一个平台。

法律保障体现的是公民政治参与权与公共权力之间及其与公民其他基本权利之间的法律关系。根据法律，公民参与政府治理不能仅仅是专家学者作为政府的智囊协助公共权力者完成治理任务的参与，当代中国的政治参与必须是利益相关者的参与，是为了保障利益相关者的政治权利和物质利益而进行的参与。以往的公民参与往往是公民作为被选出的政治代表的参与，多是政府机关遴选甚至指定某些人作为代表参与政府治理；如今随着市场经济的发展公民个人有了相对区别于他人、集体的利益，公民面对自己的利益问题更多的愿意直接参与或者是作为利益相关方的利益代表参与，其直接目的是真正确保个人利益。我们的制度设计应该科学界定有关的利益相关者，区分其在该政策中的利益攸关性，明确其在政府治理中的利益诉求，科学确定相对方的利益代表人，保障参与政府治理的相对方具有广泛而真实的代表性。

第二，公众参与政府治理的政治保障主要以国家义务的形式加以规定，而法律保障主要是以公民权利的形式加以规定。公众参与的政治保障更多是一种从上而下的思维方式，是从国家、民族的宏大叙事视角出发，而法律保障是一种从下而上的思维，是一种"每一个公民就是整个世界"的思维立场。

如前所述，在法律上公众参与既不是政府的一项恩赐，也不仅仅是寻求政府正确决策的一种手段，而是公民的一项基本权利，是理应加以保护或保障的。

比如，弱势群体的权益保障问题。政府治理的具体实践过程中的利益相关者往往由于他们不同的经济地位、不同的组织构成等因素，具体的诉求并不相同。政治决策既是利益博弈的结果，也是政治妥协的产物，所以从政治保障来看弱势群体无法依靠自身的力量得到很好的保护。他们的利益表达能力低下，在对其有影响的政府治理过程中很难有发言权，往往出于"搭便车"的心理和考虑成本过高等因素很少采取组成利益团体的行动，使其参与的资源和条件先天不足，最终成为一个被遗忘的"忍气吞声的集团"。①

---

① 〔美〕曼瑟尔·奥尔森：《集体行动的逻辑》，陈郁等译，上海人民出版社，1995，第 191 页。

女性、儿童、老人、残疾人等往往是政府制定各种政策时应考虑的因素，更是很多政策直接调整的对象，但政府并没有自觉地听取他们对相关政策的意见。通常我们只关注弱势群体的经济补助，从政府角度给予救助，但会忽视弱势群体的权利特别是政治权利的保障，法律保障则强调从源头上保护弱势群体，要切实保障他们的参与权，公民参与权的法律规定使他们有权利直接参与到政府相关政策的制定中，以主人的姿态影响政策的制定而不是仅仅以弱势的姿态祈求政府的关照。

第三，政治保障公民参与是一种积极主动的事前保障，但具有模糊性、变动性、缺乏可操作的强制性；法律保障公众参与政府治理，具有法律的确定性、稳定性、直接的强制性并要求具备相关的配套制度保障和事后救济措施。法律的强制性一方面体现为对违反法律规定的责任的追究，另一方面也体现为对相关权利的配套供给。"无救济即无权利"，法治保障视野下的公众参与是权利，也就意味着法律必须规定权利受到侵犯的救济措施。当然公众参与的法律保障并不排除政治保障，不排除政府为有效地促进公众参与采取的一些方式，如市民评审团、政策效果展览会、政绩考核的公民参与、公共调查、公共辩论等，但是它们与法律的保障是不同的，法律应对政府部门违反公众参与的程序做出明确罚则，如果政府机关没有完成公众参与要求，必须承担相应的法律责任。缺乏这样的救济机制，政府部门不能得到有效监督和制约，公众参与则形同虚设。比如加拿大的《环境保护法》就具体规定了公民参与环境治理的救济条件、救济方式和救济程序。公民参与政府治理实际上是公民权利对政府权力的约束，是私权与公权的制度性博弈。

公民参与政府治理的法律保障还需享有相关配套权利，如知情权、表达权、结社权等。公民参与的权利广泛，既有政治性、社会性和经济性权利，也有诉讼权利；还有实体性权利，如各国信息公开法。无论何种规定方式，信息公开的立法宗旨首先是保障公众的知情权，进而保障基于知情权才能有效行使的其他权利以实现民主政治。如韩国在其《信息公开法》第 1 条就明确规定："本法的目的在于保障国民的知情权，保障国民参与国家事务的权利以及保障国家政策运行的透明度。"

在许多情况下，政府某项决策的利益相关方不是个体而是地位相似的群体，那么作为群体的利益相关方怎样参与政府治理呢？这就需要与公众参与权相配套的公众组织方面的权利规定了。在西方社会，以集团的形式取代个人直接介入政府治理是政府治理社会化的重要标志。一定集团中的利益共性涵盖或囊括了其成员的利益个性，从而使集团取代个人参与，也使个人的利益通过自愿组建的集团得以真正实现。在美国从公司、工会到行业协会和社区俱乐部都有自己的利益集团，仅编入协会手册的单独集团就有一万多个，而这些单独集团还有数量庞大的分会。各单独集团在种类、动机、会员数目和性质、存续的时间、拥有的资本以及涉及政府治理活动的程度等方面虽多有差异，但都一贯致力于用各种方式给有可能对自己产生影响的政府治理施加影响。美国各利益集团的生存、发展和功能发挥的一个重要原因是美国宪法所规定的"结社自由"。[①]詹姆斯·麦迪逊曾简捷地指明了这一点："自由权对于利益集团正如同空气之于火。利益集团是一种没有自由便会即刻夭折的产物。"他认为尽管利益集团代表的是狭隘的派别利益，但它是人类个性的一部分，因而绝不应该强制废除或者使之成为非法。到 21 世纪戴维·杜鲁门等人把集团看作民主政治进程中必要的和重要的组成部分。正是有了这样坚实的制度基础，在美国政府治理的过程中行政机关赋予了利益相关方真正意义上的参与权。所以没有组织权、结社权这样的相关权利，公民参与权难免陷入巧妇难为无米之炊的尴尬境地。进一步讲，政府治理的民主化应该通过强化社会利益集团的组织化程度形成，公共领域只有这样，利益诉求相同和不尽相同的利益相关方才能真正形成自己的利益代言组织，产生与政府以及其他社会群体进行博弈的真正力量。因此公民结社自由和言论自由必不可少，否则政府治理的公民参与只能是符号和口号。

第四，公众参与政府治理的政治保障灵活性强，较少程序上的限制；法律保障是程序优先于实体的保障，主要是通过精致的程序设计力求达到实体正义。公众参与中法律不可能规定公众参与的具体程度、具体要达成的目标、政府在某一事件上具体要听从多少公众的意见，因为一旦如此法治就成了另一种专制。法律不可能具体规定每一个政府治理行为中公众参与要达到的实体程度，它只能通过对制度的程序性规定，通过追求制度正义来实现个案公众参与的正义。所以法律关于公众参与的程序规定必须是"好"的，否则公众参与就会成为一个摆设，成为证明某项公众决策"合法性"的工

---

① 托克维尔在论述美国民主的社会性支持条件时，着重指出了美国人习惯于运用结社自由权利建立公民社会组织的重要意义。参见〔法〕托克维尔《论美国的民主》，董果良译，商务印书馆，1999。

具。在城市拆迁的许多案例中，政府的许多违反民意的公共决策都是符合当时法律程序要求的，如所谓"合法"的强制拆迁。这种规避法律的强制拆迁更容易导致双方的对立和冲突。因为很多官员都以为只要加上"依法"二字无论多么坚决都没问题。某市陈书记在"城市转型发展破难攻坚大行动动员大会"上甚至提出要"拔除一切工作中的'钉子'，粉碎一切前进中的'绊脚石'，打死一切阻碍发展的'拦路虎'"，令人不寒而栗。① 2011 年1 月国务院颁发《国有土地上房屋征收与补偿条例》，旧有《城市房屋拆迁管理条例》同时宣告作废，这就是努力用"好"的程序取代"坏"的程序。

　　"好"的程序设计既可吸收公众参与的智慧，保障公众参与的权利，防止违反民意的政府决策的出台，又可以平息公众的不满，促进公共决策的执行；而一项"不好"的公众参与的程序设计则会成为愚弄大众的工具，欺上瞒下为一项错误公共决策涂脂抹粉而招致公众的集体愤怒，而权力行使者自恃是一项"合法"决策理直气壮地强力推行，形成公共权力与私人权利的直接对抗，引发群体性事件和恶性事件。程序优先于实体简要而言就是因为法律正义是一种制度正义而非个案正义，是以对制度正义的追求取代个人英雄主义的直接的正义追求模式。程序正义、制度正义是可计量可预计的正义，实质正义则有对会因价值观的不同而不同，所以研究公众参与的法治保障就是要思考寻求一种科学的公众参与的程序与途径。现在我们的问题是，一方面法律对公民参与的规定比较零散比较少；另一方面法律的现有规定模式化形式化，没能很好地促进公民参与在中国的发展。比如在中国公民参与政府治理的实践中法律规定公众代表的产生主要有两种途径：一种是发布听证会公告，接受公民和组织的报名，由政府的听证组织者从中选择参与听证陈述和听证旁听人；另一种由行业协会、消费者协会等非政府组织指定。从规范意义上看，以上两种途径在保障参与者代表性的品质方面后者更具优越性。但是正式制度上本应代表弱势群体与分散利益群体的组织（如消费者协会、律师协会、注册会计协会等）都或多或少、或明或暗地控制在政府手中，其代表功能被无限地抑制，其讨价还价的博弈功能被政府行政权力同化和吸纳成为官僚体系中贯彻治理任务的一环而无法有效地代表成员利益。目前一些行业协会的状态是"戴着行业的帽子，坐着政府的轿子，花着企业的票子，喊着管理的调子"。所以淡化行业协会、消协等社会中介组织的

① 参见张谋《依法行政莫"霸蛮"》，《南方周末》2011 年 6 月 2 日。

行政色彩，加强社会中介组织的市场化改造，成为完善中国公民参与政府治理的必然选择。① 这些都需要立法者认真思考，使我们的法律规定更加完善、更加科学。

三　公众参与政府治理需要法治化

公众参与政府治理在中国得到了自上而下的政治认同，这种政治保障构成法律保障的前提和基础，法律保障也成为政治保障的展现和落实。政治保障与法律保障配合共同推进公民参与政府治理的法治化进程是我们目前面临的重要任务。面对高涨的公民参与政府治理的热情与需求，如果我们没有相关的法律、法规对政治上认可的利益相关方参与政府治理的方式、程序、广度、深度进行规定，就可能无法保障公民的有序参与，导致公民参与特别是群体性参与超出现有政治体系的承受能力，与中国现行政治体制机制运行产生矛盾甚至引发社会冲突。公民参与政府治理的法治化是政治保障与法律保障同生共进的要求，也是法治社会的必然要求。

公民参与的法治化也是中国政治体制改革的迫切需求。政治上的认可是法律规定的前提，但是一旦公众参与被立法通过，相关主体的一切活动就必须首先遵从法律的规定而不能随政治上政策的变动而变动或随领导人注意力的转移而转移。在一个法治的国度宪法、法律对政治权力的约束性是毋庸置疑的，公众参与正是可以借助法律的强大力量反过来推进政治体制的改革，公众参与在中国不仅是一项管理技术革命，其目的不仅是追求

---

① 中国非政府组织的发展路径不同于西方。西方国家自下而上的非政府组织的壮大是市民社会兴起的重要标志，中国的行业协会与消费者协会等组织大都由计划经济时代转型而来，仍然保留鲜明的行政色彩。有的学者将行业协会分为五种类型：第一类，"二政府"型。这类行业协会秉承了政府职能，在建立之初就类似于政府的一个专门派出机构或临时性办公机构。第二类，政府小金库型。政府部门被禁止乱收费之后，一些收费项目转而由政府操纵的行业协会来收。第三类，瘫痪型。第四类，希望型。这类行业协会大多是自下而上建立的。这类行业协会主要集中在温州、广州等地。目前行业协会的领导基本由政府领导兼任，这虽有利于政府和行业协会关系的协调，但巨大的代价则表现为行业协会有可能成为政府的附庸，很难代表企业的利益与政府交涉。第五类，成长型。这类行业协会的工作职能、方式、作风都开始与国际接轨，发展态势蓬勃，已初步形成与国际惯例相一致的情形。参见吴复民、俞丽虹《行业协会的"生死抉择"》，引自新华网，http://news.xinhuanet.com/focus/2002 - 10/12/content_ 593315. htm。消费者协会与个体劳动者协会等群众自治性组织在实践中的地位与行业协会相似，在人事安排、经费来源、法律地位、组织方式等方面与政府有着千丝万缕的联系。参见于晓虹、李姿姿《当代中国社团官民两重性的制度分析》，引自法律搜索网，http://www.flssw.com/falvzhishi/info/15335190/。

政府治理的科学性，而且是一场政治启蒙运动。"政治改革也从经济、社会、文化等其他领域的改革中获得了生产力基础、社会结构和政治文化等方面的有力支持。从这个意义上讲，30 年来改革的生动实践早已彻底否定了那种将中国的经济改革同政治、社会改革截然区分甚至是对立起来的观点。"① 公民权利意识的觉醒是非常难得的，这种社会意识一旦养成习惯就会逐渐形成一种以公民权利约束政府公共权力的改革方向，这自然会在宪政体制下推动政治体制的改革。

目前伴随着公民参与在中国政治上的认同，立法领域也积极响应。1982 年通过的《中华人民共和国宪法》第 2 条规定："一切权力属于人民。""人民依照法律规定，通过各种途径和形式，管理国家事务，管理经济和文化事业，管理社会事务。"这项规定提供了公民参与的宪法依据。随后中华人民共和国立法法、行政法规制定程序条例、规章制定程序条例、行政处罚法、行政许可法、价格法、政府信息公开条例、信访条例、环境影响评价法、国家环境保护总局颁布的环境影响评价公众参与暂行办法、环境信息公开办法、中华人民共和国循环经济促进法、中华人民共和国城市居民委员会组织法、城市规划编制办法、中华人民共和国村民委员会组织法、2012 年 1 月开始实施的行政强制法等都规定了公民参与的相关内容。但总的说来，中国目前对公民参与政府治理的法律保障还很欠缺。在公民参与政府治理的一些重要问题上如行政程序②、政府信息公开③、行

---

① 杨海蛟：《政治体制改革的号角》，《探索与争鸣》2010 年第 5 期。

② 2008 年 4 月，湖南省政府以省政府规章的形式颁布了《湖南省行政程序规定》，这是中国规定行政程序的首部地方性规章。这部规章对加强行政参与、推行行政公开、提高行政效能、加速推进政府职能转变和政府管理创新做出了许多有益的探索。除湖南省外，山东省、汕头市也在 2011 年出台了《山东省行政程序规定》《汕头市行政程序规定》。

③ 2004 年 1 月 19 日，《上海市政府信息公开规定》正式发布，并且确定于 2004 年 5 月 1 日起施行，这是全国省级地方政府最早出台的政府信息公开规定。在 2008 年，随着《中华人民共和国政府信息公开条例》从 5 月 1 日开始正式实施，《上海市政府信息公开规定》也对内容进行了大幅度调整。新规定扩大了行政机关主动公开信息的范围，要求凡是涉及公民、法人或者其他组织切身利益的，或者需要社会公众广泛知晓、参与的，或者反映行政机关机构设置、职能、办事程序，以及法律、法规、规章和国家、本市有关规定应当主动公开的情况，行政机关均应当主动公开。除上海之外，湖北、河北、海南、陕西、辽宁、黑龙江、新疆、甘肃、天津、湖南、宁夏、山东等省级地方政府和广州、成都、杭州、武汉、宁波、贵阳、郑州、苏州、本溪、深圳、南京、海口等市也相继颁布了政府信息公开规定、条例或办法。

政立法①、环境保护②、城市规划③等问题上基本还处在不断探索、不断试验的阶段。

公民参与政府治理的法律保障总体而言包括三部分，即主体的法律保障、客体的法律保障和形式的法律保障。就政治参与的主体而言，美国学者亨廷顿和纳尔逊都认为平民政治参与应是"平民试图影响政府决策的活动"。政府治理实际上就是对相关主体的多元利益诉求及其冲突的一种平衡，也是对社会中不同利益群体的利益调整和平衡，体现各种利益主体博弈中的社会公平和正义。因此在政府治理实践过程中应该对利益相关者及其利益进行界定和细分，同时找到利益的平衡点，确保治理的顺利进行。公民参与政府治理不能仅仅是专家学者作为政府的智囊协助公共权力者完成治理任务，当代中国的政治参与必须是利益相关者的参与，而以往的公民参与往往是公民作为被选出的政治代表的参与，多是政府机关遴选甚至指定某些人作为代表参与政府治理。如今公民面对自己的利益问题更愿意直接参与或作为利益相关方的代表参与。公民参与流于形式主要是因为公共权力挑选了公民参与而没有让真正的利益相关方参与决策。制度设计应该科学界定有关的利益相关者，区分其在该政策中的利益攸关性，明确其在政府治理中的利益诉求，保障参与政府治理的相对方具有广泛的代表性，科学确定相对方的利益代表人。政府治理具体实践过程中的利益相关者因不同的因素影响（如经济地位、组织构成的不同等）各方的诉求也不尽相同，其中弱势利益相关

---

① 2007 年《广州市规章制定公众参与办法》，是全国首部全面规范公众参与行政立法工作的地方政府规章，通过具体的制度设计、制度创新，扩大公众参与的广度和深度，充分调动和发挥人民群众的积极性、主动性、创造性，保障人民群众的知情权、参与权、表达权、监督权，使广州市行政立法的过程成为政府了解民情、体现民意、广聚民智的过程，成为公众有序参与政治的重要途径，提高了广州市行政立法质量，取得了良好效果。此外，重庆市、武汉市、青岛市也在公众参与行政立法方面做了很多尝试。如青岛市在 2005 年将市政府法制办起草的《青岛市政务信息公开办法（征求意见稿）》《青岛市公众参与政府立法工作试行办法（征求意见稿）》全文公开征求意见。重庆市为了促进和规范公众参与行政立法，保证民主立法、科学立法，提高行政立法质量，市政府拟订《重庆市行政立法公众参与办法》，并将《重庆市行政立法公众参与办法（征求意见稿）》起草说明及文本全文公布，征求社会各界意见。

② 各地在公众参与环境保护方面都有积极的探索，如贵州省、四川省、陕西省、山东省、上海市等都出台环境保护条例或环境影响评价法或办法，强调公众积极参与环境保护和环境影响评价。

③ 城市规划需对各种利益关系进行协调，因而需要建立磋商机制。随着生活水平的提高，公众越来越重视生活的环境和质量，参与意识不断增强。广东省、上海市、黑龙江省等都积极探索在城市规划中加强公众参与。

方参与权利的保障是关键。约翰·克莱顿·托马斯认为，被忽视、排斥的利益团体对公共决策造成的威胁也可能远远大于那些没有被忽视的非相关利益团体的威胁。任何立法都将对不同的利益相关者产生不同的影响，或得到利益或遭受损失，因此在立法前努力实现所有的利益相关者均能表达其利益诉求，使其积极参与政府治理和决策，将会大大减少立法失误、立法不足等问题所带来的不良后果。弱势群体往往不是集中的，非集中的弱势群体相关方其弱势不仅体现在经济上也体现在政治上。通常我们只关注弱势群体的经济补助而忽视弱势群体的权利保障特别是政治权利的保障，因而我们应从参与权利上保护弱势群体，切实保障他们在政治权利上的参与。女性、儿童、老人、残疾人等往往是政府制定各种政策时应考虑的因素，但却没有给予政策直接调整对象提出意见或充分听取他们意见的机会。这样出台的政策很容易出现问题，比如制定最低生活保障金应具备的条件时没有考虑到很多鳏寡孤独者出于情感寂寞而饲养小动物的需要而直接将饲养宠物列为不能发放最低生活保障金的条件。为了保障政府治理中利益相关各方尤其是非集中弱势个体及集体的参与权，保障公民代表的代表性，在法律保障上应做好以下几项工作：一是保障弱势个体的参与名额，有效保证少数人利益代表者的存在。二是保证遴选程序和机制的科学性和民主性。这种科学与民主应为一种由利益相关方、非政府组织和政府三方互动共同协商的机制与格局，从而避免政府对代表资格决定权的垄断。代表资格决定权垄断的结果就是其代表性的缺失。政府只能代表政府，很容易忽视政府以外利益相关方的利益。三是保证各方代表不同意见、少数意见、反对意见都能得到应有的表达和重视。有时政府部门对于一般公民参与的意见能倾听，使一般性参与意见得以表达，但对于不同意见、少数意见或是反对意见则听不进去，因名额少、代表性低导致这类意见往往被漠视。然而恰恰应保证对这类意见的重视，做到对于已采纳意见的公开说明与公示、对未采纳意见的说明与解释等，只有这样才能保证公众参与政府治理的效果。四是保证信息公开和对称。一个富有诚意和公民协商对话的政府应该注重公民的知情权，只有对相关的政策形势有全面的了解和把握，公民才可能顺利参与到政府治理中来。因此，政府应该通过各种途径将相关信息传达给公民，不但要保证核心利益相关者完全了解情况，也要让边缘利益相关者、潜在利益相关者知晓情况以保证信息的有效沟通。

　　在许多情况下，政府某项决策的利益相关方不是个体而是地位相似的群体。那么作为群体的利益相关方怎样参与政府治理，能否以组织化的形式参与政府治理呢？在美国无论是公司、行业协会、工会还是社区俱乐部都有自己的利益集团，仅编入协会手册的单独集团就有 1 万多个，并且单独集团还有数量众多的分会。集团也好，分会也好，在会员性质、种类、存续时间、动机、资本拥有、涉及政府治理程度等方面有一个共同点，就是在政府治理中长期致力于为了集团利益用各种方式施加自己的影响。在美国政府治理的过程中行政机关赋予了利益相关方严格意义上的参与权，利益相关方可以口头陈述意见和提供证据，互相盘问行政法规严格按照听证记录制定文件。政府在非正式立法程序即通告 - 评论程序中规定行政机关必须把它所建议制定的法规草案或主要内容在联邦登记上公布，供公众了解和评论；应当通告而没有通告所指定的法规由于程序违法不能生效。评论是该程序赋予公众或利害关系人的程序参与权，利害关系人既可以采取书面意见、书面资料的方式，也可通过口头提供意见、非正式磋商、会议、咨询等方式表达自己对通告或法律草案的意见。

第二章　公众参与政府治理主体研究：
主体构成与权利保障

第一节　利益相关者的参与

改革开放促使中国的经济结构与体制发生了巨大变化，不同的经济构成使利益出现分化且分化趋势日益增大。利益分化改变了传统的单一利益主体构成，不同利益主体间的诉求差别加大，而其所构成的不同利益群体之间的竞争愈加激烈。同时随着公众的民主意识的增强，他们对于个人利益的维护和表达欲望强烈，愈加注重对个人利益的保护。这种对利益的追求和表达在密切关系个人利益或群体利益时表现得尤其明显，利益主体对事关个人或组织利益在政府决策上的话语权的强烈追求，特别是对密切关系到个人利益或群体利益的政府决策上的话语权的追求，都给公众参与问题提出了更高的要求。中国经济的进一步发展使各种社会问题日益突出，社会的结构性矛盾凸显，如环境污染、非法拆迁、交通拥堵、医患矛盾以及各类群体性事件的发生都为政府敲响了警钟。日渐增长的社会问题一方面为中国政府的治理提出了新的挑战，另一方面也促进了公众参与的进一步发展。

一　利益相关者参与政府决策的必要性与代表性

利益相关者（又称利害相关人）的界定是公众参与得以实现的关键所在。利益相关者的概念最先应用在经济学和企业管理领域，战略管理专家弗里曼给企业的利益相关者下了一个经典的定义："利益相关者是指任何能够影响企业目标的实现，或受企业目标的实现所影响的个人或群体。"[①] 随着

---

① 〔美〕弗里曼：《战略管理：利益相关者方法》，王彦华、梁豪译，上海译文出版社，2006，第30页。

该理论的成熟，它逐渐作为一种分析工具被引入公共管理领域。政府决策中的利益相关者是指在政府决策过程中，受该政策影响的个人或组织。政府决策实际上也就是对相关主体的多元利益诉求及其冲突的一种平衡，体现各种利益博弈中的社会公平和正义。政府决策是为了平等保护全体公众的利益，也是对社会中不同利益群体的利益调整和平衡。各利益群体之间为使其利益在行政决策中得到充分表达和体现，将进行竭尽全力的博弈。[1] 因此，在政府决策时，应该对利益相关者及其利益进行界定和细分，同时找到利益的平衡点，确保政府决策的顺利制定和实施。其中，对弱势利益相关者权利的保障，也是公众参与的重要课题。

公众参与是政府决策的合法性和公正性的基础，公共决策理论提出了利益相关者参与决策的重要性。当政府相关事务的决策内容涉及公众利益时，应该允许这部分利益涉及的相关群体和个人参与政策的制定，听取利益相关者的诉求。可以说利益相关者参与政府决策是民主国家应具备的特征之一。政府的任何一项决策都会影响部分公众的利益，有获益者也有受损者，还有程度多少的区分，这使得引入利益相关者的有序合法参与更显重要。利益相关者的参与可以增强政府决策的公正性与合理性，使政府政策具有合法性地位。同时引入利益相关者的参与能提高公众对政策的理解程度，减少政策执行中的阻力，最终使决策达到更加公平、公正与合理的结果。对于利益相关者的参与，美国《行政程序法》对其进行了相应的规定，如果政府的决定没有事先征求相关人的意见，那么该项决定就不具有合法性。而当前中国政府的决策虽然已引入利益相关者概念，将这部分公众纳入决策主体结构中，但对利益相关方的权利并没有切实地保护。这使得中国的决策体系仍旧是政府作为唯一决策主体而存在即政府决策还是自己"拍板"，利益相关者在此过程中依旧被排除在实际操作层面的体系之外，这造成决策中的利益诉求和利益分配在实践中出现不均衡状况。尤其在市场经济体制确立的今天，公众的不同利益诉求在不同的决策项目上都有涉及，这要求政府必须将利益相关者纳入政府决策的过程中进而形成决策。主体利益相关者在法律、制度和实践等层面的实际引入与权利保护势

---

[1] 王士如：《政府决策中的公众参与和利益表达——解决民生问题的政治思考》，载《上海市社会科学界第五届学术年会文集（2007年度）》（政治·法律·社会学科卷），上海人民出版社，2007，第99页。

在必行。

中共十八大提出进一步发展市场经济并深化体制改革的要求，表明中国未来的利益分化将会更加明显，利益主体之间的矛盾与冲突并不会减少反而可能呈现增大的趋势。同时社会的结构复杂化促使公众在表达利益时更倾向于组织化的参与形式，利益集团在未来将会增多，这使政府决策中由于利益冲突所造成的难度会进一步加大。而且政府在决策主体构成中也是一种利益集团，但由于政府权力的强制性使其身份和地位具有特殊性从而造成社会不同利益集团在与政府进行利益博弈时出现力量不均的问题。这种不同利益集团之间、利益集团与政府之间的利益博弈，对政府的决策提出极大挑战，而且利益的多元化使得利益主体的偏好不同。如何在不同偏好及利益表达中做出符合公平公正理念并有助于推进社会利益的抉择成为摆在政府面前的一道难题。尤其在当今中国的政治现实条件下利益博弈并没有形成系统性的制度体系，这种在利益博弈之中的抉择就更为困难。那么对于政府来说，在以上这些情况下如何在各种利益之间进行选择才能使政府决策公平合理？群体利益相关者的参与和表达就显得尤为重要。

对于公众来说，其自身在参与政府决策时的问题也颇为明显。对于公众来说，参与政府决策时多是以个人身份进行参与活动，这种分散的形式在一定程度上便于公众更为明确直接地向政府表达个人的利益诉求。但是这种分散化的个人参与很多时候显得力量单薄，其利益诉求过于个人化、具体化，不能引起政府的足够重视，当个人利益与社会利益发生冲突时政府甚至可能选择忽视这些个性化的需求。因此将这种分散化的个人参与组织起来形成合法组织以组织化身份参与到政府决策中，将个人零散的利益组合成集体利益进行表达有助于提高其诉求的影响力，增强利益博弈时的力量，更好地维护组织化的个人权益。但就目前而言，中国社会中的"利益集团"如妇联、工会、社区居委会等多数是由政府牵头形成的，其财政权与人事权不具有独立性，并不是完全的社会独立法人组织。这种缺乏独立性与完整性的社会组织的产生背景与现实发展中的政府因素过多，导致其组织性质变化具有行政性与社会性的"双重身份"，由此使组织工作产生行政化倾向。因此如何培养社会组织，使利益相关者能公正平等地参与政府决策，政府如何提供制度化渠道以便利益集团有序表达组织诉求，成为中国政府和学界迫切需要关注的问题。

公众参与政府决策可促使政府在制定政策时，听取受该项政策影响的利益相关者的意见，给予其表达、辩白的机会，借此使政策能够体现多数人的意志，实现公平和正义。因此，参与政府决策的人应该是各利益相关者或者是其推选、认可的代表。那么，能否保证受该政策影响的所有利益相关者或其代表均得到参与的机会，是衡量代表性的关键指标。这就涉及参与的广度、深度，如果利益相关者不能亲身参与，那么该由谁代表，怎样遴选代表，遴选的程序是否公正合法，各利益代表的比例是否恰当合理等问题，就是至关重要了。在政府决策领域，不同类型的利益相关者的利益诉求是不同的，有时甚至是冲突的。同时，各类利益相关者的责任不同，在政府决策中的主体地位也不同。如果对利益相关者的界定不准确，就可能产生由于利益众多而不知所措的危险。① 弗里曼在吸收公民参与问题上告诫我们：必须在某个地方找到重要和不重要的利害相关人之间的分界。约翰·克莱顿·托马斯进一步论述道：被忽视、排斥的利益团体对公共决策造成的威胁也可能远远大于那些没有被忽视的非相关利益团体的威胁。② 政府部门需要设定各种途径和方法，界定有关的利益相关者，区分其在该政策中的利益攸关性，明确其在政策中的利益诉求。（1）基于对利益相关者类型划分的界定，政府部门应该根据利益相关者在相关政策中的利益相关度、影响力、参与能力等因素，对利益相关者进行分类，以期在公众参与中因势利导、总揽大局，避免由于利益冲突使公众参与陷入危机之中。根据以上分析，借鉴中国学者对此问题的论述，可以将利益相关者分为如下几类：其一，核心利益相关者。核心利益相关者是指对公共政策的制定、实施和发展起决定性作用的个人或团体。如政策所直接涉及的公众、参与政策规划的专家等。政府部门应该力求做好此类公众的工作，充分地、密切地、全面地与他们沟通和协商，力争他们对公共政策的支持和信任，为政府决策的顺利实施提供保证。其二，边缘利益相关者。边缘利益相关者是指对政策起间接促进或制约作用的民众，他们与政策有一定的相关度和影响力，如第三部门、媒体等。他们通常不受政策的直接影响，或出于道义考量，或出于职责要求等。他们有时候介于政府与核心利益相关者之间，起到沟通、收集和传达信息等互动作用。比如在环境保护公众参与中的环保组织就属于此类。其三，

---

① 〔美〕约翰·克莱顿·托马斯：《公共决策中的公民参与：公共管理者的新技能与新策略》，第 53 页。

② 〔美〕约翰·克莱顿·托马斯：《公共决策中的公民参与：公共管理者的新技能与新策略》，第 54 页。

潜在利益相关者。潜在利益相关者是指对该项政策具有微弱的相关度和影响力的个人或组织。此类民众也许会随着政策的发展演变而成为核心利益相关者、边缘利益相关者等，因此，对这类民众的参与也应该加以重视。（2）自上而下与自下而上的技术路径。政府部门在制定公众参与计划时，应该首先弄清几个问题：该项政策会影响到哪些人，其中哪些人会对该项政策感兴趣，谁会参与到该项政策的制定中来，哪类民众会是政策执行的最大障碍，等等。因此，管理者应该根据需要和现实情况，利用技术路径探清以上问题，尽力了解全部相关的信息。比如通过调查问卷、公众讨论会、走访调查、网络或电话调查等方法，从全局的、广泛的角度摸清问题的性质。依据自上而下的技术路径，政府部门应该清晰界定相关公众，尤其要做到"不要忽视那些重要但无组织的公众，也就是说，不要忽视那些在决策问题上享有利益却没有正式组织起来的市民"。"管理者有时会在最后一刻才意识到这些公众的存在，因为只有到了这个时候，迫在眉睫的项目决定才使目标区域中的居民动员起来，但这对于富有意义的公民参与来说已经太晚了。"①由于每个人都有自己的利益追求，人们对于自身的利益追求是与生俱来的，那么政府部门也同样有自利倾向，尤其是在法制不健全、经济不发达的国度，政府部门有时候不是真正地、全部地从公共利益考量出发，权力腐败现象频频出现，这样，公众参与就必须有自下而上的技术路径来弥补监督不足。公众可以采用适当的途径自己界定自己，利用民意调查或者公民大会，充分表达各自的利益诉求，使所有信息处于公开透明的状态下，让政府决策成为"阳光决策"。综上所述，政府部门应该综合利用各种方法，将公众参与中的利益相关者界定清楚，为公众参与决策的顺利进行创造良好的条件。

分散的公众、各利益相关者的不同利益诉求，使得在遴选代表、代表者参与的过程中产生很多问题，对公众参与的代表性的质疑声音越来越大，使公众参与产生了代表困境。（1）利益相关者的代表参与政府决策的名额比例分配有失公允。从参加人的构成和比例来看，政府部门的自利性明显，名额分配不公。这样的参与代表实际上是行政机关自行遴选的代表，其公众基础薄弱，代表性自然不足。（2）利益相关者的代表遴选程序和机制有失科

---

① 〔美〕约翰·克莱顿·托马斯：《公共决策中的公民参与：公共管理者的新技能与新策略》，第54页。

学和民主。政府决策中的利益相关者相当广泛，内含各种各样的利益诉求，这使得参与代表的遴选显得尤为重要。实践中，如果代表的遴选资格被政府所垄断，就不能形成一种由各利益相关者、非政府组织和政府三方互动、共同协商的格局，政府直接插手代表的遴选必然导致参与的代表性缺失。（3）利益相关者的代表所陈述观点的代表性有失公平和全面。现实中，一般的公众参与都能够倾听不同利益相关者的观点，使持不同观点的各方都有表达的机会，但也存在很多不足。比如，持不同意见的人往往没有得到重点对待，"反对意见"往往被漠视。代表的比例有失公允，往往使得持反对意见的代表人数很少，这样就使这些反对意见处于真空状态，得不到重视。因此，其他代表的观点就有待商榷，由于各类代表大多是政府部门自己挑选的，难免会出现一边倒的观点，就像有的听证会被叫作涨价会、专家论证会一样。（4）专家意见代替公众意见，专家理性的缺失。很多时候，专家的意见被混到公众代表意见之中，而往往专家的意见与政府"不谋而合"，专家不能站在超脱的立场，独立地根据自身专业知识参与决策，经常作为政府的论证工具，成为政府的"应招专家"，故而很难使公众参与得到客观公正的实现。（5）参与没有组织性的代表，不能形成有组织的声音。分散的个人利益经常是弱小和孤立的，使公众参与难以实现。代表者要有一定的代表性，不仅反映自己的观点，还要代表整个单位或整个行业甚至更广泛领域发出声音。而实践中，很少有能代表更广泛的社会公众，利益相关者缺乏组织性。"分散的个体利益通过组织化的方式参与行政过程，不仅可以矫正参与中利益代表的不平衡结构，而且也将获得更强的参与能力。与分散的个体相比，个体利益的组织化可以带来更多的参与资源、更丰富的信息以及对政策制定的更大影响力。"① 因此，应该使处于一盘散沙的公众形成组织，个人力量有限，但是团结起来的组织就会形成振聋发聩的声音。（6）弱势利益相关者在公众参与中的缺位。任何一项政策都会对利益相关者产生影响，或者受益，或者受损。那么让所有利益相关者都能表达其利益诉求，参与决策，就会减少决策的失误或者可能带来的不良后果。社会弱势群体不仅在经济上处于弱势，在政治上也处于弱势。他们的利益表达能力低下，在对其有影响的政府决策过程中很难有发言权。

---

① 王锡锌：《公众参与和行政过程——一个理念和制度分析的框架》，中国民主法制出版社，2007，第83页。

　　谈到利益相关者的代表性，我们不能忽视弱势群体问题。在公众参与中，弱势群体必然成为弱势利益相关者，其利益诉求表达困难重重，对其参与权利的保障就显得至关重要了。这里的弱势利益相关者不单由社会弱势群体构成，由于某些原因，可能非社会弱势群体的人员在公众参与中也会成为弱势利益相关者，但为了论述的方便，把两者都称为弱势利益相关者。公众参与的另一重要制度安排就是应为弱者提供保护和救济。① 弱势利益相关者在政府决策中有时是被动的、被忽视的，经常是"被参与"的。他们的参与权利没有保障，常被忽略和剥夺，获得信息以及保护自身的利益都很困难。近几年出现的一些拆迁悲剧就是例证。因此，创设有效的保障机制至关重要。（1）制定弱势利益相关者参与救济制度。制定参与救济制度能为难以参与政府决策的弱势利益相关者提供制度性的保障，可以为其参与提供救济援助，使他们能够真正站在利益博弈的舞台上，充分表达自己的利益诉求。（2）制定公众参与的法律责任制度。中国法律没有对追究政府部门违反公众参与程序的责任做出明确规定，使公众参与政府决策的权利不能得到保障，尤其是弱势相关者的参与权利。如果政府没有为公众参与公正地进行做出努力，就不必承担相应的法律责任。缺乏这样的责任机制，政府部门就不能得到有效监督和制约，公众参与则形同虚设。（3）发挥非政府组织的作用，使其成为弱势利益相关者的坚强后盾。在弱势相关者缺乏组织化的公众参与情况下，通过发挥非政府组织的特殊作用，为其参与政府决策提供组织支撑，形成合力，争取话语权。（4）保证信息公开和对称。一个富有诚意与公众协商对话的政府应该注重公众的知情权，只有对相关的政策情势有全面的了解和把握，公众才可能顺利参与到政府决策中来。因此，政府应该通过各种途径将相关信息传达给公众，不但要保证核心利益相关者完全了解情况，也要让边缘、潜在利益相关者知晓情况，使准确的信息有效流通，这样公众参与决策才有一定的保障。（5）制定政府回应、解释机制。政府应该对公众参与中利益相关者表达出来的意见和利益诉求进行"回应"，对没有采纳的意见和没有满足的利益诉求进行解释，依据公众参与的结果做出公开说明。没有"回应"的公众参与对公众来说就是政府的"不作为"或"作秀"，只会使公众逐渐失去参与的兴趣。

---

　　① 蔡定剑主编《公众参与：欧洲的制度和经验》，法律出版社，2009，第23页。

二 两个案例：怒江大坝与公共租赁房

（一）怒江大坝工程政府决策中的公众参与案例

1. 背景概述

怒江是位于中国西南地区的一条跨国河流，最终流向印度洋的安达曼海，全长 742 千米，是西南地区重要的水电资源。2003 年 8 月国家发展和改革委员会组织专家审查通过了《怒江干流水电资源开发规划报告》，专家预测该工程建成后带来的经济效益在 300 亿元以上，同时会带动相关产业的快速发展。该工程本来预计在 2003 年开工并于 2007 年投入使用。在整个工程规划讨论的过程中有专家提出了反对意见，认为建设怒江水电站会对环境造成破坏，并对相关的经济效益及对周边百姓利益的预测持怀疑态度。与此同时一些环保组织开始行动起来抵制怒江水坝的建设工程，媒体反映强烈。事情的转折点在《纽约时报》对该问题的报道之后出现。该报在 2004 年 3 月对怒江水坝建设工程做了报道，此事引发了国内外的强烈反响。温家宝总理做出批示："对这类引起社会高度关注，且有环保方面不同意见的大型水电工程，应慎重研究、科学决策。"该项目的规划和环境评估便没有获得国家的认可。该事件之后，温家宝总理在第十届全国人民代表大会第二次会议的《政府工作报告》中指出："要进一步完善公众参与、专家论证和政府决策相结合的决策机制。"该事件是非政府组织对政府决策产生重大影响的重要事件，是 2005 年 6 月 "中国社会转型论坛"评选的 2004 年影响中国社会转型的 20 件大事之一。"这是一大飞跃，在中国的社会发展进程中具有里程碑式的意义。"[1] 之后中国第一部环保领域里有关公众参与的规范性文件《环境影响评价公众参与暂行办法》正式发布。

2. 问题分析

怒江大坝的案例大体上反映了政府决策时利益相关者参与的现实状况，它在一定程度上也能代表中国政府对于利益相关者的利益诉求的维护与重视程度。通过以上的简要背景介绍可以发现利益相关者参与政府决策在中国的实际运行中存在以下几点问题，这与我们上面的分析可相

---

[1] 竺乾威：《地方政府决策与公众参与——以怒江大坝建设为例》，《江苏行政学院学报》2007 年第 4 期。

互印证。

（1）参与主体范围不明，主体代表性缺失

政府决策过程中对利益相关者的引入既应包括直接利益相关者也应包括间接利益相关者，两者应在公开、公正、平等的条件下共同参与政府的决策过程。既然引入利益相关者进入决策过程，政府就应对利益相关者的利益诉求和意见、建议等给予足够的重视。在怒江大坝工程的决策案例中，政府并没有给予利益相关者以平等的参与机会，对其建议和意见也未做出公正的对待。一方面政府为获取政策的合法性基础积极引入利益相关者参与决策，另一方面却将最重要的直接利益相关者——当地居民排除在决策主体之外，未给予当地居民以平等的参与机会，也没有对其利益诉求加以重视。而对于专家和民间环保组织的观点，政府仅对符合自身价值观和利益的建议予以采纳而对其他声音则采取"消声"的处理方式。这种利益相关者的形式化参与是由于我们缺乏对利益相关者概念的界定，使得其界定范围具有随意性，从而导致选出的利益相关者代表缺乏代表性。由此政府在缺乏规范的环境中，依然能够以政府偏好为决策标准制定政策方案，导致公众的真正利益无法得到体现与保护。

（2）专家角色错位，理性缺失

专家参与决策一般是以间接利益相关者或客观中立者的身份进入决策过程，并以其个人的专业知识和技术为基础为决策中的各方参与主体提供客观的科学论证及技术说明。在决策过程中专家的物质利益并不直接受决策结果的影响，因此他们一般能够提出较为客观的意见和建议。在怒江大坝的决策过程中，政府组织的专家论证结果显示大坝的修建能够为当地带来极大的经济收益，有助于附近居民和当地经济的发展，而另一些民间组织和其他专家学者则对此持怀疑甚至否定的态度。面对完全对立的观点，政府则一边倒地支持前者。产生这种情形的原因在于以下两点。

其一，关于怒江大坝修建的决策涉及领域广泛，不仅局限于工程的技术层面和经济效益，同时也会影响到当地的自然生态环境和居民生活的社会环境。这种涉及多个领域的项目不能仅从单一角度进行论证，也不是任何一个领域内的专家能通过单独调研下定论的，它需要政府组织包括多个领域内的专家论证团队进行全方位、多角度的论证。部分领域内专家所得出的论证结果仅在该领域内具备科学性，并不能保证其他领域的论证结果与其一致，这是理性的专家参与的重要表现。但在怒江大坝的工程决策中政府组织的专家一边倒地支持政府开展建设，而其观点的依据从经济效益和工程技术角度出发忽略了建设大坝可能带来的生态问题和当地居民的生活问题。这是专家理性缺失的结果所致。

其二，在该案例中专家角色不再是单纯的被咨询者而是错位，成了决策过程的制度性结构因素之一。政府组织的专家团队更多不是提出意见和建议，而是支持政府决策，从支持者的角度出发，为工程上马提供具有一定科学依据的理论和技术支持。在此过程中政府将支持者仍旧看作"专家"而怀疑者或是反对者则被排除在外，从而出现专家主动转换为支持者的角色错位问题。

（3）部分民间组织缺乏制度化的参与渠道

民间环保组织虽然属于间接利益相关者，但它们具备直接利益相关者所不具备的团队力量，以群体为基础的声音在本例中将国外媒体的眼光吸引到大坝建设决策的问题上，并最终获得政府高层关注叫停怒江大坝的工程建设。虽然在本例中民间环保组织的力量得到充分体现，但这种依靠媒介力量的非制度化的参与方式却反映出社会组织在政府决策参与中的尴尬境地。正是由于缺乏科学公正的制度化参与渠道，民间组织才倾向于和新闻媒介合作，希望通过两者的合作实现对政府行为的监督和规范。但这种非制度化的参与自身存在缺陷：其一，新闻媒介的行动常以吸引公众眼球为出发点，无法唤起大量民众关注的话题也就无从进入新闻媒介的视线，而政府的决策事项并不具备完全的话题性，对一些关注度较低的问题即使民间组织极力发声依然不能促使新闻媒介介入，因而两者的合作便缺乏基础；其二，这种非制度化的参与加大了政府对民间组织行为的预测难度，使政府经常面对突发情况而被动难堪，这种将政府推向风口浪尖的情形也让公众更可能加入抵制政府决策的队伍，给决策的执行带来巨大阻力和风险。在本例中虽然民间组织取得部分成功，但这种成功的代价却是政府决策制度和体系的失效。

（4）缺乏规范的政府决策过程，加剧利益主体间的冲突

决策过程所面对的利益需求复杂多变，如何平衡各种利益诉求，保证公众需求得到尽可能的满足，公众权利得到有效行使，这些都需要决策过程的制度化与法制化加以保障。政府虽然建立在公众授权的基础上，但其合法地位需要公众的认可。政府作为一个组织也具有一般组织所具有的自

身利益，在决策过程中出现谋求自身利益、从自身目标出发进行决策的情形也难以避免。因此现实中政府难以保持利益中立的态度，常常以为民造福和谋求公共利益为理由，以政府的强势地位和强制权力为基础使多元利益主体共同参与决策的制度形式化，违背治理理念下政府行动的原则。如强制征地、暴力拆迁等问题都是源于政府自身利益遂使决策过程主观性强，缺乏对政府行为的规范能力。缺乏规范的决策过程也造成其他参与主体间的不平等待遇，无组织的个人参与和弱势群体面对占据资源优势的利益集团欠缺与其抗衡的能力，政府更可能受到强势利益集团的影响从而使决策的结果倾向于满足利益集团的利益诉求而牺牲民众或弱势群体的权益。这就促使公众个人或弱势群体寻求其他维护利益的途径而可能引发群体性事件，形成公众与政府、公众与利益集团的对立局面。在本例中政府在论证大坝建设的可行性时从自身部门利益出发选取符合自身观点的专家论证，结果便出现规范乏力的问题，政府的随意行为最终造成民间组织与专家的非规范性参与行为。

（二）公共租赁房建设政策制定中的公众参与案例

1. 背景概述

公共租赁房政策并不是凭空出现，而是既有历史方面的缘由，也有现实方面的需求。中国从 20 世纪 50 年代到改革开放之前在住房体系方面实行的是以福利分房为主体的制度，然而这种典型计划经济时期的传统分房形式存在诸多弊端，如造成住房供给不足、以权分房产生分房不公平、分配不均等一系列问题。在 80 年代后期随着经济体制从计划经济向市场经济的转变，住房方面也逐步实行市场化、商品化的制度，人们开始选择到市场上买房来解决自身的住房问题。到 90 年代随着改革开放的不断深入和社会主义市场经济体制的建立和完善，中国开始建立"双轨制"住房供应体系，即推行面向中低收入群体、具有社会保障性质的经济适用房、廉租房体系和面向高收入群体的商品房体系。但随着中国城市化的发展和城市流动人口数量的持续增加，建设的保障性住房供不应求。进入 21 世纪房价更是连年创出新高，过高的房价以及过快的房价增长速度越来越成为人们生活中的沉重负担，也严重影响到城市里低收入群体的生活质量与和谐社会的建设。在中国现行的保障性住房供应体系下，廉租房和经济适用房已经不能满足数量呈快速增长的城市中低收入群体的住房需求。因此为了实现经济社会的可持续发展，满足城市中等偏下收入群体的基本住房需求,进一步完善住房保障制度,公共租赁房政策作为一项具有创新性的制度呈现在公众面前。

实行公共租赁房政策前,在一些沿海城市由于流动人口数量较多,已经开始出现了由地方政府出资建设的"宿舍",主要提供给外来务工人员租住,这种宿舍从本质上说可算是一种公共租赁房。之后既买不起商品房也买不起经济适用房的本地居民逐渐增多且这部分群体与廉租房的申请资格和条件还不匹配,他们都希望寻求通过公共租赁房来满足自身的住房基本需求。广东深圳、浙江宁波、江苏无锡和常州等城市是率先提供公共租赁房的地方城市。2008 年 1 月深圳颁布了《深圳市公共租赁住房管理暂行办法》,是在全国范围内最早制定公共租赁房政策的地方政府。随后北京、青岛、厦门、天津等地也陆续供应公共租赁房并制定相应的管理办法和政策法规。

多个地方政府的公共租赁房建设取得了较大成效,中央对其表示了高度重视和肯定。在 2010 年 6 月召开的全国公共租赁住房工作会议上时任国务院副总理李克强强调要加快发展公共租赁住房,推动保障性安居工程建设以适应群众基本住房需求。① 6 月 12 日住房和城乡建设部、发展和改革委员会、财政部等七个中央部门联合颁布了《关于加快发展公共租赁住房的指导意见》,进一步体现出公共租赁房建设的紧迫性和重要性。之后公共租赁房建设在北京、上海、天津、重庆、广州等地率先试点并在全国范围内迎来建设的高峰期。2011 年 3 月发布的《中华人民共和国国民经济和社会发展第十二个五年规划纲要》指出,"对中等偏下收入住房困难家庭,实行公共租赁住房保障""重点发展公共租赁住房,逐步使其成为保障性住房的主体"②。2012 年 5 月住房和城乡建设部发布了《公共租赁住房管理办法》,之后一些省、市地方政府也纷纷发布公共租赁房的管理办法或实施细则,这标志着中国"公共租赁房"时代的到来。由于各地方政府可根据本地区情况制定实施细则,所以各地的公共租赁房政策也有一定区别,现选取五个省市做一简单梳理(见表 2 - 1)。

---

① 《李克强在京出席全国公共租赁住房工作会议并讲话》,http://china. cnr. cn/gdgg/201006/t20100612_ 506576184. html,最后访问日期:2014 年 12 月 10 日。

② 《中华人民共和国国民经济和社会发展第十二个五年规划纲要》,http://news. xinhuanet. com/politics/2011 - 03/16/c_ 121193916_ 21. htm,最后访问日期:2014 年 12 月 10 日。

表 2－1　五省市公共租赁房政策

省市	公共租赁房界定	保障对象界定关键词	具体规定
北京	本办法所称公共租赁住房是指政府提供政策支持，限定户型面积、供应对象和租金水平，面向本市中低收入住房困难家庭等群体出租的住房	本市、中低收入、住房困难	本市中低收入住房困难家庭包括已通过廉租住房、经济适用住房、限价商品住房资格审核尚在轮候的家庭以及其他住房困难家庭
重庆	本办法所称公共租赁住房是指政府投资并提供政策支持，限定套型面积和按优惠租金标准向符合条件的家庭供应的保障性住房	城市、住房困难	城市住房困难群体
吉林	本办法所称公共租赁住房是指政府提供政策支持，由各类主体投资，通过新建、改建、购买、租赁等方式，限定套型面积并以优惠租金标准向符合相应保障条件的家庭供应的保障性住房	中等偏下收入、稳定职业、新就业人员、务工人员、引进人才	城镇中等偏下收入住房困难家庭；各类有稳定职业的新就业人员；有稳定职业的进城务工农民工；企事业单位引进的各类专业技术人才；大中专院校、职校、机关、企事业单位及外来工作人员中无住房或住房困难的
上海	本办法所称公共租赁住房是指政府投资或者提供政策支持，限定户型面积和租金水平，供给城市中等偏下收入住房困难家庭、新就业人员和外来务工人员租住的保障性住房	引进人才、务工人员、常住人口	本市青年职工、引进人才和来沪务工人员及其他常住人口
广东	本办法所称的公共租赁住房是指政府提供优惠政策，限定建设标准、租金标准、供应对象面向本市中等偏下收入住房困难家庭等群体出租的政策性住房	本市、中下收入、住房困难	本市中等偏下收入住房困难家庭等群体

资料来源：北京、重庆、吉林、上海、广东的公共租赁房相关管理办法。

　　2013 年 10 月 29 日习近平在中共中央政治局第十次集体学习时指出"要重点发展公共租赁住房""要综合运用政策措施吸引企业和其他机构参与公共租赁住房建设和运营"，强调加快推进住房保障和供应体系建设是满足群众基本住房需求、实现全体人民住有所居目标的重要任务，是促进社会公平正义、保证人民群众共享改革发展成果的必然要求。① 2013 年 12

---

① 《习近平在中共中央政治局第十次集体学习时强调　加快推进住房保障和供应体系建设　不断实现全体人民住有所居的目标》，http://news.xinhuanet.com/house/bj/2013－10－31/c_117939768.htm，最后访问日期：2014 年 12 月 10 日。

月 2 日住房和城乡建设部、发展和改革委员会、财政部等联合印发《关于公共租赁住房和廉租住房并轨运行的通知》，提出从 2014 年起各地公共租赁住房和廉租住房并轨运行，并轨后统称为公共租赁住房。① 并轨运行将优先解决收入较低家庭的住房困难问题。并轨运行后公共租赁住房的供应对象覆盖最低收入、低收入和中等偏下收入住房困难家庭，分配时采取按收入从低到高排序，优先保障低收入住房困难家庭并且对他们实行租金减免的政策。②

2. 参与现状：以吉林省为例

为解决城镇中等偏下收入家庭特别是刚就业职工、进城务工人员阶段性住房问题，吉林省从 2010 年开始探索实施公共租赁住房制度，先从长春、吉林两市率先试点，先期开工建设 300 套公共租赁住房并将新就业普通职工和大学毕业生纳入其中逐步解决"夹心层"住房问题。2011 年 4 月 6 日省政府第 4 次常务会议讨论通过了《吉林省公共租赁住房管理暂行办法》并于 5 月 9 日颁布施行。2012 年全省计划建设 1.2 万套公共租赁住房，2013 年计划建设 5000 套公共租赁住房。由于吉林省保障性住房工作的重心还集中于棚户区改造和廉租房建设，所以对于公共租赁房建设还处于试验性阶段，这也为公共租赁房政策的利益相关方参与政策制定提供了表达利益诉求以及意见、建议的时机。

其中长春市作为吉林省省会集中了较多的刚毕业大学生、外来务工人员、中等偏下收入住房困难家庭等买不起房的人群。长春市在 2010 年试点的基础上不断加大公共租赁住房的建设力度，2011 年建设公共租赁住房 9674 套、52.4 万平方米；2012 年计划建设 7800 套、44.47 万平方米；2010～2012 年开工建设公共租赁住房总量达到 1.8 万套、100 余万平方米，其中全部 9 个项目政府主导建设 7 个项目 1.26 万套、72.3 万平方米。长春市为准确把握城市中等偏下收入家庭和外来务工人员的住房情况以及获取这部分群体对保障性住房的需求信息，自 2012 年 6 月底开始在全市范围

---

① 《住房城乡建设部 财政部 国家发展改革委关于公共租赁住房和廉租住房并轨运行的通知》，http://www.mohurd.gov.cn/zcfg/jsbwj_0/jsbwjzfbzs/201312/t20131206_216468.html，最后访问日期：2014 年 12 月 10 日。
② 《健全符合国情的住房保障和供应体系——访住房和城乡建设部副部长齐骥》，http://www.mohurd.gov.cn/bldjgzyhd/201312/t20131210_216492.html，最后访问日期：2014 年 12 月 10 日。

内通过各区级住房保障部门和各街道共向居民发放了近1.5万份调查问卷。2013年7月15日《长春市公共租赁住房管理办法》正式对外公布并开始施行。

根据吉林省和长春市公共租赁房政策制定和实践的情况，通过对长春市的新就业无房大学毕业生、稳定就业的外来务工人员等政策利益相关方进行问卷和访谈调研，并走访吉林省住房和城乡建设厅住房保障处进行访谈，我们获取了吉林省公共租赁房政策制定中利益相关方参与的资料。

（1）利益相关方参与公共租赁房政策制定的情况

本次调研采取分层抽样和简单随机抽样的方法，共发放300份调查问卷，回收的有效问卷为283份。其中对于"您希望参与与您切身住房利益相关的公共租赁房政策制定吗"这一问题新就业无房大学毕业生和稳定就业的外来务工人员都表现出强烈的参与意愿（见图2-1）。

对于"您是否主动寻求政府、社区或居委会等相关部门帮助解决您的住房问题"这一问题在受访者中选择"至少一次"选项的共有21人，仅占调研对象的7.4%；而在这为数不多的曾选择主动向政府部门寻求帮助解决住房问题的对象中，在被问到"政府、社区或居委会等相关部门对于您所反映的住房困难问题做出什么回应"这一问题时高达80.8%的人选择"未做出回应"，仅有2.7%的人选择"已帮助解决问题"，其他人则是做出"给予答复但未采取行动"或"虽采取行动但都未解决主要问题"这两个选项。以上数据表明大部分大学毕业生和外来务工人员并没有积极寻求政府帮助解决自身住房问题，并且对公共租赁房政策的制定参与度较低，这与他们参与政策制定的强烈意愿形成鲜明对比，较大的意愿与实践的反差即较高的参与意愿与较低的参与实践之间出现矛盾与冲突。

对于大学毕业生群体和外来务工人员的公共租赁房政策制定参与度低的原因，分析问卷结果显示主要是"没有通畅的参与渠道"以及他们认为自身的"意见不会被政府重视"两个原因。此外"不了解政策制定信息"和"工作繁忙、没有时间"这两个因素也是这两个群体未参与政策制定的原因（见图2-2）。一方面政府没有建立完善的制度和设置科学畅通的渠道，保证利益相关方的参与，另一方面则是由于大学毕业生和外来务工人员主客观的各方面原因不愿意或者没有精力参与政府的相关政策的制定过程。可见自上而下的政策制定形成和自下而上的参与途径都没有能够保证利益相关方真正参与公共租赁房的政策制定。

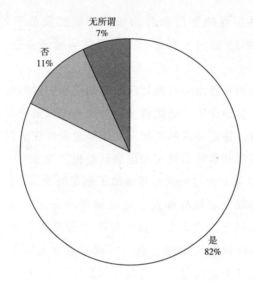

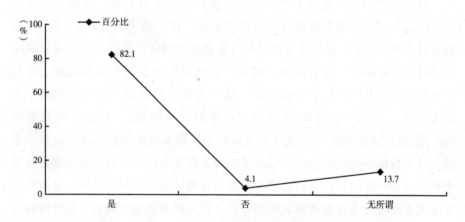

图 2-1　新就业大学毕业生和稳定就业外来务工人员参与意愿

　　笔者还从参与途径的角度调查了利益相关者参与公共租赁房政策制定的问题。对于大学毕业生群体选择通过"参与听证会"和"网络媒体"参与渠道的比重最多,只有 2.3% 的受访者选择以参与或组织上访的形式强烈地进行政策意见表达;与大学毕业生群体有所不同的是,外来务工人员中大部分受访者侧重通过"电视、报纸等传统媒体"的渠道表达自身的利益诉求,值得注意的是其对于通过"网络媒体"渠道参与政策制定的方式也表现出较大的兴趣;在选择通过"向人大代表、政协委员表达政策建议"时可能由于近年来农民工代表的出现在外来务工人员的心中占有一定的地位,他们

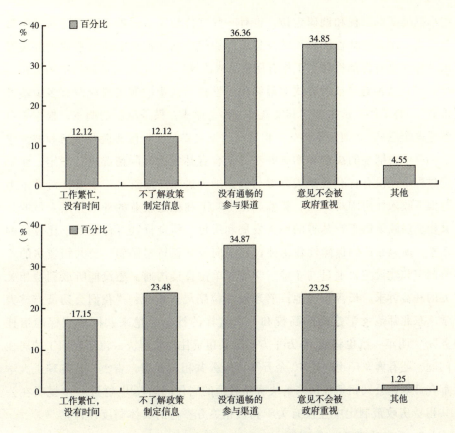

图 2 - 2　大学毕业生与外来务工人员政策制定参与度低的原因

相比于大学毕业生群体更倾向于这一方式。然而从整体上看，大学毕业生群体由于在获取政策信息、参与意识和能力等方面具有比较优势，与外来务工人员相比对于公共租赁房政策制定的参与程度较高。在参与渠道选择方面，听证会、网络媒体以及电视、报纸等传统媒体是大学毕业生和外来务工人员作为公共租赁房政策的利益相关方较为侧重的选项；而向人大代表、政协委员等表达政策建议以及组织或参与上访只占到了很小的比例，利益相关者都不愿选择政治方式参与且主动避免街头行动等非制度参与方式。从中可看到地方政府政策制定的参与途径还亟待拓宽。

（2）地方政府公共租赁房政策制定中利益相关方参与情况

通过资料搜索和与吉林省住房和城乡建设厅住房保障处负责人的深度访谈，笔者了解到吉林省公共租赁房政策制定中利益相关方的参与行动十分有限，政府提供的参与途径少且基本流于形式。仅长春市及较大的市县做过一些小范围试点工程和调研走访，也有一些宣传和覆盖面都不够广泛的网络参与形式，比如吉林省住房和城乡建设厅的门户网站首页上的民意调查版块提出"你对全省保障性住房工作有何意见或建议"。但笔者向某调研室的工作人员询问"这种意见征求方式对最终保障性住房政策的制定或修改有多少参考价值"，有工作人员指出"其实就是一种走形式，只是泛泛的调查，根本不会参考这个意见"。他还指出公共租赁房政策主要是根据国务院及住房和城乡建设部等中央部委的决定和实施办法并结合吉林省的实际情况进行制定，在制定过程中还没有将利益相关方参与因素纳入进来。而且对于主要针对城市中等偏下收入住房困难家庭、新就业无房职工和稳定就业的外来务工人员的公共租赁房政策由于吉林省的经济发展和房价、租金价钱等都还处于比较低的水平，所以目前的保障性住房建设还未向公共租赁房倾斜，公共租赁房的政策制定和建设主要通过与企业、学校等单位直接沟通，还没能听取利益相关方的利益诉求。长春市房地产管理局一位副局长也说："我们会动员吉林大学、东北师范大学这样的高校和一汽这样的社会力量来共同完成保障房任务"，"明年一汽也将建 10 万平方米公共租赁住房来解决一汽年轻职工的居住问题，还有客车厂也将建 10 余万平方米公共租赁住房，吉大、长春理工大学都在计划建公共租赁住房来解决青年教师的居住问题"。① 这进一步说明在公共租赁房政策制定中还没有关于利益相关方参与的具体制度设计。

3. 存在的问题

（1）封闭式的决策与形式化的参与途径

地方公共租赁房政策主要是根据住房和城乡建设部制定的《公共租赁住房管理办法》并结合当地实际情况在两者基础上形成管理规范和实施细则。但在实际的政策制定中集体决策、公众参与并未得到贯彻执行。地方政府决策部门往往用"长官意志"代替公众意愿，以"一言堂"取代集体决策制度。一些政府决策部门并不相信公众的集体智慧和国家制定的科学决策制度，他们更倾向于以自身经验和部门需求为基础进行政策制定。相信自己的智慧超过相信人民群众的集体智慧，相信经验超过相信科学，而不相信利益相关方参与影响政策的能力，从而形成少数机构垄断政策制定的封闭式决策方式。这种封闭式的决策方式使各地方政府制定的公众参与政策及其制度

---

① 《吉林即将建公共租赁房》，http://china.findlaw.cn/news/jrzx/7269.html，最后访问日期：2014 年 12 月 12 日。

和途径多沦为形式，表面上政府采取多种形式和途径以显示倾听民意鼓励公众积极参与彰显自身的价值判断和取向，但在实质上缺乏参与程序、内容及回馈意见等具体的制度设计，使公众参与流于形式的问题突出。这种封闭式的决策和形式化的参与无法使政府真正获取有价值的公众意见和利益诉求，从而导致政府在进行决策时容易忽略和偏离利益相关方合法、合理的利益诉求。

（2）地方政府提供的参与渠道有限

目前各地方政府为利益相关方参与公共租赁房政策制定所提供的途径主要有听证会、政策咨询、新闻发布会、网上征求意见平台、媒体公布、邮寄、电子邮件、电话或传真等方式。虽然参与途径看似多样，但其中的多数途径仅作为政府告知公众信息的方式得到应用，途径并不是双向的信息交流而是单向的信息传播。在具体操作中参与途径的运行程序缺乏灵活性，渠道设立的目的变为完成上级规定，仅为彰显政府听取民意等宣传取向，使得参与渠道更多成为"装饰物"，不能真正了解和反映利益相关方对于公共租赁房的意见和利益诉求。笔者在调研和访谈中了解到无论是大学毕业生还是外来务工人员没有参与公共租赁房政策制定的首要原因都是"没有通畅的参与渠道"，政府提供政策制定参与渠道的匮乏使得利益相关方无法自由表达意愿和诉求。由此可见，政府为利益相关方提供的参与途径只具有表面上的多样性，实质上却是限制了利益相关方的参与，使参与途径的有限性问题较为突出。这种单向信息传播的参与途径使利益相关方实质上仅能完成被动参与，充当听众与看客。缺乏吸引利益相关方主动参与的有效方法，致使利益诉求的声音无法传递至政府的耳中，也就进一步削弱了利益相关方参与政府政策制定的积极性并最终导致公众参与政策制定的制度失去最初设立的意义。

（3）对公共租赁房政策的信息公开和宣传不足

在公共租赁房政策的信息公开与宣传方面，各地方政府只是在相关政府机构的公告栏上粘贴政策规定，在住房和城乡建设或住房保障门户网站上列出政策信息，没有对政策制定的背景及依据做出说明，有些较专业性的知识普通民众一知半解也只能被动地全盘接受。显然这种信息公开的方式不能完全起到满足广大民众知情的作用，使利益相关方缺少参与政策制定的认知基础，影响参与的程度和效果。在公共租赁房政策的宣传方面，地方政府一般只选择电视、报纸等传统媒体，宣传报道方向过于集中，广度和覆盖面不足。笔者在调研中了解到大学毕业生对于公共租赁房政策的了解程度相对较高，而外来务工人员对政策的了解程度较低。地方政府职能部门有关公共租赁房政策的信息公开和宣传方式仍很欠缺。

（4）利益相关方缺乏参与政策制定的积极性

在对大学毕业生和外来务工人员的调研和访谈中，笔者了解到他们对公共租赁房政策制定都表示出强烈的参与意愿，但对政府采纳其表达的意见却持消极的态度。超80%的受访者在回答其意见是否能成为政府决策考虑的主要因素时选择"可能性不大"和"肯定不会"，只有低于10%的受访者选择"很有可能"和"肯定会"（见图2-3）。这种对自我意见表达持否定和无所谓的态度，既是政府与利益相关方之间的信任矛盾，也是一种自我否定，表明其缺乏真正参与政策制定的积极性。

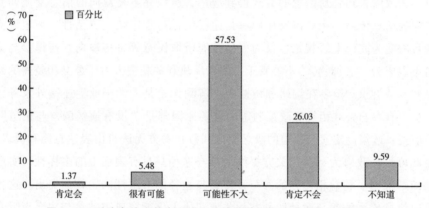

图2-3 受访者认为其意见成为政府决策考虑的主要因素的可能性

第二节 社会组织参与政府治理：以 NGO 参与
美丽乡村建设为例

一 NGO 概述

"NGO"（非政府组织）是英文 Non Governmental Organization 的缩写。它最早于1945年6月在各国签订的联合国宪章中使用，该宪章第71款授权联合国经济和社会理事会"为同那些与该理事会所管理的事务有关的 NGO 进行磋商作出适当安排"。NGO 概念使用70年来各界学者关于其定义的界定一直争论不休，至今仍没有达成统一的认识。1950年联合国经济和社会理事会第 288〔Ⅹ〕号决议中提到 NGO，认为只要非根据各国政府间协议建立的国际组织都可以看作 NGO。① 1996 年经济和社会理事会发布《联合国与非政府组织咨商关系决议》，其中认为，NGO 是指符合联合国宪章精神的各类组织，不管该组织是属于国家、地方、区域还是国际层面，该组织都应具有总部及相关行政人员，有组织章程、代议机关、责任机制和对外能力。②

　　关于 NGO 的基本特征，目前学术界普遍认为有五个特点：（1）组织性，即有一定的制度和结构；（2）民间性，即独立在国家或者政府体系之外；（3）非营利性，即不以营利为目的；（4）自治性，即能够自主决策、自主决定、自主活动；（5）志愿性，即组织成员并非受某种强制而是依据自己意愿组成其活动，经费也来自自愿捐赠。除了以上五个基本特征外，中国著名学者王绍光强调，NGO 还应具有公益性这一基本特征，"也就是说非政府组织关注的必须是与公共福利相关的问题，如性别平等、医疗卫生、农业发展环保等。这样就把提供特殊私人物品的组织和自娱自乐的组织排除在外"③。

　　基于以上分析，本书认为 NGO 是指同时满足非政府性、非营利性、组织性、自治性、志愿性及公益性要求的社会组织。它不以营利为目的且具有正式的组织形式；它独立于政府和市场之外并以发展社会公益事业为目的。

　　NGO 依各界学者的习惯通常还可以称为非营利组织（non-profit organization，NPO）、公民社会组织（civil society organization，CSO）、第三部门（the third sector）、志愿部门（voluntary sector）等。这些名称并没有实质上的区别，但仅就其区别来说，它们之间还是存在着细微的差异。非营利组织主要是从政府部门监管的角度强调该类机构和以营利为目的的经营机构之间的差别，这一名称在美国广泛使用；公民社会组织以国家和公民社会为分野前提和基础，更多地强调该类组织的民间性即民间为实现一定的目标而自发、自主地组织起来，其显著的特征是政府的非干涉性、公民在社会层面的积极参与；第三部门是在政府（第一部门）与市场（第二部门）之外存在着与政府和市场并列的非私人领域的组织也就是处于政府与私营企业之间的社会组织，其强调的是处于第三领域；志愿部门主要强调这类组织的志愿性

---

① 张仲涛、袁耀华：《非政府组织内涵与外延研究综述》，《学习论坛》2012 年第 7 期。

② 王彦志：《非政府组织的兴起与国际经济法的合法性危机》，《法制与社会发展》2002 年第 2 期。

③ 王绍光：《多元与统一——第三部门国际比较研究》，浙江人民出版社，1999，第 426～431 页。

即这类组织的管理和运作主要依靠其组织成员或者志愿者在时间、金钱及精力上的无偿支持和无怨投入，这一概念主要在英国适用。

二　NGO 参与美丽乡村建设的时代背景

（一）政府职能的转变

中国原有政府职能在计划经济体制时期形成，其显著特点是大包大揽，政府的管理渗透到社会经济发展的各个方面，事无巨细多是直接包揽、"亲临现场"。不可否认政府的"无所不能、无所不包、无所不管"在新中国成立之初尽快恢复国民经济、巩固人民政权的过程中发挥了重要作用，但随着社会主义市场经济的发展和改革开放的不断深入，以政府为核心的一元管理模式已不能适应社会经济发展的需要，政府部门间推诿扯皮、职责不清、政出多门等官僚主义及政府机关工作人员办事拖拉、不讲效率、人浮于事等官僚现象时有发生，正如邓小平所说，政治体制改革的目标之一是"克服官僚主义，提高工作效率。效率不高同机构臃肿、人浮于事、作风拖拉有关，但更主要的是涉及党政不分，在很多事情上党代替了政府工作，党和政府有很多机构重复"①。这严重影响了人民政府的声誉，挫伤了群众发展社会经济的积极性。面对这个事实，中国政府深知，中国社会的主要矛盾是人民日益增长的物质文化需要同落后的社会生产之间的矛盾，深知中国的根本任务是集中力量进行社会主义现代化建设，深知"社会主义的首要任务是发展生产力"②，是解放生产力并以经济建设为中心努力建设社会主义现代化文明国家。围绕这个中心，中国政府的基本职能必须实现从政治管理职能向经济建设职能转变。同时还要理顺政府与市场、企业、社会及政府各职能部门间关系。《中共中央关于构建社会主义和谐社会若干重大问题的决定》指出，"按照转变职能、权责一致、强化服务、改进管理、提高效能的要求，深化行政管理体制改革，优化机构设置，更加注重履行社会管理和公共服务职能"，要切实加强服务型政府创建，要"在服务中实施管理，在管理中体现服务"。胡锦涛在中共十七大报告中强调"要抓紧制定行政管理体制改革总体方案，着力转变职能、理顺关系、优化结构、提高效能，形成权责一致、分工合理、决策科学、执行顺畅、监督有力的行政管理体制。健全政府

---

① 《邓小平文选》第 3 卷，人民出版社，1993，第 179 页。

② 《邓小平文选》第 3 卷，第 116 页。

职责体系，完善公共服务体系，推行电子政务，强化社会管理和公共服务"。经过多年的不懈努力，中国政府职能已逐渐由旧体制的直接干预、微观管理转变为间接指导、宏观调控，努力建设服务型政府、效能政府、法治政府及责任政府的生动局面开始出现，政府工作重心开始调整到"经济调节、市场监管、社会管理、公共服务"① 上。近年来作为第三部门的 NGO 的迅速发展是中国政府职能转变启动良好的佐证。不可否认逐步成长起来的 NGO 在处理政府"不该管、管不了、管不好"的事务上发挥着重要作用，正逐步发展为中国现代社会公共管理体系中的一支中坚力量。政府职能的转变实际上是政府与社会之间公共权力的调整，或者说是政府向社会的分权，是社会权力由政府公权力向公民私权利的回归。NGO 作为多个治理中心之一必将分享或承接部分社会治理职能。美丽乡村项目建设是一项极其复杂的系统性民生工程，它牵扯多方面、涉及多类矛盾，各问题间相互交错与冲突，如政府试图依靠单方面的力量推动美丽乡村建设不仅不可行而且不明智，而不以营利为目的且具有公益性和民间性的 NGO 在建设美丽乡村方面具有政府组织不可比拟的优势，能够克服政府组织的局限性。因此，政府职能的转变是 NGO 参与美丽乡村项目建设的一个良好契机。

（二）市场经济的推动

在制度演绎的过程中有需求就有供给，它们是一种对应关系。市场经济建立在"经济人"假设之上，它强调个人权益和个人自由，个人权益的自我维护是市场经济存在和发展的关键所在，追求个人权益是市场经济的天性必然。市场这只"看不见的手"支配着社会资源分配的基本原则，它以等价交换和互利共赢为基础进行商品生产和交换并通过确定劳动者的经济地位及关注来调动其个人的生产积极性和创造性，进而推动社会化大生产和历史前进的车轮。但市场经济是一把"双刃剑"，在物质经济和社会道德上具有两面性：一是在物质经济上市场经济能够最大限度地激活人们物质生产和创造财富的积极性，创造空前丰富的物质财富，然而人们追求利益的天性积攒到一定程度往往导致社会化大生产的无序性，最后致使用于社会生产的物质资料和人们创造的物质财富极大浪费；二是原始市场的"公众"和"自由"也会因为人们追求个人利益的"天性"而导致财富分配不均和弱肉强食而使市场受到巨大破坏。不仅如此，在公共物品供给领域讲求个人权益最大化

---

① 转引自龙梅玉《关于政府职能转变与管理创新的思考》，《南方论刊》2003 年第 12 期。

和帕累托最优的市场机制必然遭遇更大的失败。对于不具备排他性和竞争性的公共物品来说，依靠市场单一供给必然导致两种情形：一是因为成本过高企业组织不愿意支付生产成本致使公共物品供给不足；二是因为"搭便车"即少数人为其享受的公共服务"埋单"而大部分人"零支付"，但平等享用致使人人都寄望别人出钱来为自己享受的服务"签单"最终必定会使公共物品供给不足。正是由于市场机制的失灵，人们呼吁创立多种制度安排以扩大市场的正面效益并尽可能地压抑其负面影响，实现社会福利的最大化和社会资源配置的帕累托最优。NGO 作为一种外在于市场的社会福利代表理应凭借自身的实力来参与驾驭市场以便实现社会福利的最大化和社会资源配置的帕累托最优，而 NGO 凭借其"慈善的心灵"有力克服了市场经济"天性"带来的不利影响，有力地推动了市场经济向有序化方向发展。美丽乡村建设是一项亮丽千乡万村、造福亿万乡村居民的公益性民生工程，如果将其交由市场运作必然会导致"公地悲剧"重演。因此，市场经济的发展给NGO 参与美丽乡村项目建设创造了一定条件。

（三）公众意识的觉醒

公众参与作为普通公民为争取、实现和维护自身利益自觉运用宪法和法律授权并通过一定的方法和途径参与国家政治生活的权利行为，是实现公民权利保护、保障人民参政议政权的重要内容和衡量政治系统民主化进程的重要标尺。但是由于长期以来传统文化中遗留下来的中央高度集权的惯性和"官本位"思想、"草民"意识的根深蒂固以及"多一事不如少一事"和"事不关己高高挂起"的心态，抑制了公民参与的积极性，使公民缺乏明确的政治角色意识，认为城市管理完全是政府的事情和自己无关，权利意识淡漠。随着改革开放的加深，中国市场经济建设大力发展，公民之间经济差距扩大，社会各阶层利益失衡，这反而极大地激发了中国公民的权益意识。如同法国启蒙思想家、哲学家保尔·霍尔巴赫所言，"人从本质上就是自己爱自己，愿意保存自己，设法使自己的生存幸福，所以利益或对幸福的欲求就是人的一切行动的唯一动力"[1]。巨大的利益驱使致使人们不再冷漠而是通过听证、人大、政协等多种途径参与到公共政策制定的方方面面，甚至通过集会、结社、游行、请愿以及网络跟帖的方式给政府施加压力，有效地促进

---

① 转引自曹峰《康德幸福观及其对我国建设幸福社会的启示》，《新疆社科论坛》2011 年第 4 期。

政府在社会治理等相关事务的处置上充分考虑公众的意愿。公众参与的热情甚至已经超出了原本认为的公民受教育程度和文化层次对公众参与的影响，已不再是大中城市的大多数居民、知识分子、党政机关公务员、各单位的中高级人才等由于工作性质、政治信息和文化素质等因素而具有较强的参与意识，多数普通的工人、农民和个体劳动者特别是新生一代也逐步克服了传统政治文化的影响，极大地克服对权威政治的畏惧以及对强权政治的心理屈服，而逐步认识到自身应具有的政治地位和社会作用，追求自身的权益、表达自身的政治需求，维护自己的有效的政治参与途径和合法权益。梳理整个公众参与公共事务治理的历程，不难发现公众参与的意识起源于自身利益，强化于参与效果，公众参与社会治理的效果越明显，公众参与的兴趣就越高涨；而公众参与社会治理的意识越强烈取得的参与效果也越显著。然而公众参与情趣的高涨或参与意识的增强必然导致不满足现有的参与现状，必然进行各种尝试和碰撞。就公众参与的途径来说，现有的听证会、座谈会、论证会以及尚未健全的人大和政协机制已经不能很好满足公众参与政策制定和社会治理的需要。而由一定领域、一定职业或是由有相似利益诉求的公民结成的 NGO 在很大程度上满足了公众参与政府决策的需要。美丽乡村建设是涉及千家万户的民生工程，乡村居民必然不会完全置身事外，但由于美丽乡村建设涉及方方面面，乡村居民由于其本身所存在的局限性也必定不能完全参与到美丽乡村建设的过程中，这要求具有专业性和公益性的 NGO 从中衔接，推动公众参与美丽乡村建设伟大事业。因此，公众参与意识的觉醒和参与情趣的增强给 NGO 参与美丽乡村建设提供了必要的群众基础。

三　NGO 参与美丽乡村建设的必要性

（一）美丽乡村建设中存在的问题

1. 乡村经济基础薄弱，资金缺口大

推进美丽乡村建设，无论是建设乡村基础设施、整治村容村貌还是规划村庄发展、设施产业建设，每一项工作都需要投入大量的资金。但由于新中国成立以来政府长期奉行"农村哺育城市"的政策，强调资源向城市高度集聚，农村地区社会资源匮乏、自然资源面临枯竭致使农村基础设施不完善、经济基础薄弱，经济发展滞后，乡镇政府财力困难，农村地区乡镇政府对美丽乡村建设的投入能力、投入水平有限，建设资金供给缺口很大。同时由于城乡二元分化严重，居民收入差距大，相对城市居民 26955 元的可支配

收入来说乡村居民 8896 元的纯收入不及城市居民可支配收入的 1/3。① 在美丽乡村项目建设过程中乡村居民自我投入资金能力十分有限，并且因为基础设施落后、经济发展水平有限，大部分乡村居民希望政府能够完成美丽乡村建设过程中的资金投入，或者美丽乡村建设的资金应由"政府拿大头集体出小头乡民卖劳力"，乡村居民只承担除资金投入以外的力所能及的人工劳动。

2. 损害农民权益现象时有发生

在政治体制改革不断深入及社会主义新农村建设全面推进的大环境下，全民聚焦"三农"，以关心农业为内容、关注农村为重点、关爱农民为核心的"三关"氛围日趋浓厚，美丽乡村项目建设进展迅速，农民能力素质相对提高、法权意识逐步觉醒，农民参与社会治理机制日趋完善，农民权益保护机制日益完善，农民权益保护进展显著。但由于历史及现实等各种原因，农民权益被损害现象时有发生：一是部分地区基层政府及村社自治组织在征地过程中受"政绩"及经济利益等因素的驱使常常任意降低征地补偿标准、降低保障水平致使农民合法权益受损，未能尊重和保护农民的主体地位；二是有些区域基层政府及村社自治组织在拆迁过程中受"积压式"管理模式及经济利益等因素的驱使时常压低拆迁补偿标准，导致农民合法权益被侵犯，未能体现农民的主体地位；三是部分区域基层政府及村社自治组织在土地流转过程中出于"政绩"及经济的考虑，经常直接介入或者参与土地流转"强定强转、强转强买"致使农民土地合法经营权益被侵害，未能保障农民的土地自主经营主体地位；四是部分区域少数企业出于规避社会责任或自我利益最大化考虑，往往不与农民工签订正式用工合同，任意侵犯农民工合法权益，时常侵犯农民工日常休息及接受技能培训等权益，任意降低、恶意拖欠、非法克扣农民工劳动报酬等现象时有发生，未能尊重农民工参与建设主体地位。同时由于农民整体文化水平不高、思想观念较保守及基层维权体制机制不健全等因素影响农民维护自身合法权益的能力及维权路径的选择，常有部分村民采用极端方式、激发极端情绪，损害自身利益同时也影响人民政府形象。

3. 农民主体地位没有彰显

近年来中国政府大力推进政府体制机制改革，取得成绩，但由于传统文

---

① 《2013 年国民经济和社会发展统计公报》，http://www.stats.gov.cn/tjsj/zxfb/201402/t20140224_ 514970.html，最后访问日期：2014 年 3 月 1 日。

化等多方面因素影响，政府体制机制改革还存在不尽如人意的地方，就美丽乡村建设来说，主要存在如下几个问题。一是农业税的取消、农村税费变革深入推进致使不少区域村社基层组织收入下滑，甚至部分区域产生较重的"后农业税时期综合征"，即村社自治组织运转经费严重不足影响组织正常运转、村社组织债务严重影响村社组织提供公共服务、"跑经费"现象严重影响村社组织机构转型、"下压式"管理长期存在致使公共物品供给出现断层。二是乡村农业生产集约化程度不高，农业产业化大生产还未完全延伸到农业生产的产前、产中、产后等各个关键环节，导致农业规模化生产程度较低，农民农业生产相对分散，农民忍受"靠天吃饭"等原始生产困扰，大部分农民难以逃出"种什么、养什么、卖给谁、谁来买"的传统农业生产怪圈。三是乡村农业农村经济发展相对缓慢，农村地区经济不发达，村社公共财费收入较少；同时，中国当前公共财政覆盖能力低，要实现农村全覆盖还需要"假以时日"，要补齐农村公共物品供给"短板"还需走很长的路。四是受官僚主义等作风及"积压式"行政管理模式影响，一些农村地区村社"两委"（指党委会、村委会）成员公共服务意识、民权民主意识淡薄，同时农民受"王权"及"自力更生"等传统文化影响参政议政意识不强、依法维权能力较弱，致使村社自治组织治理机制及社会参与治理机制不完善。同时在美丽乡村建设过程中存在"轻农民、重政府"现象，常有忽视农民建设的主体地位、损害农民群众利益的现象发生，往往表面上是帮助农民，实际上越俎代庖未能从农民实际需求出发而是把"政绩"观点强加给农民，违背农民实际需求意愿，未能将政府的主导地位与农民的主体地位有机融合，未能充分发挥政府拉动、农民参与的积极作用，结果导致建设效益不明显甚至激起农民反感和抵制。

4. 农民文化程度不高，"低俗文化"盛行

改革开放以来，特别是大规模推行九年义务教育以来，随着经济社会的快速发展和政府教育投资的增加，中国人口受教育数量、受教育年限急剧增加，文盲、半文盲数量急剧减少，人口素质、人口质量显著提高。随着生活进步热潮的出现，中国农村人口质量也有了质的飞跃，农村人口中也出现了一批既有文化、技术又懂管理、经营的农村劳动力。但即便如此，农村人口总体素质相对于城市人口来说还是比较低，总体科技素质差，接受过专业技能培训的农民很少。大多数农民没有技能专长甚至部分农村青壮年对一般性农业生产技术都未能全面掌握。同时乡镇政府对"村风民俗"建设重视不

足，未能深入地研究、贯彻落实社会主义文化建设工作，致使部分农民精神文明层面出现断层，部分农民被一些低俗、落后、有悖和谐的价值观念和思维方式所同化。由于与现代先进文明接触机会较少，健康文化娱乐项目活动贫乏，现代文明常识短缺，乡村地区影院等传统文化娱乐项目逐渐被投影放映室、影碟出租屋、光纤网络吧、"棋牌室"等时兴娱乐场所取代。但在内容上放映室大多数以放映警匪、枪战、武打片等简单粗暴的暴力片或者红颜桃色的色情片为主；绝大多数网吧也违反国家规定容留未成年人，甚至部分网吧的经营对象就是以留守儿童为主的农村中小学生；而一些"棋牌室"借着娱乐休闲之名广开赌博场所，致使农村地区赌博之风盛行，巨额消耗村民财物，影响农民现代文明观念的形成，增添农村区域社会不稳定因素，影响农村经济社会健康持续发展。

（二）NGO 参与美丽乡村建设的重要作用

1. 有利于农村市场经济的发展和农民收入的提高

建设美丽乡村应当遵循建设社会主义新农村基本要求，"生产发展，生活宽裕"是美丽乡村建设的基本要求，也是实施其他项目建设的基础和前提，发展农村先进生产力、繁荣农村社会经济是美丽乡村建设的首要任务，也是美丽乡村建设的重要内容。但就目前中国实际情况来看，要发展农村社会经济、提高农业相关产品的竞争力就必须结合 NGO 的专业和公益力量。具体来说，NGO 在发展农村社会经济方面具有如下显著优势。一是经济类 NGO 能将原本分散经营的农民组织起来进行产业化生产和一体化经营，共享农业生产技术和商业销售信息，实现农产品生产与商业销售市场的无缝对接，推进农村地区农业生产向专业化、集约化、商品化发展，从而推进农村产业结构的优化。二是经济类 NGO 采取联合经营的方式集体引进、推广先进技术，加快农业产业新技术、新品种的推广，从而推进农业科技进步。三是经济类 NGO 能将农产品生产、加工、运输、销售等多个关键环节顺联起来，实行一体化生产与一体化经营，为农村地区农业产业化提供关键载体，壮大农村地区财富创造能力。同时由于集约化的生产、经营农民由相互制衡走向了合作，避免了因农户分散经营而陷入"任人宰割"的局面，进而维护农民利益；对新农业技术的掌握及市场信息的了解为农民及时将农产品推向市场创造了条件，解决了农产品销售难题，进而在某种程度上开辟了农民增收的新渠道。

2. 有利于农村文明新风的树立和农民素质的提高

美丽乡村建设不仅是为了发展农村经济、增加农民收入，而且是在抓物质财富创造的同时强调开展文明新风建设，切实加强乡村地区精神文明建设。而农村文化类 NGO 对于倡导社会文明、树立社会风范有着重要作用。在物质生活高度发达的今天，人们的物质生活水平得到了极大提升、物质欲望也得到了极大满足，与此同时许多消极的、腐败的因素也悄悄地滋长，但 NGO 的互助性、公益性、非营利性等本质特性以提倡社会公共道德、重视互助互爱、关心人类发展给乡村社会带来清新气息。如部分 NGO 举办各类公益性活动，积极参与乡村生活，关心村民共同利益，号召其成员相互帮助、相互尊重、相互信赖，倡导无私奉献，帮助人们学习和实践公共道德，对于提高农民素质消除黄、赌、毒，传播真、善、美，树立社会主义精神文明新风尚均有积极作用。此外由村中长者组成的社会文化类 NGO 对村中丑恶现象进行劝说和抨击，为村民主持公道、化解矛盾，同时又能以乡风民俗、黑白曲直、社会伦理、公共道德为着力点，使争议双方服于村民都认可的一个"理"字，同时又不伤害争议双方的地位和颜面。这类 NGO 对于形成尊老爱幼、互帮互助、其乐融融的农村社会主义良好风尚及淳朴民风均有重要作用。再者，该类 NGO 既能给兴趣相同的农民提供展示才能的舞台，也能为丰富农村社会生活、搞好邻里关系、融洽干群关系、增加社会和谐、继承传统文化、传播现代文明起到重要作用。

3. 有利于维护弱势群体的利益和农村民主体制的形成

NGO 基于其志愿性、公益性和第三部门的角色在维护弱势群体权益、提供法律援助等方面更能够深入基层、深入农村。美丽乡村的建设给农民带来了巨大的物质利益，改变了原本传统落后的农村面貌，农民的整体素质也得到了很大的提高。但与此同时伴随着经济的发展、西方资本主义腐朽思想的入侵，农村拜金之风、享乐之风盛行，原本在城市比较普遍、农村少见甚至未见的纠纷也显露出来，同时农村原本的邻里琐事、土地伤害、人身伤害等传统纠纷问题也时有发生。纠纷发生、邻里调解失败以后，一旦诉诸法律就会涉及法律文书书写等问题，而这方面能力对于农村居民来说基本上处于缺失状态，而 NGO 提供的免费法律咨询、法律文书代写、法制教育宣传及培训就显得十分必要。此外大量农村青壮年外出"打工"，留守的多是儿童、老人和妇女，NGO 对由此带来的留守儿童教育、农村老人养老等社会问题的解决也进行了不懈的努力。NGO 的维权活动及其公益性和非营利性必将获得农村群众的广泛信任和支持，成为农民群众权益的表达和维护中心。扩大农村居民参与农村社会事务治理的民主政治建设的途径，能够动员政治支持并对农村的公共权力甚至对基层政府的公权力进行有效的监督和制约，有助于村民自治组织改善治理模式，供给符合村民需求的良好公共物品。

4. 有利于农村管理体制改革和农民主体地位的落实

推进美丽乡村建设就应该有相应的治理机制和管理体制作为坚强后盾给其保障支持。据此沿着中国特色社会主义康庄大道推进农村治理机制和管理体制改革就显得十分迫切与必要。在市场经济体制下基层政府及村社组织要实现由"管理型政府"向"服务型政府"、由"全能型政府"向"有限型政府"转变，剥离基层组织不应承担的"管不了""管不好""不该管"的社会职能而转由市场或者第三方承担此种社会职能。市场作为社会资源调节的主体在物质资料供应中起着不可替代的作用，但是在非竞争性和非排他性的公共物品的供给上市场则经常遭遇失败。因此由作为第三方的 NGO 去承担基层政府剥离的公共职能和供应公共物品就变得必要和自然。据此 NGO 对于推进基层政府结构改革和职能转变有着重大作用，有力地将"全能政府"推向了"有限政府"、"效能政府"及"服务型政府"。同时 NGO 对于彰显村民主体地位、彰显基层民主政治、助推村民自治也具有重大作用。NGO 通过培育村民的责任能力、自治能力、决策能力及参与精神，有利于强化村民的民主理念，引导村民参与美丽乡村建设总体规划等相关事务，协商表达村民真实意愿和实际需求，保障村民在与自身相关的公共事务上有发言权；这也有助于彰显农村居民的主体地位，拓宽村民参与美丽乡村建设等公共事务的渠道，降低政府决策的风险成本，减少村民与村民组织、村民与基层政府之间的矛盾冲突。

四　NGO 参与美丽乡村建设的考察

（一）NGO 参与美丽乡村建设的现状

1. NGO 在美丽乡村建设中的地位

（1）NGO 在提供公共物品时具有效益优势

正如美国学者韦斯布罗德所指出的，正是由于政府和市场在提供公共物品方面的局限性导致了对于 NGO 的功能需求，这是 NGO 存在的主要原因。[①]

[①] 参见田凯《西方非营利组织理论述评》，《中国行政管理》2003 年第 6 期。

人们普遍认为除垄断性公共物品应由政府供给外，对于如环境保护、公共卫生、道路建设等非垄断性公共物品，政府、市场、社会均可供给。但政府的官僚主义习性致使在非垄断性公共物品供给中时常发生"寻租"现象，同时政府对社会新的需求及社会发展时机反应缓慢，行政人员又缺少压低生产成本、增加社会产出的意识，致使政府部门供应公共物品效益低下，引起"政府失灵"；相对于政府来说，市场在物品供应方面具有明显的效率优势，生产迅速、供应较快，在满足公众偏好上也有不错的表现，但公共物品所特有的非竞争性和非排他性决定其强调利益最大化及追求物质资料的市场化，对于众多公共物品的供给没有内在动力，导致公共物品供应的类型和总量严重不足。而对于强调公益性、非营利性和志愿性的NGO来说，能够很好克服上述不利因素的制约，既能克服不注重生产效率、"寻租"等问题，也能满足公共物品供应总量及类型不足等问题，可以针对多种需求偏好做出迅速反应。20世纪六七十年代以来，在双重失灵的大背景、大情形下，新公共管理运动凸显并强调以"小政府、大社会"为目标转变政府职能，实现部分公共事务管理职能社会化，由NGO承担公共物品供给职能、推进美丽乡村建设，有利于节约项目建设成本和满足总量及偏好的需求。

（2）NGO为村民参与美丽乡村建设提供了便利渠道

美丽乡村建设项目是一项涉及农村方方面面的伟大的民生事业工程，要求彻底改变农村地区贫穷面貌，提升农民生活质量，同时也要求转变农民精神面貌，提升农民综合素质。农民的参与与合作对于全面深入推进美丽乡村建设，实现美丽乡村建设宏伟目标有着重要的作用和意义。尤其在中国现在的城市化程度低、经济不发达、人口资源却相当充足的国情下，发动公众广泛参与，推动美丽乡村建设已经成为必需的现实选择。政府组织与乡村居民的沟通和合作既可以是"面对面"的，也可以是间接的。但现今中国的政府体制改革处于起步阶段，政府的职能转变还不明显，特别是基层政府由于缺乏合理的高层设计思想指导，职能转变极不明显，思想观念还停留在计划经济时期和完成上级政府聚压任务的时期，官僚作风严重，和农村自治组织及农村居民有效沟通不够。因此基层政府与农村居民的沟通和合作在更多情况下需要NGO这个中间环节来协调。NGO在美丽乡村建设的过程中，通过其相关活动搭建起了沟通政府与农村居民的桥梁。一方面NGO通过自己的成员深入农村基层与村民密切联系起来，可以及时将村民对美丽乡村建设的建议、意愿及实际需求集中起来，反映给政府为政府决策提供参考，同时还能对政府的行为构成制约；另一方面，NGO 还能把政府对于美丽乡村建设的构思、设计及政策和存在的现实困难反馈给农村居民，促进农民对政府的理解和对美丽乡村建设的支持。NGO 具有利益表达和利益协调功能，在促进公众与政府合作的同时也可拓展公众参与社会治理的渠道，培育公众参与美丽乡村建设的积极性。

（3）NGO 能够满足村民个性化需求偏好

中国乡村面积大、民族众多，各地自然环境条件、人们的生活习惯和生活水平不尽相同，各地建设美丽乡村建设的实际条件和情况不相同，村民对美丽乡村建设的实际需求、意愿、盼望等也不尽相同。同时现今社会个人之风、自由之风大行其道，人们的爱好、情趣、价值观等都趋于多元化，社会日益分化为不同阶层和利益团体，个人的需求也不断趋向个性化和多元化。这无疑加大了政府建设美丽乡村的难度，面对如此复杂的形势，受计划经济体制至深影响而习惯单一供给主体、单一供给样式、强调统一性和整体性的政府很难及时做出反应，几乎无能力满足种类如此繁多、数目如此庞大甚至彼此对立冲突的社会需求与偏好。这些无疑会影响美丽乡村建设工程推进及其建设的实际效果。而对于 NGO 来说，它的产生与发展本身就是社会需求偏好多样化的结果，彰显了社会价值趋于"多元化"，追逐"自由"所追求的就是满足特定群体的偏好和利益需求。从某种意义上说，社会的多元化、需求的多元化、管理的多元化、服务的多元化就是 NGO 存在的价值。对于美丽乡村建设，NGO 可利用其接近农村居民的便利，了解村民的实情，有针对性地开展项目，推进美丽乡村建设符合当地实情，满足农村居民的实际需要。

2. NGO 参与美丽乡村建设的方式

（1）协同政府组织推进美丽乡村建设

在美丽乡村建设推进中，政府作为单一的建设责任主体已经逐渐不能满足农村居民日益增加的多样化和个性化的实际需求，作为单一的建设责任主体政府在推进美丽乡村建设的过程中还面临着成本增加和供给失衡的压力。这迫使政府进行角色调整，剥离那些"管不了""管不好""不该管"的职能，而村民自治组织因为行政化严重等问题，也不能很好地承接政府剥离的这部分社会建设职能。因此必须寻求新的解决办法。而掌握一定社会资源的 NGO 在参与乡村治理中的良好表现必将使其成为承接政府剥离的这部分社会建设职能的不二选择，并以政府的政策导向为工作原则，促使这部分

"额外的"需求得到满足。政府与 NGO 这两种不同的组织和群体各自具有各自的优势，两者的联合发挥各自优势，将促进公共物品供给效益，促使美丽乡村建设加快推进。政府作为现代国家的管理主体，在政策制定、资源调度等方面有着得天独厚的优势，能够为 NGO 参与美丽乡村建设提供政策和资源支持；NGO 作为应对政府失灵的社会产物，是社会多重权力中心中最具群众基础的一极，其具有的志愿性、非营利性、公益性等特征在吸纳群众参与、妥善处理当地实际需求等方面相对政府组织有着天然的优势，能有效弥补政府部门在美丽乡村建设过程中存在的不足。在这个协同的过程中，NGO 按照政府的要求通过各种渠道与政府在建设资金和人员调配上进行协调促进政府落实责任、解决问题，而 NGO 的工作理念则贯穿于整个协同过程中。NGO 与政府的协同既解决了政府在美丽乡村建设过程中面临的复杂问题，也实践了 NGO 自身的组织理念。

（2）与市场合作推进美丽乡村建设

美丽乡村建设是一项复杂的民生事业工程，作为多权力中心之一的 NGO 虽然可以克服市场失灵的局限性，但由于自身能力的有限性，NGO 要在美丽乡村建设中充分发挥其价值、彰显志愿性及公益性的力量，就需要与企业等组织合作，共同推进美丽乡村项目建设，以求更好地完成美丽乡村建设这项涉及千村万寨亿万农民的伟大事业。企业组织作为社会财富的主要创造者具有大量的经济物质资源和先进的生产力、科学技术，能够为 NGO 参与美丽乡村建设提供技术和资金支持。历经 30 多年的改革开放，中国的物质财富有了极大的积累，人们生活水平有了极大的提高，各大行业企业组织的经济实力也显著增强。随着经济实力的增强，部分领军企业开始考虑反哺社会、回馈自然等问题，相继成立冠以企业名称的基金会专注社会公益事业，履行企业社会职责。但由于企业的营利性及其供给公共物品实践的缺乏，使其反哺社会的效益并不明显。因此企业在回馈社会的过程中往往选择与 NGO 等第三方合作，共同推进人类公益事业的发展。就美丽乡村建设来说，NGO 特别是草根 NGO 根植农村，有良好的群众基础，能够广泛发动农村居民，投身于美丽乡村建设，拥有众多的社会资源；企业组织拥有巨大的经济实力和先进的科学技术，具有巨大的物质资源，两者的结合对于建设美丽乡村有着强大的促进作用。

（3）独立开展项目推进美丽乡村建设

温饱问题现今仍然是中国部分农村地区面临的主要问题，美丽乡村建设要解决的就是增强贫困农民的生活能力和改变贫困农民的思维方式。为此NGO应广泛参与并努力解决增加百姓收入、提高村民生活水平、改变农村面貌等一系列问题。作为第三权力中心的NGO有针对性地开展扶贫项目，解决农村居民生计问题，就是给美丽乡村建设加力、助威。社会学理论认为，某人未能获得享用饮食、舒适生活及参加群体活动的权利时，他就处于贫困状态。依据这个观点，贫困涵盖了个体经济社会状况以及社会活动参与状况等。与政府的"输血"式或者是救济式扶贫不同，NGO更多是采用"造血"式或者参与式扶贫，注重扶贫的长期效果，其要求不仅是改变农村贫困落后的面貌，还要开展一系列农民生产生活技能、就业技能、创业技能培训以及心理辅导项目。对农村居民进行技能培训和心理辅导这对提高农民的生产、社会、就业、创业技能和农民生产的农产品的竞争力有着重要作用。因此NGO在扶贫开发项目上的重要作用已经引起了政府的高度重视，政府也为NGO敞开了其所拥有的扶贫资源"大门"。但就政府自身来说，政府体制即科层制的天然缺陷使其在应对新问题时往往行动迟缓，不能将规划及时有效付诸实施，这既加剧了美丽乡村建设的风险，也影响了政府的公信力。但NGO的及时介入既避免了这种情况的发生，又宣传了NGO自身能力，提升了NGO的社会影响力。

（二）NGO参与美丽乡村建设存在的问题及原因

1. NGO参与美丽乡村建设存在的问题

（1）政府对NGO干预过多和支持不够并存

新中国成立后长期实行高度集中统一的计划经济体制，政府包揽一切社会管理事务。NGO也不例外，完全实行挂靠相关行政部门的体制，NGO的相关事务也由挂靠的行政部门代表政府进行管理，政府行政部门牢牢把握NGO参与社会治理的决策权。今天虽然改革开放已经深入开展30多年了，但这种体制机制并没有发生根本性的改变，特别是那些由政府相关职能部门转化而成或者是由政府相关行政部门组建而成的NGO在管理方式和运作模式上都沿袭了科层制的官僚体系及作风，在管理体制、职能、人事以及活动方式等方面严重受制于政府，并且政府作为唯一的评价主体对其提供的公共物品的质量进行监管，致使NGO完全沦为政府行政部门治理社会的工具和听命于政府的附属物。一方面，对于那些自下而上发展起来的民间或者草根NGO，政府既可以通过"法律"武器取缔那些被视为非法的民间或者草根NGO，也可以通过行政手段督促民众自觉选择放弃，或者用自动接受改造的方式迫使其满足政府的要求或符合政府的意愿；另一方面，民间 NGO 在人力、财力、物力等社会资源获取上往往无法得到有效满足，政府在人力资源、财政力量、物质储备等方面都具有制度性的优势，但政府常常弱化给予民间 NGO 的人力、财力、物力支持，致使民间 NGO 经常处于"缺钱缺人不缺项目"的状态，这不仅制约民间 NGO 参与美丽乡村建设的效果，而且导致部分已启动项目半途而废，严重影响了民间 NGO 参与美丽乡村建设的声誉。

（2）民间对发展 NGO 的整体认识不强

NGO 组织和社会其他组织有明显的区别。它具有志愿性和非营利性，它的工作动力主要来自成员的志愿精神和社会责任感；它一切工作的开展都不依靠外界利益的启动，工作理念就是为社会上迫切需要但政府和市场无法及时提供的社会需求提供公共物品，满足部分人群的特殊需求偏好；其工作的主要内容就是协同政府进行社会治理。但由于 NGO 在中国尚属新生事物，人们对其工作理念及其作用、功效并不是很了解，以至于社会对发展 NGO 的整体意识不够强烈。笔者认为，除了 NGO 尚属新生事物外，还有三方面重要因素致使此种情形发生：一是国民整体公益性意识不强。普通国民对乡村的建设和发展关心不够，甚至部分城市居民以"城市人"自居对乡村居民抱有歧视的态度，当然对于参与乡村建设的 NGO 的关注就更不够了。二是农村居民对于 NGO 的认识不够。农民对 NGO 的认识仅仅停留在通过物质利益解决眼前问题的层面，对于 NGO 参与美丽乡村建设缺乏长远眼光。同时受几千年的传统文化和农村居民普遍知识文化水平不高的影响，"自力更生""一分耕耘一分收获"以及"有事找政府"等观念深入人心，村民往往认为 NGO 提供公共物品是"无事献殷勤"、存有不良动机。三是部分村社自治组织成员对 NGO 认识不够。有些成员思想观念陈旧，还停留在计划经济时期，认为"非政府的"就是"无组织的、无纪律的"甚至是"反政府的"，对 NGO 极度不信任，同时害怕 NGO 参与提供公共物品、害怕 NGO 发展壮大进而影响村社基层自治组织的权威。

（3）NGO 内在能力普遍不足

NGO 是具有非营利性、公益性和自治性的社会组织，参与美丽乡村建设的动力完全来源于它所具有的志愿精神和社会责任感，依靠的是自身的内在能力。但自身实力的增强依赖的是人、财、物的统一和健全的内部管理机制，而目前中国 NGO 在以上几方面都或多或少地存在困境。一是内部管理机制不健全。相对于外部管理机制影响的是 NGO 的社会公信力，内部管理机制影响的是 NGO 自身的工作能力和其发展问题，而正是由于不健全的外部监督机制致使中国大部分 NGO 存在缺乏规范的组织体系、规章条例不明确、内部联络机制不健全、管理理念滞后、管理方式方法单一等一系列内部管理问题，影响了 NGO 的社会公信力。二是活动开展资金缺乏。NGO 的非营利特性就表明了 NGO 开展活动不能以营利为目的，没有"造血"功能，其活动经费的获得只能依赖于政府资助、企业捐助、社会募捐、会员纳费等外部供给，其中政府对于大多数 NGO 的资助往往趋向于弱化支持，同时企业捐助、社会捐资往往根据捐助者个人的喜好，对于乡村地区的基础建设很少有慈善者慷慨解囊。三是人力资源缺乏。对于任何组织来说，稳定的人力资源结构对其自身能力的建设都有着至关重要的意义。作为社会权力中心之一的 NGO，其使命就要求自身必须具有组织性，拥有稳定的人才队伍。但中国大多数 NGO 目前都缺乏有专业背景和相关工作经验的专业人才，人力资源结构不合理、不稳定。领导者的标准常是"德高望重"的"老资格"，年青的高学历人才很难进入。同时又因为 NGO 活动资金缺乏，很难留住已经引进的高学历人才，而人才的流失致使 NGO 的工作开展困难，工作开展困难致使社会影响力受损，社会影响力受损致使资金获取困难，资金获取困难致使人才引进困难，如此就形成了一个恶性循环。

2. NGO 参与美丽乡村建设存在问题的原因

（1）政治因素

美国经济学家道格拉斯·诺斯认为，初始的制度选择会强化现存制度的刺激和惯性，因为沿着原有制度变迁的路径和既定方向前进总比另辟蹊径要来得方便一些。① 在西方受分权思想的影响，政府、市场、社会相互制衡发挥作用，NGO 作为一类社会组织在社会领域发挥作用，参与社会治理、提供公共物品。而在中国，政府职能转变未全部到位、配套法律不健全等制度因素制约、影响了 NGO 在社会综合治理领域的作用发挥。一是政府职能转变未能全部到位。政府职能转变的核心就是由"全能政府、权力政府"转变为"有限政府、责任政府"，实现这一转变要求发展壮大社会组织，通过社会组织的积极作用促进政府职能的转变。但目前中国社会组织力量单薄，处于起步阶段，无法承担政府转移的职能，进而制约政府职能向更深层次转

---

① 参见卢现祥《西方新制度经济学》，中国发展出版社，2003，第 91 页。

变，政府职能未能深层次转变必将影响包括 NGO 在内的众多社会组织发展。二是相应的法律制度不健全。现今中国涉及 NGO 管理的法律文件仅有有关 NGO 等组织登记的《民办非企业单位登记管理暂行条例》与《社会团体登记管理条例》以及涉及具体相关项目管理的《基金管理条例》等几部为数不多且位阶不够"高"的法律文件。这些法规主要从登记管理的角度强调中国 NGO 登记实行"双重"登记管理制度，并部分涉及 NGO 的性质、结构和地位等，而对 NGO 的发展定位、行业制度及监管没有涉及，存在法律空白。

（2）经济因素

经济因素是任何组织开展活动都不可回避的刚性约束，NGO 也不例外。资金的多寡严重影响 NGO 参与美丽乡村建设，NGO 的组织使命和初始定位决定了资金成为影响其发展的天然瓶颈。邓国胜等学者曾为此做过专项调查：41.4% 的 NGO 认为资金短缺是影响其项目活动开展的主要问题。[①] 总的来说，现今 NGO 的活动资金主要有政府补助、社会捐助、成员会费三大来源，其中成员会费是一相对稳定但绝对数量较小的 NGO 活动经费的来源，一般仅仅能够维持 NGO 自身组织运转。而 NGO 要承担大部分政府职能转变过程中剥离出来的社会职能满足社会对公共物品多样化、个性化的需求偏好，就必须有充足的资金，而就 NGO 来说，资金的获取必然依赖政府补助和社会捐助。但目前政府补助的不足和社会捐助的短缺制约 NGO 参与推进美丽乡村建设。一是受财税制度和财政实力的限制。政府对参与美丽乡村建设的 NGO 的活动资金投入总量不大，且结构不平衡，NGO 从政府获得的资金支持非常有限，大部分自下而上的 NGO 很难获得政府资金的支持，而少数由政府行政部门分离或者组建的 NGO 因为与政府行政部门有着千丝万缕的联系还享受着全额财政拨款。这种不均衡在很大程度上制约了整个 NGO 群体的发展和功效的发挥。二是公益精神的缺失致使中国社会民间捐助捐资乏力。相比西方国家 NGO 的经费主要来源于民间的捐助，而中国 NGO 所获民间捐助资金占其活动资金比重非常少，在我们国家"公益捐款人均不到一元钱，美国人均为 460 美元，美国的个人捐款占 GDP 的 2.1%，我国只占 GDP 的 0.01%"[②]。社会各界捐助的不理想妨碍了 NGO 参与美丽乡村建设。

① 陈华：《社区 NGO 在社区治理中的困境研究》，湖南师范大学硕士学位论文，2007。
② 窦丽丽：《NGO 如何解决资金难题》，http://news.sina.com.cn/o/2005 - 05 - 25/13435985876s.shtml，最后访问时间：2013 年 1 月 16 日。

（3）社会因素

伴随着改革开放的步步深入，中国经济社会领域进一步加速发展，人们的物质生活水平相对有了较大提高，人们的思想层面也有了重大改观。但由于中国有着几千年的封建文化传统，人们长期生活在"全能政府"的统治之下，中国人所形成的特有民族传统文化并未因改革开放的深入推进和西方文化的入侵而发生根本性的改变。同时由于西方文化的入侵致使中国社会同时充斥着"小农习性"、官本位思想、极端个人主义和自由主义。这些文化对于 NGO 参与中国美丽乡村建设产生了重大影响。一是小农思想的充斥和公益精神的缺失制约公民社会的形成，同时受封建文化的影响人们对政府往往是服从和膜拜，影响公众参与社会公共事务的积极性，制约 NGO 发展空间，影响 NGO 参与美丽乡村建设项目。二是"官本位"思想还未能根除。在"官本位"的世界里一切围绕"官阶"，一切以"官"为本，官位的高低决定自身地位和社会价值的高低。"官本位"思想影响 NGO 定位，制约 NGO 参与美丽乡村建设效果。三是西方自由主义和个人主义思潮的入侵与中国长期被压抑的个人权利在改革开放中扭曲、结合、释放，致使人们普遍追求绝对的权力和绝对的自由，强调个人利益至上、物质金钱至上。受大环境影响 NGO 中部分成员也开始追求个人利益而不是公共利益，注重个人享乐而非供给公共服务，导致 NGO 公益性和志愿性的丧失。

第三章　公众参与政府治理途径研究：
　　　传统途径与新兴网络

第一节　传统途径：以听证制度和程序设置为例

公众参与的形式和途径不仅反映政治体系对公众的开放程度，而且也能够折射出公众对政治的态度，从而为我们分析判断一个社会公众参与的状况提供依据。学者们从行政学、政治学等角度对公众参与的形式与途径做了大量研究。

一　行政学与政治学视角下公众行政参与的形式与途径

行政参与是指行政过程中的公众参与。对此也有学者称作参与型行政、互动型行政、当事人参与行政制度、行政相对人参与行政过程等。学者们认为这有两种情形：公众参与整个行政过程或参与具体行政行为过程。学者们分别从各自的研究视角出发对公众行政参与的形式与途径做了不同的表述。有学者根据公众行政参与的程度对其形式做了如下归纳：（1）关键公众接触；（2）公民调查；（3）公民投诉；（4）公众创制和复决。还有学者指出，从世界各国的民主政治进程来看，公众参与的主要形式大致有三种：告知、咨询和积极参与。告知要解决的主要问题是知情权，它的目的是为公众参与提供必要的条件。咨询是比告知更进一步的参与方式。信息接收者不仅仅是被动地被告知，而且还可以对被告知的信息内容发表看法。积极参与是公众参与的高级形式。这里的"积极"不仅指公众也包括政府，即信息交流的双方均采取积极的态度和行动。有学者指出，扩大公众在行政领域直接参与的主要形式可以概括为四种：（1）行政决策前公众意愿的表达以及行政人员对利益的综合；（2）公众参与决策的制定和评估；（3）行政执行中公众的协助与配合；（4）直接选举。也有学者从公众及公众组织影响政府治理的视角出发认为公众行政参与的主要路径有：（1）精英派送。（2）政策合作。（3）决策建议。当公共决策涉及较广泛的社会专门领域时政府有广泛咨询公众意见的需要。（4）自主治理结构化。目前中国公众参与行政决策的主要途径有：听证制度、网上征求意见、公民论坛、咨询委员会制度、公示制度、座谈会、论证会、官民个别接触、公民接待日制度、市长热线电话、人民建议征集制、新闻发言人制度、旁听政府常务会议制度、信访制等。这些多样化的参与途径似乎为公众参与行政决策打开了方便之门并能够在一定程度上保证决策的科学性和民主性。综上所述，可以看出学者对于公众行政参与的形式与途径的研究主要侧重于决策的制定和执行过程之中，有的是直接参与形式，有的是间接参与形式。

现代政治学中政治参与的概念是二战后西方学者开始使用并进行研究的。亨廷顿把政治参与界定为"平民试图影响政府决策的活动"，也就是公民以及公民团体通过多种方式来影响政府的人事选择或决策选择。王浦劬认为，政治参与是普通公民通过各种合法方法参加政治生活并影响政治体系的构成、运行方式、运行规则和政策过程的行为。俞可平认为，政治参与就是公民为影响政府决策而采取的政治行为。在许多政治学著作中，学者们不同程度地探讨了公众政治参与的形式与途径。如俞可平认为投票、竞选、公决、结社、请愿、集会、抗议、游行、示威、反抗、宣传、动员、串联、检举、对话、辩论、协商、游说、听证、上访等是公众参与的常用方式。在信息和网络技术日益发达的今天，一些新的公众参与形式正在出现，如电视辩论、网络论坛、网络组织、手机短信等。还有学者认为在民主政治发达的国家，政治参与的方式是多种多样的，就一般常见的和主要的有以下几种：（1）政治投票和政治选举活动。（2）参加政党与社团活动。（3）政治表达。这种手段主要包括集会、游行、示威和政治言论等。（4）政治接触活动。包括信访、上访和政治对话等形式。目前还有一些新的政治接触形式已经逐步形成，如有的城市安装市长电话、规定市长接待日；有的地区为人大代表规定了接待选民日等，这些都是政治对话形式。也有学者把政治参与的形态分为资本主义国家的政治参与和社会主义国家的政治参与，并分别做了描述。其中中国公众的政治参与样式常见的有以下几种：（1）选举。具体体现在以下几个方面：①普遍选举；②平等选举；③扩大直接选举；④差额选举；⑤秘密选举。（2）基层群众自治。（3）社会协商对话与人民信访。西方公民的主要政治参与方式：（1）投票；（2）竞选活动；（3）公民主动的接触；（4）合作活动。孔德元介绍了拉什提出的一份颇具总结性的政治参与等次表，依其程度和形式的不同公众政治参与可分为十个不同的层次，其顺序依次是：担任政治的或行政职务、寻求政治或行政职务、政治组织的积极成员、准政治组织的积极成员、参与政治集会与游行示威等活动、政治组织的消极成员、准政治组织的消极成员、参与非正式的政治讨论、对政治有一定的兴趣、选举投票。也就是说，最高层次的参与形式是进入政治领域或政府部门担任职务通过掌握和行使政治权力对政治过程施加影响，而最低层次的参与则是选举投票。

二　听证制度中的代表遴选

公众有序政治参与是党和政府高度重视的社会发展的重要内容。目前中国政府决策领域的公众参与取得一些进展，但不足之处也相当突出。公众参与政府决策需要在公众中遴选代表，但是代表遴选程序公开性与科学性有待加强，遴选的代表参与能力较弱、专业性不强，遴选的代表存在"政府化"倾向，代表遴选过程的监督机制不健全。完善公众参与代表的遴选机制需要拓宽公众参与的信息公开渠道，健全参与代表的遴选制度，建立遴选代表的培养体制，提高遴选代表的参政能力，完善代表遴选的监督机制。只有立足完善的代表遴选机制，公众参与才能满足公众的维权需求，提升政府决策的科学化和民主化。中共十七大报告、政府工作报告一再强调公众参与在当代中国社会发展中的重要作用。当代中国正经历着"成长的烦恼"，社会结构深刻变动，利益格局深刻调整，思想观念深刻变化。随着改革开放的不断深入和民主法制建设的不断发展，中国公众的政治参与活动日益活跃，但公众政治参与的有序性和公众政治参与的民主化还有待强化。随着中国政治民主化进程的不断推进，国家不但要保障公众有序政治参与，而且要保障有序的政治参与更加有效。一方面由于参与途径的增加，广大公众参与政府决策的积极性被不断激发出来。另一方面公众民主意识、权利意识不断增强，积极监督政府决策致力推进政府决策科学化、民主化和透明度。如今政府公共决策涉及的利益群体越来越多，政府管理活动的复杂程度日益提高，对公众参与代表遴选问题的质疑也日益强烈。健全代表遴选机制是改善公众参与政府决策现状的前提。只有改善代表遴选标准不明确、遴选程序不透明、选取不公开等诸多环节，平衡社会多元利益才能获得公众的信任，提高政府公信力，最终构建阳光型政府。

公众政治参与是公众通过一定方式影响政府决定或政治行为的政治活动。公众有序政治参与的前提是有成熟的参政主体。培养成熟的参政主体首先应对公众进行民主政治教育，提高公众自觉参与政府决策的权利意识、合法参政意识和监督意识，认识自身利益的实现是同国家政治生活紧密联系的；鼓励公众进行有序政治参与，使公众在规则和秩序的范围内进行政治活动，让公众的政治参与有序有效合法。公众可以通过社会组织来实现自己的利益诉求。社会组织通过合法化、制度化的政治参与机制进行利益表达可以避免极端个人化的行为，指导公众进行规范的政治活动。这样不但满足公众的参政需求，还可以提高公众的参政素质，培养成熟的参政主体，使公众政治参与走向成熟。在利益多元化的现代社会，政府公共决策涉及的利益群体越来越多，政府管理活动的复杂程度日益提高。面对这种变化，政府决策者不可能完全掌握相关的信息和知识来处理所遇到的各种问题。美国著名法理学家 E. 博登海默认为，"正义不仅应当得到实现而且应当以人们看得见的方式得到实现"。因此政府在决策过程中听取公众意见是提高政府决策科学化和民主化的重要途径。没有决策相对人的参与和利益表达，最终的决策很难让公众满意。历史可以追溯到英国普通法上的"自然公正原则"即"任何权力必须公正行使，对当事人不利的决定必须听取他的意见"。公众政治参与可以降低政府决策失误的风险和政策执行的成本。公众参与政府决策还应遵循党和政府的有效引导和管理。公众有序参与政府决策可强化现有政府运作系统与公众需求之间的匹配能力。有序的政治参与可促进政府系统的制度化水平，较好地保障社会稳定和政治经济发展。公民有序参与政府决策会产生并发展一部分社会公共组织。这些组织的政治参与实践可以在对政府决策法制化和公平化的监督中发挥越来越大的作用，可以使公众政治参与走上理性化、法制化、规范化、民主化、有序化的道路。

研究公众参与问题的专家约翰·托马斯认为，在公共部门中成功的决策执行不仅需要实体任务的完成，也需要政策执行后公众的反对声音不断减少。完善公众参与的代表遴选方式需要从以下四个方面进行。

（一）拓展公众参与的信息公开渠道

政府要完善参政网络，建设形成一个全方位多层次立体化的网络参政环境，如大众传媒体系、信访体系等。政府应完善公众参与的信息渠道，拓宽公众参与的宣传渠道，拓宽公众利益表达的渠道；应摒弃传统的"为民做主，替民决策"的官僚思想，树立"群策群力共同决策服务于民"的新决策观念，确保公众能通过多种方式参与到政府决策中来。政府要为公众提供切实有效的参与决策平台。政府要加强媒体宣传，拓宽参与途径，除了单位推荐公众也可以通过电话、网络等资源积极参与；同时延长参与代表遴选的通知和公示时间，让更广泛的公众有机会知晓并获知参与信息，使更多的公众有机会参与到政府决策中来。

（二）健全参与代表的遴选制度

政府首先要加强公众政治参与的制度化建设，在充分尊重宪法和法律赋予公众的政治权利和自由的前提下对公众的权利义务、公众在政府决策中的身份、参与方式和渠道、程序和准则等进行法律确认，并以此为依据对公众的行为加以规范。在目前的社会发展阶段，受决策成本和决策效率的限制，所有公众不可能直接参与管理社会事务，但是可以根据不同的利益主张，划分不同的利益群体，在同一群体中选取代表参与到政府决策当中。这已成为一种必然选择。代表参与决策的本意是提升决策的时效性，但是代表不是一个数量概念，关键在于所选出的代表能否有效代表和维护推举人或团体的利益，是否具备参与决策的品质和能力。应依据严格的遴选程序选出素质和能力真正符合参与政府决策要求的代表。不同利益群体代表的遴选方式不同。首先应按照遴选程序选出符合要求自愿报名的代表，然后将遴选的代表按照收入水平进行分类，保证每一收入阶层都有代表入选，同时兼顾弱势群体所占的比例，最后确定正式的代表。有些决策需要专业性强的代表参与，由专业部门或代表的单位负责选拔。专家代表具有普通代表所不具备的专业知识，可以对决策方案进行专业性分析，对未来可能出现的后果进行专业预测，预测结果具有权威性。因此专家代表是否公平公正，其学术水平是否专业，是影响政府决策的重要因素。

（三）建立遴选代表的培养体制，提高遴选代表的参政能力

政府要建立遴选代表的培养体制，同时通过各种社会化途径对遴选代表参与政府决策进行引导、教育和培训。提高遴选代表参与政府决策的能力，引导遴选代表正确认识国家现在和未来的发展目标，使其参与行为和社会发展的目标相一致，促进并扩大公众的有序参与。要有目标地培养公众代表的素养、能力、水平。遴选出的代表参与政府决策的目的除了实现本利益团体的利益以外，更重要的是实现公共利益，减少和避免个人极端主义影响政治稳定的参与行为。同时增强公众代表自身素质和权利意识，提高民主政治建设所需要的公众代表的参政能力，培养具有较丰富参与知识和参与经验的公众代表。

（四）完善代表遴选的监督机制

公众参与政府决策应该遵循法定秩序，确保公众参与的每个环节都有制度依据。完善参与代表的遴选监督制度和责任追究制度，同时充分利用公共媒体将整个遴选过程和相关信息置于媒体和公众的监督之下。应严格按照制度要求遴选参政代表，充分利用公共媒体和相关部门的作用监督代表遴选过程，使整个遴选过程对媒体和公共组织公开透明，促进遴选过程在"阳光"下运行。单位内部原则上不宜推选以"聘请"形式产生的代表，行业负责人不能依靠"举荐"形式产生代表，也不能一次就确定"随机抽取"形式产生的代表。只有在制度的框架内进行参与代表的遴选，才能更有利于公众参与的规范化和制度化，为有序、高效的公众参与提供一个良好的制度环境。在公众参与权得到充分保障的同时，应制定实施合理有效的公益性政策，同时应将参与代表身份的公开纳入法制化范畴。如果参与者只代表自己，那么决策的民主性、公开性就会失去意义；如果不公开参与代表的身份，那么民众对参与代表无从监督。通过法制的约束和监督，端正实际参与者的参与态度，增强其责任感，保障公众合法权益。对于一些在代表遴选过程中出现问题而导致决策失败的案例，政府不能一味回避，要依据相关责任追究制度给予一定的处罚，对造成重大损失的相关责任人要依法追究法律责任。完善公权力责任监督机制应当在责任类型化的基础上建构一套贯穿于公权力行使过程的责任监督机制并逐步完成规范化的任务。

三 公共政策制定中公众参与的程序设置问题

（一）公共政策制定中公众参与程序概述

本书采取的公共政策制定的定义为国家政府机关在法定的权力和职能范围内从政策问题认定到政策方案出台等一系列的功能活动过程即"政府公共决策"。公共政策的制定主要有政策问题确认、政策议程确立、政策方案规划、政策抉择与政策合法化等环节。（1）政策问题确认。政策问题确认是指对于政策问题的察觉、界定和描述的过程。政策问题确认是政策制定过程中最重要的一个环节。精心设计一套方案解决一个错误问题所造成的损失要远远大于用一套存在严重设计缺陷的方案去解决一个正确问题所造成的损失。政策问题确认的第一步是对问题的察觉，即某一社会现象被人们发现并扩散，逐渐引起社会公众和政府有关部门关注的过程。问题察觉能否实现不仅与客观条件相关，还取决于相关人员的政治立场、思想意识、个人利益等主观因素。政策问题确认的第二步是对问题进行界定，即对问题进行特定的分析和解释的过程。在这一过程中要运用一定的方法对问题进行必要的归类和诊断，把问题情境转变为实质问题。政策问题确认的第三步是对问题进行描述，即运用可操作性语言对问题进行明确表述的过程。对问题的描述要做到真实详尽、缩短报告链条、减少报告层次。尽量做到以客观代替主观，以直接代替间接，坚持实事求是的原则。（2）政策议程确立。政策议程确立是社会问题转化为政策问题的关键一步。政策议程确立可以分为两个阶段，即公众议程和政府议程。公众议程是指某些社会问题受到了社会团体和社会公众的广泛关注，他们向政府提出政策诉求，希望政府能够采取措施解决。政府议程是指某些社会问题已经引起政府决策者的重视，决策者认为有必要采取一定的措施并把这些社会问题列入政策范围。一般而言，社会问题先要经过公众议程再进入政府议程。在公众议程阶段人们对问题的实质及其社会影响认识并不具体，主要目的是使公众诉求能够在政府议程中获取一席之地。也有一些社会问题由于被决策者主动发现并决定解决，从而越过公众议程直接进入政府议程。政府议程确立主要有三种途径：外在发动型、政治动员型和内在发动型。（3）政策方案规划。问题被列入日程后的任务是为解决问题寻找一系列政策方案。政策规划过程往往被视为一个狭义的政策分析过程，是在既定原则指导下寻求方案优化的一系列分析和抉择活动。方案的规划要遵循信息性、系统性、预见性、灵活性、可行性等原则。在规划过程中主要有三个环节：首先是政策目标的确定。目标是政府方案设计和择优的基础依据，为政策评估提供参照标准。其次是政策方案的设计。方案设计中需要注意对方案后果及其效应进行准确的评估。此外要对方案实施细节详细规定。最后是方案的评估（前评估）。方案的评估涉及两方面的内容：预测性评估和可行性评估。（4）政策抉择。政策抉择即是对已规划出的多个方案进行选择。在方案选择过程中要坚持最优原则，体现在两个方面：一方面是通过科学的评估方案从众多方案中选择一个最优的方案，另一方面是通过对众多方案的评估选取各自的优点重新构建一套新的政策作为最终的决策方案。（5）政策合法化。政策方案最终确定后必须保证该政策方案合法化，只有获得合法性的政策决策才能在后续的政策实施过程中得到切实有效的执行。合法性是指某种政治统治或政治权利以及实施措施能够让被统治群体和个人认为是合理正当的和符合道义的从而能够加以认可和服从的能力及属性。① 简而言之，政策合法化就是使政策方案被公众认可、接受、遵从的过程。

下面分析公众参与公共政策制定的必要性，主要表现为：（1）公共政策本质属性的内在要求。公共政策的本质属性即为公共性，公共政策的正当性来自它的公共性，公共政策应当以公共利益为目标并要促进社会公正。公众有多数人和少数人之分，也有强势群体和弱势群体之分，公共政策的公共性要求公共政策在维护多数人和强势群体利益的同时更要保护少数人和弱势群体的利益。因此公共性之于公共政策是公众在公共领域的政策表达，是有意识的、合理的政策序列设计与安排。此外对于公共政策的制定者来说，他们扮演着"公仆"和"公民"的双重角色，在政策制定过程中必然会出现兼顾公共利益最大化和私人利益最大化的双重价值取向；因而政策制定者在制定政策时往往会受到个人私利或强势利益集团的影响，此时公众参与就非常重要；公众通过参与公共政策的制定充分表达各自的利益诉求，维护各自的利益，这样才能更好地保障公共利益的实现。从历史的经验看，社会公正不是自发实现的，它需要政府对不同利益取向的调节，也需要公众的积极推进；通过公众参与政策过程可不断反省和调整决策，实现社会利益动态平衡，从而确保社会公正。② （2）提高公共政策制定的科学性。公共政策是政府实现治理目标的重要工具，政策制定的科学性是保障政府治理目标达成的重中之重。西蒙认为人是有限理性的人，其处理信息的能力是有限度的。有限理性理论就这样与信息问题结合了起来。③ 要保证公共政策制定的科学性就要在政策问题确认、政策方案规划、政策抉择等过程中获取充分、有效的信息。而政府部门面对日益复杂多样的公共问题获取信息的能力是有限的，获取的信息也是不完备的，因而是一种有限理性行为。而处于社会基层的公众直接面对社会问题时，实际情况了解得更加深入，掌握的信息更加真实准确。此外公众参与政策制定过程，直接向政府决策部门传递信息可有效地减少信息在层层传递过程中的失真及效率低下等现象，确保获取的信息真实。因而公众参与可有效地弥补政府决策中存在的有限理性问题从而提高公共政

---

① 谢明：《政策分析导论》，中国人民大学出版社，2004，第262页。
② 唐志君：《公众参与政策过程：价值、困境及走向》，《理论探索》2007年第2期。
③ 〔美〕H. 乔治·弗里德里克森：《重塑政府运动与新公共行政学之比较》，《国家行政学院学报》2001年第6期。

策制定的科学性。（3）推动政策方案的有效实施。广泛的公众参与可增强政府与公民之间的良性互动，增加公民对公共政策的了解与认可并使公共政策获得合法性的基础。科学合理的公共政策只有付诸实践才能实现其价值，政策实施的效果不但与政策本身的质量有关，而且与公众的认同与支持程度息息相关。公民在政策制定阶段通过各种方式表达各自的意见和建议，政府部门根据公众提供的信息与反馈意见对公共政策进行适当的必要的修正，最终形成的政策方案才有可能最大限度地符合公众的利益，获得大多数公众的认同与支持从而减少政策执行中的阻力，降低行政成本，为公共政策的有效实施奠定良好的基础。（4）增进公众对政府的认可度。随着民主政治的不断发展，公民的民主意识不断觉醒，公众参与与切身利益密切相关的公共政策制定的诉求越来越普遍，实行公众参与公共政策制定是现代国家具体实现民主主义的重要途径。对政府和公共部门的公共信息知情权是公民的一项基本权利，政府也有义务将与公众利益息息相关的政策信息以适当的途径进行公开。公众通过参与公共政策的制定表达各自的利益诉求，同时也可对政府制定政策各个环节的工作有更加深入的了解，增加公众的主人翁意识与归属感。

　　对公共政策制定中公众参与的程序价值做分析，从字面不难理解程序价值理论主要研究法律程序的评价和构建所应依据的价值标准以及人们通过实施该程序所要达到的价值目标。[1] 目前法学界对法律程序价值问题的认识不一，对程序的价值可谓见仁见智，但总体来看研究视角可概括为程序工具主义和程序本位主义两个大的方面。程序工具主义最早是由边沁提出，他是英国公立主义法学的代表人物。程序工具主义理论认为程序仅仅是工具和手段，帮助实现实体法不具有独立价值，只是实体法的"辅助法"并不作为独立的实体存在。该理论在刑事司法程序领域得到了广泛的应用并产生了重要影响，也为其后的深入研究奠定了重要基础。在中国，学界对法律程序的态度起初就深受程序工具主义理论的影响，但随着市场经济的发展，对法律程序的研究日益深入，人们对法律价值的观念逐渐改变，程序工具主义理论开始受到严重的质疑和挑战。在实际中，由于过度重视目的，频繁法定程序之外的非常规不正当方式使法律程序失去意义。程序本位主义的研究盛行于20世纪60年代，主要集中在欧美国家。主要代表性研究有罗尔斯的程序正

---

[1]　陈瑞华：《程序价值理论的四个模式》，《中外法学》1996 年第 2 期。

义论、富勒的程序自然法理论、萨默斯的"程序价值"理论以及哈特对"法是规则"的程序性解读等。[①] 程序本位主义提高了程序的地位并超越了实体法本身的地位。该理论认为程序应立足本身具有独立于实体结果的"内在品质";程序不再仅仅是实现实体法的工具和手段,程序的价值也并非仅仅是实现程序之外的某种目的。但是程序本位主义过于关注程序本身的正当性,一定程度上夸大了程序的决定作用,在某种程度上又陷入了程序形式主义。公众参与程序的价值包括理论分析和实证分析两种研究角度,鉴于目前中国公共政策制定中公众参与的程序刚刚开展,实证分析所需的案例基础资料并不丰富,所以本书试图从理论分析的角度探讨公众参与程序的价值,阐述公众参与程序应发挥的功能。(1)有利于国家民主政治制度完善。民主政治制度是民主与法治的结合。保障人民的自由和权利是民主政治制度的基本精神,人民有权限制和制约公共权力,尤为重要的是对政府权力的制约和监督。而公众参与恰恰是民主政治制度的基石。西方国家公民自治的传统是民主政治制度的典型代表,如资本主义的美国实行的是典型的资产阶级两党制,民主党和共和党保持竞争性的轮流执政。其中一个政党上台执政的关键最终取决于对公民需求的满足情况。在这样的基础上,公众参与显然必须受到政府的高度重视,公众参与是政策制定中影响重要的一环。而在加拿大,政党具有显著的地区性特征,因此难以形成全国性的政党,特别是少数党执政的政府必须寻求与反对党的合作才能在众议院中通过议案,在这样的环境下,公众参与程序显得极为重要,公众支持可以有效促使政府的议案获得理解。中国实行的政党制度有别于西方的两党制或多党制,是一党执政多党合作和政治协商制度。民主党派的参政议政活动、职工代表大会制度、群众组织的建立、听证制度的建立等都是中国公众参与的有效尝试,同时中国民主政治制度的不断发展和完善也正是基于公众参与程序的不断完善,公众参与程序的发展为民主政治提供了良好的发展渠道。(2)有利于政策制定者科学制定政策。首先,能够获取大量的决策信息。通过公众参与程序获取的各种公众需求与意愿信息无疑对政策制定意义重大,大量的一手信息是科学决策的宝贵资源。政策相关公众通过正当的程序参与到政策制定中表达自己的利益诉求,决策者能够准确掌握公众的需求与意愿信息并使其在决策制定过程中发挥作用。其次,可提升决策质量。政策制定过程中通过公众参与

---

① 马怀德:《行政程序法的价值及立法意义》,《政法论坛》2004 年第 5 期。

程序，公众可以从不同角度提出政策制定的意见和建议，促使公共部门制定政策时考虑更加全面和细致从而提升决策的质量。再次，可促进实现民主和公平。公众向政策制定者表达意愿的形式只有通过参与程序才能实现。公众参与程序有效地保障了公众的民主权利，给公众提供了倾诉自己意愿的机会。最后，可提升决策的"合法性"。通过民主洽谈会、听证会等方式在充分听取与吸纳公众建议的基础上做出的公共政策公众更加容易接受和认同，有利于决策的"合法性"。（3）有利于法律制度完善。政策制定中的公众参与程序属于一种典型的行政程序，许多学者认为行政程序中的公众参与具有诸多益处：第一，公众参与是一个广泛的平台，行政行为的利害关系人可以在这个平台上有效表达利益诉求并使利害关系人的意志有更多的机会得到行政主体的重视；第二，一个好的公众参与可以将程序控制和实体控制有效结合，进而把行政行为的全过程展现在公众的视野中，显然有利于对行政主体的行为加强监督；第三，公众参与有利于使某种行政事务或社会问题在行政主体和公众之间达成共识并巩固社会认同，增强行政行为的合理性和可接受性，并有利于行政效率的提高。①

（二）公共政策制定中公众参与程序的现状、问题及原因分析

中国公民参与公共事务管理有着重要的宪政基础，那就是《中华人民共和国宪法》（以下简称《宪法》）。《宪法》为中国公民在公共行政中参与程序的发展奠定了基础。《宪法》第一章明确规定："中华人民共和国的一切权力属于人民。"公众在公共宪政和公共政策制定中的参与程序由来已久，1949 年新中国成立时就受到高度重视。改革开放以来，随着市场经济体制的不断发展和完善，公民的权利意识逐渐增强，参与政治的意识也随之增强，由最初的少数公民参与国家事务管理，逐渐演变为多数参与，参与性质也逐渐由被动变为主动。目前中国已初步形成以宪法为核心的法律体系并使之不断完善，这为公众合法参与政治提供了制度化准则，并为公众政治参与的程序开辟了行之有效的基本路径。1990 年 1 月颁布的《中共中央关于坚持和完善中国共产党领导的多党合作和政治协商制度的意见》明确规定："我国是人民民主专政的社会主义国家。中国共产党是社会主义事业的领导核心，是执政党。"各民主党派"是接受中国共产党领导的同中共通力合

---

① 江必新、李春燕：《公众参与趋势对行政法和行政法学的挑战》，《中国法学》2005 年第 6 期。

作、共同致力于社会主义事业的亲密友党，是参政党"。参政党起着参政、议政的作用，在政治生活中与中国共产党互相合作、互相监督。各民主党派作为国家政治事务的重要参与者，是扩大民主参与政治的有效代表。

由于目前中国还没有施行行政程序法，因此公众参与公共政策制定的相关参与程序尚未形成一套完整的权威体系。但值得庆幸的是，在某些典型的成熟的政策制定领域，公众参与实际上已经有较为成熟的特定程序，很多地方政府对公众参与政策制定的程序也早已开始积极地探索和尝试。公众参与政策制定的程序发展较为完善的领域之一是规划政策的制定。从法律范畴角度来考察，目前公共部门规划决策中公众参与程序有一个主要趋势，就是由裁量性程序向羁束性程序发展。羁束性程序是指法律明确规定了一个行为的标准程式，包括行为形式、步骤、顺序、时限和适用条件等，行政机关必须严格按照规定遵循此程序。相反裁量性程序则指法律亦允许行政机关在特定条件下可以适当权衡并选择行为的形式和步骤等。① 这种法律程序趋势的演变具体表现在城市规划政策中：1991 年的《城市规划编制办法》要求在制定规划政策中应听取公众意见；2006 年的《城市规划编制办法》明确要求在特定的规划阶段需公众参与；2007 年 10 月 28 日颁布的《城乡规划法》（第 9 条、第 26 条、第 28 条、第 50 条）开始以法律的形式明确规定公众参与作为法定环节体现到城乡规划管理中并确定了公众参与的法定地位，特别是在规划编制阶段和规划执行阶段以及限定规划草案的公告时间。《城市规划编制办法》和《城乡规划法》的相继颁布意义重大，标志着中国城市规划决策领域公众参与程序实现了具体化和可操作性。

相应地地方政府同样积极探索公共政策制定过程中公众参与的程序。一个典型案例是浦东新区社区规划政策的制定，在这个过程中公众参与程序得到了有效的尝试。在浦东新区规划这个浩大的工程中，在公众参与政策规划的问题上需要明确几个方面的问题。首先，必须明确需要公众参与的是哪些规划政策的制定。从浦东新区发改委历年信访接收和处理的内容上可以看出居民及相关企事业单位对直接影响其利益的规划政策的制定更关注。为此在浦东新区规划管理的实际操作层面，针对存在控制性的和民众利益紧密挂钩的详细规划编制，开展大量的公众参与，这不仅符合浦东新区规划审批的法律地位，而且也是对民众参与政策规划的突破性尝试。具体来看，上海市把

---

① 陈振宇：《城市规划中的公众参与程序研究》，法律出版社，2009，第 48 页。

控制性的详细规划界定为：市和区、县人民政府需结合本地区的经济发展、社会进步以及环境建设的具体情况和目标，在城市各层次总体规划的基本蓝图下对空间环境、市政基础设施、公共服务设施等所涉及的土地使用性质和土地使用强度问题以及历史文化遗产保护等做出具体控制性的规划。浦东新区以"民生问题"为主题开展社区规划政策制定的公众参与，在与日常生活密切相关的公共设施分布、配置情况等领域着重听取居民意见，将公众参与的重点放在以居住区为主的控制性详细规划编制上，初衷明确意义重大切实有效。其次，负责落实公众参与工作的具体部门需要界定。根据《上海市城市规划条例》的有关规定，新区规划管理局与各相关功能区域管委会共同承担主导责任，对于社区控制性详细规划政策制定过程中公众意见听取会的开展及相关活动进行统筹；在具体工作开展过程中，相关街镇作为重要组织单位对涉及的工作主动配合；而浦东新区人民政府作为规划政策审批部门主要负责对听取公众意见的过程进行指导和监督。再次，需要明确公众参与的可能形式。规划编制部门针对控制性详细规划听取公众意见的方式可采取座谈会、论证会、发放公众意见调查表、网上公共平台征询意见或其他诸多有效方式。最后，为保障公众有效参与，社区详细规划政策制定过程还要再注意两个环节。一是规划草案制定完成后规划政策制定部门必须选取以上有效方式听取公众意见；二是第一轮公众意见听取完成后规划编制部门需公布公众意见的采纳结果，若公众对不采纳的意见仍有较多保留，规划组编制部门应当邀请专业技术部门或第三方召开专门的论证会，对规划方案进行再次论证并重新听取公众意见。① 正是通过以上四个环节，浦东新区规划工程建立了有较为完善体系的公众参与规划政策制定程序，有效保障了公众参与并促进了规划政策制定的科学性和合理性。

公共政策制定中公众参与程序存在的问题主要有以下几个方面。

（1）公众参与程序不健全

首先，公共政策制定过程中公众参与程序的领域不够完备和健全，有待拓宽。具体表现在公众参与程序仅在小部分领域公共政策的制定中被引用，然而凤毛麟角的公众参与程序又不够完善、系统。据了解，目前只在城市规划政策制定、环境保护政策制定、价格政策制定等领域中公众参与程序的发

---

① 刘平、〔德〕鲁道夫·特劳普－梅茨主编《地方决策中的公众参与：中国和德国》，上海社会科学院出版社，2009，第62～63页。

展较为成熟，在预算决策领域刚刚起步。经过调查了解到，国内目前只有个别城市积极进行了政策制定中公众参与程序的探索、研究和实践。例如上海浦东新区制定社区规划政策和巴士路线设置政策，深圳、广州等地系统详细地选择和构建了城市规划政策，制定公众参与程序。但至今国内并未形成一套科学合理、具有权威性且普遍适用于各个领域公共政策制定的公众参与程序。

其次，公共政策制定中公众参与程序的形式单一化和狭窄化。目前公共政策制定过程中通常的公众参与形式有公开征集意见、听证会、论证会、座谈会、民意调查等。据了解目前中国公共政策制定中公众参与的形式还不丰富且在执行过程中更没有发挥出相应的作用，然而公众参与形式是影响和决定政策制定的重要方式、具体途径和主要手段。例如对于价格听证会来说，《中华人民共和国价格法》已经对价格政策制定中的听证会的流程过程做了较为详细和明确的规定，然而在实施过程中，由于没有致力实现征求消费者和经营者等相关利益群体意见的目标，价格听证的公众认可度存在走低趋势。此外，应因地制宜地采取不同形式制定不同类型的公共政策公众参与方式。在德国，公众参与决策可以通过种类繁多的形式，如开放空间、公民会议、公民调查、请愿、调解、公民展示、规划小组等实现。在加拿大公众参与主要通过公共听证会、公共会议、公共接待会、讨论会、公众意愿调查、邮寄、特别行动组、政府网站、免费电话号码、电信会议等形式实现。而目前中国公众参与的形式与其他国家相比显得较为单一，这也在一定程度上限制了公众参与公共政策制定的有效性。

再次，中国公众参与公共政策制定的渠道较少。目前中国公众主要通过两种正式渠道参与公共政策制定：一是人民代表大会和政治协商会议，公众可以通过选举人民代表和推荐政协委员来参与政策的制定，表达自身的意愿；二是党和政府设立的领导接待日、来信来访以及各种不定期座谈会等。前者虽然对普通公众来说参与其中机会较少，却是中国公众参与政策制定的主要渠道，而后者虽然为辅助渠道但公众可以更多地参与其中，这种方式在一定程度上可克服领导者和领导机关的官僚主义作风，有利于党和政府密切联系群众。因此为了公众能及时充分地表达自身的意愿，急需拓宽公众参与公共政策制定的渠道，避免狭窄化。

最后，缺少一部健全的法律法规，系统详细地对公共政策制定中公众参与程序做具体规定。随着社会主义市场经济的不断发展，公众思想意识日益进步和不断觉醒，中国开始更加重视公共政策制定过程中引入公众参与的必要性、价值与意义，但是历史传统长期重视实体法轻视程序法，导致至今还没有颁布一部完整、系统的行政程序法。在公共政策制定实际操作方面缺乏可以依据的法律法规，缺少公众参与具体程序的规定。对哪些事务公众应该参与、什么时候参与、如何参与以及参与后如何得到反馈等问题均无明确规定，也因此导致了公众无法真正参与到政策制定过程当中，本质上讲，许多做法不具备可操作性，造成公众的参与权形同虚设。由此可见只有更好地建立健全公众参与程序的具体规定，公众参与公共政策制定的权利才能得到保障与落实。

（2）公众参与程序形式化、符号化

目前中国法律过于随意地规定公众参与公共政策的制定程序，缺少必要的强制性。这样一项公共政策在制定过程中是否吸纳公众参与就成为政府的自由裁量权，容易造成公众参与权的被剥夺与丧失。以价格政策制定中的听证会为例，北京市 1998～2000 年价格听证会应到代表和实到代表的比例统计显示，随着时间推移实到代表的数量和比例呈现出逐年递减的趋势，甚至一度下滑到 53.5%；某网络针对 2003 年 7 月 15 日召开的国内航空运输价格改革方案听证会展开调查，结果接受调查的七成网友认为此次民航价格听证会流于形式，解决不了什么问题；2004 年 7 月 20 日广州市物价局就油质管道气价格调整举行大型听证会，当地媒体对市民心目中听证会的作用和可信度做了调查：认为听证会"作用不大"和"没有作用"的比例达到了 30.3%，认为"有一定作用"的占 38.9%，而认为听证会作用很大的比例是 11.6%；广州市社情民意研究中心的调查结果显示，认为听证会对公众参与政府决策"没有作用""作用不大""是形式主义"的受访者三项合计达到 62.5%，其中 15.5% 的人认为是"形式主义"或"听话的摆设"。① 由此可见公众的参与未受到公众广泛的响应与认可，没有发挥相应的作用。以上事实表明公共政策制定过程中公众参与程序某种程度上呈现形式化、符号化特征，成了一个空口号。

现阶段中国的公共政策制定公众参与程序还存在透明性的欠缺、信息公开性不足的问题，而做到公开和透明才能切实有力地保证公民拥有更多的途径参与政策制定。政府只有在政策制定过程中做到透明和公开，公众才能获

---

① 王锡锌主编《行政过程中公众参与的制度实践》，中国法制出版社，2008，第 6～7 页。

取与自己相关的公共管理信息，知晓政府的工作管理流程，为接下来表达自己的建议和诉求搭建良好的桥梁，这样公众才能够有效地参与公共政策制定过程。需要强调以上所述公众的"知情权"不可与公众的"参与权"混为一谈。众所周知，现今社会大众媒体经常强调的"知情权"并不等同于我们经常看到的公共政策方案出台后的公示，因为在公示之前公众并未真正参与到政策制定过程中。这种所谓"知情权"是决策后的一种告知，是把结果拿出来让公众接受的，并非和公众一起商讨怎样制定公共政策的过程。在政策公示之前，如已经侵害了公众的利益，公众参与程序就成为表面化、符号化的形式。

（3）公众参与程序缺乏可操作性

中国公众参与程序的选取缺乏深入的思考，缺乏科学性，未能从公众角度出发，未能选取合理快捷的方式、方法和渠道来保证公众的参与率。加拿大政府为推动公众参与的积极性让广大公众更好地表达自己的意愿，特别重视公众参与的广度和深度。在 2004 年制定有关北方问题的财政方面的政策时，北方居民多为原住民且人口稀少、居住分散，把居民集中起来进行政策听证几乎不可能。但是政府为了充分体现政策的地域性、人群等方面的代表性，虽然北方地区交通不便路程遥远，但政府克服提高成本的压力依然把相关设备长途运输到当地，并为居民配备翻译，为发言人准备问题提供相关资料，挨家挨户征询意见。虽然这样的公众参与程序成本增加很多，但是在政策制定过程中充分考虑并吸纳了公众的意愿意见，更具代表性，从而确保了政策的顺利实施。然而在中国却缺乏科学的参与程序，一定程度上忽视了公众的代表性，无法提供便利的条件保证公众积极地参与到政策的制定过程中。政府关于政策制定召开的公开听证会、相关政策的公示基本上都是以政府主导的为主，真正能使公众参与其中并提出意见和建议的举措是非常有限的。这种自上而下的公众参与程序是由政府主导的，公众不能充分表达自己的利益诉求，也不能对政府公共政策的制定进行有效的监督。

需要科学地规定参与的公众范围和参与时间，以保证不同类型政策制定的高效性、合理性、准确性。以浦东新区制定社区规划政策中的公众参与为例，浦东新区发展和改革委员会规划部门在进行规划课题研究的统计调查中发现，在规划政策公众参与过程中，反对规划政策方案的居民提出了反馈意见，而对规划政策持赞同态度的居民则很少发表意见。由于公众意见没有得到全面、确切的表达，无法实现客观、公正地评价规划方案。但是大范围听取居民意见会增加行政成本，降低行政效率，对所有规划政策方案采取多种方案广泛听取公众的意见是不现实的。因此对不同类型的政策规划方案的公众参与范围要进行科学、合理界定。此外政策制定过程中公众参与的时间规定不科学。在许多国家从政策草案编制阶段就开始听取公众意见，充分吸收公众建议后形成草案，制定完草案再召开一次听证会，并采取多种形式听取公众意见，再一次对草案详细全面地调整修改，最后形成完善的公共政策。

从现有制度看，中国政治制度主要包括社会主义制度、人民代表大会制度、民族区域自治制度、基层群众自治制度及中国共产党领导的多党合作和政治协商制度。中国共产党是执政党，在政策制定的权力结构中处于核心地位。① 从理论上看，中国的政党制度已经很完备，能够有效支持公众参与政策制定。主要表现在以下几个方面：第一，为保证充分发挥领导作用，中国共产党建立了统一、严密的组织体系；第二，为及时反映和解决群众的各种利益要求更加具有积极性和主动性，中国共产党设立了党的群众路线指导方针；第三，与美国松散型的政党相比，中国共产党的民主集中制有力地保证了公共政策制定的果断性和正确性，同时也有力地保证了党的坚强领导。但是中国的政党制度还存在需要完善之处，特别是"文化大革命"严重破坏了新中国本应努力建立和发展的民主与法制。长期以来实行的民主集中制往往更多地注重集中却对民主重视不够，这对中国公共政策制定中公众参与程序的发展产生了一定的消极影响。

从中国历史文化传统看，旧中国长期实行君主专制，历史上的政治生活基本由少数特权者所操控，广大的劳苦大众被以"正统"自居的统治者奴役，民权被剥夺，毫无政治地位。中国封建统治者虽创建了封建社会选拔人才的制度——科举制，但也曾大兴文字狱。这些制度和举措的实行使封建专制思维深入人们头脑，强烈侵蚀了民众的社会意识。中国封建专制文化强调的是专制，无论是在司法领域还是在行政领域，对程序都极为忽视而注重结果。在封建社会经常出现"刑讯逼供"的事情，对案件审理没有明确的程序规定，许多官员在审理案件中都先认定被告人有罪，然后通过严刑拷打逼迫其认罪。程序规定的不健全不完备造成了大量的冤假错案，无法保障民众的合法权利。官员是否能够公正断案主要依靠个人的品质并没有程序的限

---

① 李拓：《中外公众参与体制比较》，国家行政学院出版社，2010，第51~52页。

定，导致了个人权力的膨胀。在漫长的封建社会，涉及江山社稷的政策由皇帝拍板决定，涉及地方安危的事情由相应地方官员做出决定，普通百姓只是政策的接受者。根深蒂固的专制传统禁锢着民众的思想，严重削弱了公众参与公共政策制定的积极性，从而无法提及并开创公众参与的程序。

长期以来，人们的思想、行为和价值指向已被封建主义的政治文化积淀的产物深深影响，这些产物包含伦理结构、道德观念、思维模式和文化心理结构。今天，它们对人们的思想观念和行为举止仍有或多或少的影响。例如，中国传统政治文化中的"官本位""崇拜权威"和"与世无争"等心理就是这些产物最突出的表现。中国传统政治文化中封建专制思想对人民群众产生了一定的消极影响，大部分公众对参与公共政策制定持"没有必要""参与意义不大""与我无关"等态度，公众习惯于被动地接受公共政策。这些都是公民文化的缺失、公众参与意识薄弱的表现，它进一步导致了公众参与程序构建与推行的缓慢，造成在公共政策制定中公众参与程序流于表面化、符号化、形式化。

一些发达国家没有经历封建社会或封建社会时间比较短暂，封建专制的文化思想、思维定式并未对其产生深远影响。这些国家的公民在政策制定过程中保持了强烈的参与意识，积极表达自己的利益诉求，时刻维护自己的合法权利。政府只有在制定公共政策时广泛开展公众参与，制定的政策才能获得公众的认可，而公众对政府施政方针的认同和支持为政府提供了外在的动力，保证了政策制定中构建和完善公众参与程序的积极性。而只有真正构建一套科学、系统的公众参与程序才能切实保证公共政策制定中公众参与的权利落到实处。因此一个国家历史文化的传统和积淀在一定程度上影响着公共政策制定过程中公众参与程序的建立和完善。

同时中国在现实中还缺乏法律制度指导。政治上具有崇高地位决定了中国公民有权利参与公共政策的制定，但是，在实践中缺少法律规范与保障，导致公共政策制定中公众参与的发展并不充分，还不能构建完善的公众参与的程序。可喜的是，改革开放以来，中国对公众参与日益重视，颁布了一些相关法律，已成功建立了行政处罚、价格、立法、国土资源等四种听证制度。例如，1994 年颁布的《中国 21 世纪议程》为公众参与可持续发展提供了行动方案，2000 年颁布的《立法法》，2001 年国务院发布的《行政法规制定条例》都相继确立了公民参与立法的活动准则，以法律形式为公众参与立法的程序提供了强有力的保障，促进了立法活动中公众参与程序的建立和完善。2004 年颁布的行政许可法在公共政策制定领域对听证做了较为详细的规定，为公民参与公共政策提供了法律依据。

第二节　网络参与：以网络实名制与微博问政为例

一　网络实名制

作为现代社会前进和发展的主要动力和工具，互联网以其匿名性、即时性、开放性、跨时空、互动性等结构特征在经济发展、社会运行和国际竞争中彰显出自身的价值和意义，但是又因这些特质也引发了诸多社会问题。网络失范行为大行其道给各国的经济、政治和文化建设带来巨大挑战。在这样的背景下，在"积极利用、科学发展、依法管理、确保安全"这一互联网建设和发展基本方针的指导下，中国政府在互联网管理中引入了网络实名制。目前正在征集意见的《网络安全法草案》也规定了网络实名制。

网络实名制作为中国政府管理互联网的一项探索，几年来一直被热议，至今各方都依然没有达成共识。网络实名制的执行涉及政府、业界、网民等各方的利益，其实施过程任重而道远。当前关于推行网络实名制的利弊争议的焦点无疑是对政治参与的正面和负面效应。因此笔者认为，应以政治参与为视角或切入点对网络实名制的双重效应进行细致深入的分析，为有针对性地采取措施消除网络实名制的负面效应提供合理有效的对策与建议，从而使网络实名制走出执行困境以实现网络实名制的价值诉求。本书这一观点主要从以下几个方面论述：（1）结合互联网的发展历程以政府的发展思路和政策导向为脉络，对网络实名制的产生、发展做一概括分析，以此综观中国网络实名制的实施现状；（2）综合多学科的理论研究成果和实证案例在政治参与的视域下详细阐述网络实名制的双重效应，并深入剖析产生双重效应的原因；（3）在分析网络实名制负面效应及其成因的基础上提出消除网络实名制负面效应的对策与建议，为探寻推进网络实名制的有效路径提供有益的启迪。当前互联网面临的最大挑战不是技术方面的创新发展而是变革和发展过程的管理。这一挑战随着互联网规模的扩大和网民的增加变得越来越突出。对于互联网如何积极利用和有效管理，是摆在各国面前的一个重大现实课题和严峻挑战。网络实名制作为中国政府的一种互联网管理制度，多年来一直被热议，至今各方都依然没有达成共识，致使网络实名制的推行过程步步维艰，执行流于形式。世界上任何事物都有两面性，网络实名制当然也不例外，也是矛盾的综合体。当前公众在政府强制推行网络实名制这一问题上存在巨大分歧，这背后无疑是网络实名制推行对中国政治参与的利弊之争。政治参与不仅是政府管理社会公共事务的一种工具和手段，而且本身就是政府管理最主要的核心内容。政治参与对于政府而言是提高自身合法性和权威性、实现有效治理社会的一项具有战略意义的资源；对于公民个体而言是公民自我教育、自我发展和提高自我管理能力的重要途径。因此以理论为基础、以实践为依据、以政治参与视角为切入点，用一分为二的观点和方法去深入分析政府作为社会总体利益的代表出于公共利益诉求强制推行网络实名制的双重效应并探索合理有效的消除网络实名制负面效应的路径，对于科学推进网络实名制的实施，增强政府管理互联网的能力，构建"行为规范、运转协调、公正透明、廉洁高效"的政府互联网管理体制，对维护社会秩序稳定与国家安全、推进中国民主政治进程和社会主义和谐社会建设都具有重大的理论和现实意义。互联网在中国的迅速发展和普及引发了前所未有的信息革命和产业革命，在加速经济发展、推动社会进步和提高人民生活质量等方面发挥着不可替代的作用。与此同时，网络失范行为也开始进入人们的视野，引起各界的高度关注。网络失范行为是指行为人利用互联网或者针对互联网而实施的各种离轨行为包括犯罪行为，主要表现为利用互联网浏览不良信息和散布非法有害信息从事违法犯罪。对网络失范行为的治理事关国家政治稳定、经济有序和社会和谐，事关中国特色社会主义事业的全局，是中国政府管理面临的一个重大现实课题和紧迫任务。

网络失范行为的泛滥究其内里，与网络匿名性的特质在一定程度上有着千丝万缕的联系。网络匿名性就是网络用户在获取互联网提供的数据通信、资源共享等服务时可以凭借未注册身份或以非真实个人信息注册的虚拟身份，而真实的身份信息处于一种隐匿的状态。这就导致网络用户在网络空间的身份缺乏个体在社会体系中的标识、位置及其社会属性。

网络匿名性容易使上网者产生一种上网行为无法追踪的错觉，在这种错觉的支配下网络活动主体的行为可能出现一些变化：网络用户的责任意识弱化，社会规范对行为的控制力降低，一些在现实社会中被压制的不正当欲望在网络世界中得以实现。随着中国在互联网技术、管理、运营等方面水平的大幅提升，立足中国互联网的实际发展情况又吸收借鉴国外互联网管理的理念与方法，为有效防治网络失范行为，中国政府在互联网管理中引入了网络实名制，以求既给予互联网用户利用和发展互联网技术的合法机会，又以社会正义的名义保护网络用户免遭互联网本身及其副作用的侵害。

（一）网络实名制的发展历程

2001 年 3 月 7 日信息产业部发布《关于进一步做好互联网信息服务电子公告服务审批管理工作的通知》。通知指出，网站 BBS 要实行版主负责制度和用户登记制度，版主的个人资料报受理 BBS 专项审批的通信管理局备案，上网用户使用 BBS 前须按照用户登记程序提供有关个人信息。

2002 年 5 月 10 日为加强网络文化市场的规划、建设与监管，文化部颁布《关于加强网络文化市场管理的通知》，明确提出在网吧等互联网上网服务营业场所实施消费者入场登记制度。2002 年 6 月 16 日北京蓝极速网吧发生火灾造成 24 人丧生，其中大部分是周围学校的学生。这起事件引起媒体和社会对网吧上网实名制管理的呼吁。自 2002 年 11 月 15 日起《互联网上网服务营业场所管理条例》施行。根据这一条例，网吧、电脑休闲室等互联网上网服务营业场所必须实名登记上网者身份。这是第一个关于政府网络实名制管理的重要法规。2004 年 12 月 28 日为了更加有序、健康、积极地发展校园 BBS 系统，教育部、共青团中央发布《关于进一步加强高等学校校园网络管理工作的意见》，明确提出在高校 BBS 严格实行用户实名注册制度。2005 年 7 月 12 日文化部、信息产业部联合下发《关于网络游戏发展和管理的若干意见》，明确提出 PK 类练级游戏（依靠对决来提高级别的网络游戏）应实行实名制。2005 年 7 月 20 日腾讯公司发布公告称，为配合深圳公安局清理整治网络公共信息服务场所的工作，要求 QQ 群创建者和管理员实行实名注册。这一举措被广泛看作"我国全面推行网络实名制的序幕"。

2007 年河南省互联网宣传管理工作会议做出决定，从 4 月起该省的论坛版主或博客圈圈主的个人信息将实行实名制。2007 年 4 月 15 日新闻出版总署等八部委联合发布《关于保护未成年人身心健康实施网络游戏防沉迷系统的通知》，要求网络游戏运营商必须在网络游戏中安装防沉迷系统。网络防沉迷系统通过采用实名方案，识别未成年人，以利用技术手段限制未成年人的游戏时间。2008 年为打击整治网络不良信息的传播，宁夏、甘肃、吉林、重庆四个省份先后实行网络社区版主实名制。2008 年 2 月 15 日公安部机关报《人民公安报》刊发长文首次确认要在全国推广版主实名制。自 2010 年 7 月 1 日起国家工商行政管理总局审议通过的《网络商品交易及有关服务行为管理暂行办法》开始施行。根据其中的规定，中国网上开店实行实名制以加强工商部门对网络商品交易及有关服务行为的引导与规范，维护市场经济秩序，保障公民的合法权益。2010 年 8 月 1 日《网络游戏管理暂行办法》正式实施。这一暂行办法要求用户在注册时必须使用有效的身份证件。这是首次将网游玩家实名注册提上相关法案。

2011 年 12 月 16 日为进一步规范微博客服务，充分展现微博客服务在反映民意、汇聚民智、传递信息、服务社会方面的强大功能，北京市发布《微博客发展管理若干规定》，明确提出注册微博客账号制作、复制、发布、传播信息内容的组织或个人应使用真实身份信息。2012 年 12 月 28 日为解决互联网领域日益突出的安全问题，提高个人信息保护能力，保护公民个人隐私和私生活安宁，维护国家安全和公共利益，十一届全国人民代表大会常务委员会第三十次会议通过关于加强网络信息保护的决定，明确提出网络服务提供者应当在与用户确认提供网络信息发布服务时要求用户提供真实的身份信息。

（二）　政治参与视域下网络实名制的正面效应及成因分析

1. 政治参与视域下网络实名制的正面效应

（1）建立与维护公民有序政治参与

对于处于发展黄金期和矛盾凸显期的中国社会来说发展是党执政兴国的第一要务，而稳定的社会环境是发展的基本前提，也是发展持续性的保障和发展成熟度的标志。因此中国政府管理的基本目标在于缓和社会冲突，建立与维护公共秩序，确保社会稳定。政治参与作为政府管理的核心内容，其开展也必须以保证公民有序地参与国家与社会事务管理为前提。公民有序政治参与是指公民对政治过程介入和参与的有序性，主要包括三方面的含义：依法参与、制度化参与和组织化参与。[①] 公民政治参与的有序化是当前中国政府行政管理体制改革发展的现实需要，是中国民主政治成长和全面现代化发展的必然要求。网络匿名性使个体在网络空间中的身份缺乏可识别性，个体对国家和社会的责任感容易出现弱化现象，采取不符合国家宪法、法律、规章、政策、条例等规定的制度和程序的参与方式，使政治参与呈现失序的态势。这不仅会导致政治参与的价值诉求无法实现，同时也严重危害中国的社会公共秩序，给社会稳定带来严峻挑战。一方面，一些不法组织和个人在某些西方发达国家的教唆与支持下借助互联网对匿名政治表达的支持，大肆散

---

① 房宁主编《中国政治参与报告（2011）》，第 70 页。

布非法有害信息，损害中国政府权威，破坏政治统治秩序，造成民众对政府的低认同和不信任。某些西方发达国家在对外交往中充分重视"软力量"的作用，不仅大范围地宣扬本国制度机制、价值观念和生活方式的优越性，同时大面积地有意制造传播虚假信息，污蔑政治领袖，极力煽动其他国家的社会不满情绪，妄图在意识形态领域对中国进行分化、西化，损害国家权威，威胁国家政权。正如美国知名中国问题专家郝大维和安乐哲所言，"当前我们都倾向于把中国妖魔化。政客们和媒体向我们显示的是一个'东方暴政'的中国图像，其政府致力于剥夺其人民的基本权利。这种病态最近在美国社会的某些部门和领域成了主流，极大地加剧了这种'妖魔化'中国的情绪冲动"①。受西方国家这种"妖魔化"中国情绪冲动的影响，中国一些反动组织和个人打着对国家政治选择和社会政策不满的幌子以偏概全，以不调和与不合作的态度猛烈攻击党的领导，表达对现行政治体制的不满；散布非法政治言论和邪教思想，进行极端宣传与说教；煽动民族仇恨和歧视，制造民族间、民众与政府之间的矛盾，破坏民族团结，妄图颠覆国家政权，破坏国家统一，导致社会混乱和动荡。另一方面，在中国体制转轨和社会转型的大背景下价值多元、个体独立性彰显，人们日益表现出独立思考、自主选择、参与创造等特征，人们在表达自己对公共事务管理的态度和意见时常常倾向于以个体作为一切行为的出发点和衡量坐标系，缺乏对人类社会整体和个人生命意义的终极关怀，甚至采取与社会整体利益相对立的立场不计社会后果。而网络匿名性为这种倾向提供了强大的技术支持。一些别有用心的网民穿着"马甲"捏造虚假信息，肆意制造社会恐慌，甚至雇用大量"水军"放大少数人的声音，扰乱公共话语体系和公民的价值判断，误导社会舆论。互联网全方位、多层次、多形式的传播渠道使其信息传递的速度、规模和影响范围大大超越了传统的大众传播媒介，一旦不良意识形态充斥网络空间，占据上风，在从众心理的影响下个体由于认知的失调和对孤独的恐惧，就会出现群体失范的叠加放大，导致一系列失序化政治参与事件的发生，对社会的公共秩序产生极大的破坏作用。

网络实名制的执行有助于规范网络空间活动主体的行为，促使其在认同和支持党和国家的法律、政策，在保证和促进公共利益的基础上，有序地进

---

① 〔美〕郝大维、安乐哲：《先贤的民主——权威、孔子与中国民主之希望》，何刚强译，江苏人民出版社，2004，第2页。

行参与，严守法律和道德的分际，从而建立起安定有序的社会环境，为社会稳定提供保障。

（2）保障政治参与主体的合法权益

保障公民的各项合法权益是各国政府的政治职能之一，是政府管理活动方向与实质的体现。在网络匿名性的支持下，个人内心隐藏和压抑的犯罪欲念容易得到释放，实施在现实世界中不易进行的违法犯罪活动。

目前互联网上充斥着大量网络诈骗、盗窃以及侵犯知识产权、名誉权、隐私权、表达自由权等犯罪行为，严重侵犯政治参与主体的合法权益，造成非常恶劣的社会影响。由于网络违法犯罪后果的严重危害性以及危害程度不易衡量，法律事后的惩戒难以完全弥补受害人的所有损失，而且网络违法犯罪的事后追惩困难重重。

首先，从技术的角度来讲，在互联网上并不存在绝对的匿名，所谓匿名行为无从查证只是网络用户的错误认识。因为每个上网者都有 IP 地址，上网者的活动都是可以追踪的。但是从现实情况来看，网络违法犯罪对象的广泛性、手段的多样性和高智能性，使网络违法犯罪的发现和证据采集困难重重，需要耗费大量的人力、物力和财力，成本较高效率低下。

其次，对不在中国境内利用外国服务器对中国进行网络犯罪活动的行为人进行追惩时，法律面临的问题就不仅是是否正当，同时还面临会不会沦为一纸空文的问题。根据中国刑法规定，只要犯罪的行为或者结果有一项发生在中国领域内就被认定为在中国领域内犯罪，凡是在中国领域内犯罪的除法律有特别规定的之外都适用中国刑法。如果行为人不在中国境内，即使发现了真实身份，掌握了充足证据，在将这些犯罪分子绳之以法时首先要解决管辖权问题。一是起诉的地点。犯罪嫌疑人所在国家的法律即使规定了该类犯罪，但如果该国与中国没有司法协助协定，就无法引渡犯罪嫌疑人，犯罪嫌疑人只能在当地接受审判，中国司法机关无权管辖。二是适用的法律。犯罪嫌疑人所在国家如没有规定该类犯罪，国家与国家之间的法律体系发生冲突，可能使中国的司法管辖权无法实现。三是多重管辖权。如果网络犯罪行为地和犯罪结果分布在多个国家，多个国家对该犯罪均拥有管辖权，如何协调管辖权也成为棘手问题。

因此，为避免出现由于平均分配司法成本而造成的无法管辖，中国刑法第七条规定：中华人民共和国公民在中华人民共和国领域外犯本法规定之罪的，适用本法，但是按本法规定的最高刑为三年以下有期徒刑的，可以不予追究。此外从近几年发生的网络犯罪案件来看，犯罪行为人低龄化现象十分明显。而中国刑法综合考虑未成年人的生理和心理特质，主张在对未成年人犯罪进行惩处的同时通过其他多种渠道和方式对其进行管理教育、感化挽救。有关法律规定 14 周岁以下的人犯罪不承担任何刑事责任；已满 14 周岁不满 16 周岁的人犯罪只对八种犯罪承担刑事责任。这就导致法律制裁不能实施到低龄的网络犯罪行为人身上，某些公民的合法权益可能因此受到某些损害。因此对于公民权益的保护不能仅仅寄希望于对网络违法犯罪行为事后惩罚和训诫。

网络实名制在政府互联网管理中作用的发挥不仅有助于政府查处网络违法犯罪，维护政治参与主体的合法权益，更重要的是能有效地预防网络违法犯罪，降低网络违法犯罪案件的发生率，对政治参与主体权益的保护更能达到有效的程度。

（3）培育政治参与主体的公民意识

公民意识是公民个人对自己在现代社会公共生活中地位的认知，是公民主体性的具体表现。大量的理论资料和实证研究表明，公民意识普遍提高的时候，其政治认知水平和政治效能感随之提高，行使公民权利、承担公民义务的主动观念增强，进而能积极参与公共利益的维护，反之如果参与主体的公民意识薄弱，对于政治参与的内在自觉呈现低取向，那么一味地鼓励公民参与公共事务管理也可能会带来政治参与失败和畸形发展的悲剧结局。因此政治参与主体的公民意识直接影响政治参与的方式、目的、性质和效果，是公民切实履行政治权利和政治义务的前提和基础。

公民意识的培育不是一蹴而就的，需要一个长期的社会化过程。青少年时期是一个人由成年人附属个体向独立社会个体转化的阶段，在这个时期青少年开始对自身和客观世界产生自觉能动的认知，是公民意识培育的关键时期。在此阶段通过开展公民教育，提高青少年的文化政治素质、政治技能，强化依法参政议政的能力，对于公民意识的培育具有重要的意义。而互联网在社会生活中的广泛深入应用在给人们的工作、生活带来极大便利的同时，也对一些上网者的价值观念、生活态度和行为模式产生了不可忽视的负面影响。

青少年正处于身体、心智的成长发育期，生理和心理尚不成熟，不具备足够的判断识别和自我调节控制能力，更容易遭受互联网负面影响的侵害，如网络成瘾、网络不良信息侵害等，对青少年公民意识的形成与发展都会产生严重的负面影响。一是网络成瘾对青少年的伤害。网络成瘾指沉迷于网络所造成的心理困扰，也可以解释为上网行为的冲动失控，主要包括网络游戏成瘾、网络色情成瘾、网络交易成瘾、网络关系成瘾、网络信息成瘾等。青少年身心发育尚不健全，自我控制能力较弱，是网络成瘾受害者的主要人群。网络如占据了其所有的时间和注意力，他就会丧失对正常学习、生活的兴趣和对现实世界的感受力，就会逐渐与社会隔离，严重影响正常的学习和生活。重度成瘾者会由精神上的依赖发展为身体上的依赖，离网则头昏眼花、双手颤抖、食欲不振、疲乏无力。而在上网过程中大脑神经中枢持续处于过度兴奋状态可能会诱发种种疾患，对青少年的身心健康造成严重的损害。二是网络不良信息伤害。青少年具有强烈的好奇心和求知欲，又不具备足够的分析鉴别能力，容易受网络色情信息、暴力信息、颓废信息等一些不良信息的侵害。其一，网络色情信息伤害。由于青少年性认识结构的高易变性和低自控性的特征，在网络色情信息的影响下，青少年很可能难以抑制自己的性冲动，将虚拟空间的行为转化为现实中的行为实施一些性越轨甚至犯罪行为。其二，网络暴力信息伤害。网络暴力信息是指带有喋血、凶杀、械斗、绑架、强暴等恶性场面的图片文字、音频视频等。网络暴力信息容易使青少年变得好斗，丧失包容心与同情心，甚至走上违法犯罪的道路。其三，网络颓废信息伤害。"活着比死亡更痛苦"等网络颓废信息危害性特别大，容易导致青少年丧失基本的生活理想与信念，在遇到一些问题时表现出迷茫、困惑和多变的心理，应对压力和挫折的心理承受能力降低，甚至产生轻生意识。政府在网吧管理、网游管理等领域引入网络实名制这一管理制度有助于动员全社会的力量消除危害未成年人健康成长的不良因素，创造有利条件培育青少年的公民意识，从而形成成熟的参与主体，为政治参与提供基础动力。一方面网络实名制科学控制青少年的上网时间，引导青少年合理使用互联网，培养青少年健康的上网习惯，避免网络成瘾；另一方面网络实名制能有效地抑制网络不良信息的传播，净化网络环境，保护青少年免遭网络不良信息侵害，为青少年的健康成长和发展保驾护航。

2. 政治参与视域下网络实名制正面效应成因分析

（1）网络实名制建构网络空间有效的身份认证体系

美国学者劳伦斯·莱斯格认为，现实空间广泛存在的身份认证体系增加了现实生活中的行为的可规范性。因为它除了使行为者加强自律外还有助于特定机构惩治违规者。① 在现实社会中，政府可以通过多种渠道和途径获得公民个人真实全面的身份信息，但由于网络匿名性的特质，网络用户大多以游客身份或以非真实个人信息注册虚拟身份在互联网上满足自身信息获取、商务交易、交流沟通、娱乐休闲等方面的需求，隐去了与个体有关的真实情况，这就使网络空间缺乏一套有效的身份认证系统。网络空间有效的身份认证系统的缺失容易导致网络用户自我意识下降，自我评价和自制力降低，摆脱社会规范的约束而展示出在现实社会中通常不会表现出的行为，这就是社会心理学研究领域的"去个性化"。去个性化是社会心理学的一项重要研究内容。随着互联网的出现和迅速扩展，越来越多的专家学者也开始介入网络中开展"去个性化"的研究。网络中去个性化研究与以往去个性化研究的不同之处仅在于研究视角的不同，因而完全可以吸收借鉴以往研究的诸多成果。学者 G. L. 博恩、E. 弗洛姆、津巴多、迪埃纳都指出匿名性是去个性化发生的主要原因。《中国大百科全书·心理学卷》也提出匿名性是导致去个性化现象的关键因素。在网络空间中网络匿名性造成的个体身份的低辨认度容易导致个体自我意识的降低。自我意识是指个人对自己身心状况、人 - 我关系的认知、情感以及由此而产生的意向，简而言之，就是个人对自己各种身心状况的意识。② 一个人的自我意识实质上是个体在社会力量的作用下适应社会生活并对社会环境产生影响和作用，它是社会的产物又反作用于社会，其产生、形成和发展都是在个体社会化的过程中实现的。网络用户的自我意识一旦降低到一定程度，个体就不能意识到自己是独特的社会个体，人真实地处于实际社会关系中的感受和约束减弱。个体行为的可规范和可控制程度降低。这将造成的严重后果可以归结为两个方面。③

一是现实社会中的秩序规定因素对个体行为的控制力弱化。现实社会中的秩序规定因素具体体现为各种社会制度、社会政策、法律法规、伦理道德、风俗习惯、行为规范、社会舆论、组织和生活中的权威等方面。

社会统治阶层将这些秩序规定因素以种种方式和手段作为指导人们的目标和价值观推广到社会生活各领域，引导、控制和规范公民的行为，调节个体及群体交往行为，控制冲突，增强合作规范，调整社会关系，最大限度地

---

① 参见王四新《网络空间的表达自由》，社会科学文献出版社，2007，第150页。
② 乐国安：《社会心理学》，中国人民大学出版社，2009，第157页。
③ 王来华主编《舆情研究概论》，天津社会科学院出版社，2003，第113～115页。

维护和实现公共利益。个体的自我意识降低会导致公民不能意识到自己享有的权利和应履行的义务，失去公民原有的对社会、对他人的责任意识，自我控制能力下降，失范行为就有可能随时出现而破坏集体行动规则，对现存法律规范、社会公共秩序与道德秩序规定因素造成严重破坏或威胁。

二是现实社会中的角色规定因素对个体行为的控制力弱化。角色规定因素具体体现为个体对自己所担当的社会角色的认知与遵从。① 角色是个人在社会关系体系中处于特定社会地位并符合社会要求的一套个人行为模型。角色是社会的基本单位，社会的正常运转有赖于角色的明确分工以及角色间的和谐配合。个体借助自己的主观能力将社会对某一特定社会角色所设定的理想的规范和行为模式表现出来，必须以个体对自己在特定社会关系中所扮演角色的准确认知与遵从为前提与基础。

而当个体失去一定的自我意识，个体就会从主观上放弃对自己在社会中所处地位、所应履行的角色义务职责的认知与遵从，不可能按照角色的行为模式表现出相应的行为而表现出一些通常在现实社会中不会从事的反常行为。网络实名制的实施有助于政府了解并掌握网络用户真实的个人信息，建构起网络空间有效的身份认证体系。这不仅能为政府惩处违法犯罪行为提供极大便利，更重要的意义在于，通过增强公民的自我意识、强化秩序规定因素和角色规定因素，增强对个体行为的有效控制和调整，从而给政治参与以秩序和稳定。

（2）网络实名制培养青少年健康的上网习惯

由于其生理和心理特质，青少年成为网络成瘾受害者的主要人群。网络成瘾问题已成为影响青少年健康成长的重大问题，直接影响青少年公民意识的培养和形成，是政治参与持续发展的巨大障碍。网络实名制通过识别青少年身份，一方面可拒绝青少年进入网吧等互联网上网服务营业场所；另一方面可借助技术手段合理控制青少年的上网时间，引导青少年健康上网，培养青少年良好的上网习惯，在解决网络成瘾方面发挥重要作用。

首先，发挥互联网上网服务营业场所上网实名制的作用。互联网上网服务营业场所是向社会公众开放的营利性上网服务场所，主要包括网吧、电脑休闲室等。目前网吧是继家庭、单位之后中国网民的第三大上网场所。为逃避家长对上网的监管，青少年纷纷选择去网吧，甚至为上网通宵

---

① 奚从清、俞国良：《角色理论研究》，杭州大学出版社，1991，第6页。

达旦地泡在网吧，导致网络沉迷。2002 年 5 月 10 日文化部颁布《关于加强网络文化市场管理的通知》。根据其中的规定，网吧等互联网上网服务营业场所实施消费者入场登记制度；网吧等互联网上网服务营业场所在国家法定节假日及寒暑假以外的时间不得对未成年人开放；未成年人的上网在线时间必须在每日的 8 时至 20 时且不得超过 3 个小时；16 周岁以下的未成年人只能在监护人的陪同下才能进入网吧。2002 年 11 月 15 日《互联网上网服务营业场所管理条例》施行。根据这一条例，互联网上网服务营业场所经营单位应当对上网消费者的身份证等有效证件进行核对、登记，不得接纳未成年人进入，而且应当在营业场所入口处的显著位置悬挂未成年人禁入标志。互联网上网服务营业场所上网实名制通过采用实名登记的手段识别青少年、限制青少年进入网吧等互联网上网服务营业场所对于引导认知能力尚浅、自制力尚弱的青少年合理安排娱乐与学习时间、避免对电脑网络的过度依赖成效显著。

其次，发挥网络游戏实名制作用。近年来随着互联网技术的不断进步和网络游戏产业的逐步壮大，网络游戏不断推陈出新。网络游戏尤被青少年热爱和追捧。网络游戏在一定程度上为青少年的情感宣泄、思想交流和个性发展提供了一个崭新的渠道，但网络游戏成瘾作为网络成瘾的主要表现形式给青少年带来的消极影响也不容忽视。2005 年 7 月 12 日文化部、信息产业部发布《关于网络游戏发展和管理的若干意见》，要求实行 PK 类练级游戏实名制度以拒绝未成年人登陆。2007 年 4 月 15 日新闻出版总署等八部委联合发布《关于保护未成年人身心健康实施网络游戏防沉迷系统的通知》，要求网络游戏运营商必须在网络游戏中安装防沉迷系统。网络游戏防沉迷系统的工作原理是通过采用实名方案识别未成年人，并利用技术手段有效控制未成年人的游戏时间：3 小时以内为"健康游戏时间"；超过 3 小时以后的两个小时为"疲劳游戏时间"，在此时间段游戏的收益减半；超过 5 小时则为"不健康游戏时间"，在这个时间段游戏的收益为零。2010 年 8 月 1 日《网络游戏管理暂行办法》正式实施。这一办法要求用户在注册时必须使用有效的身份证件，不适宜的游戏或者游戏功能禁止向未成年人开放，并通过网络游戏防沉迷系统，限制未成年人的在线游戏时间。网络游戏实名制促使青少年改变或防止对电脑、网络的依赖、迷恋，禁止未成年人登陆 PK 类练级游戏，有利于引导青少年合理安排时间，培养有益于青少年身心健康的上网习惯。

（三）政治参与视域下网络实名制的负面效应及成因分析

1. 政治参与视域下实名制的负面效应

（1）降低政治参与的广度和深度

互联网的发展和普及为公众数据通信和资源共享提供了极大便利，尤其是网络空间广泛存在的匿名服务大大改进了公民政治参与的支持条件，使政治参与在人数规模、参与内容等方面都有了明显的改善。网络政治参与作为以互联网为媒介的政治参与行为开辟了政治参与的新途径，具有不同于传统政治参与的鲜明特点，在一定程度上实现了普遍的和充分的参与。网络实名制推行后，在"因言获罪"的担忧下，公民政治参与的广度和问政深度可能降低。在参与主体这种消极的参与下即使再完美的政治参与制度和参与方式也会成为废纸一堆甚至成为社会稳定的威胁。

第一，政治参与的广度可能降低。政治参与的广度指公民是否普遍参与即社会成员参与的人数比例。现代政府公共决策是政府提供公共服务和实施管理的主导方式，因此政策参与是中国政治参与的主要实现形式和机制。公共决策的实质是政府作为社会总体利益的代表对社会发展做出判断和抉择。政策参与中社会成员的参与人数比例越高，政府就越有可能获取社会各个阶层的心声。只有广泛了解社情民意，政府在做出公共决策时才能最大限度地体现社会公众的意愿和绝大多数社会成员的利益，提高决策的科学性和民主性，从而发挥政治参与的作用，实现民主治理的功能。网络实名制执行面临的一大挑战就是公民反映自己意愿和利益需求的热情和积极性下降。公民在表达利益主张和意愿时因惧怕遭受打击报复或多或少都有隐匿身份的欲求。在网络实名制的背景下，一部分公民由自觉自愿地表现公民责任转化成对政治活动采取消极行为。此外，公民只有在了解和掌握各种信息即知情的情况下才有可能参与到政府决策和公共治理中。网络实名制使得一些公民退出网络参政议政的舞台，信息来源减少，这就导致公民获取的政治、经济和文化方面的信息大大减少，不能了解政府工作情况，无法参与到政府管理中，最终陷入实名制增强而政治参与广度进一步缩减的矛盾处境。

第二，政治参与的深度可能降低。政治参与的深度指参与的性质和是否达到充分的程度即参与主体在参与时是积极主动还是消极被动以及参与是否充分。网络实名制对政治参与深度的影响主要体现在对网络舆论监督的制约。网络舆论监督指社会公众通过网络媒体形成舆论对公共部门及其工作人员在管理国家事务和社会公共事务中的行为实施监督的活动。它是宪法赋予公民的一项基本权利，是衡量政府行政管理是不是科学化和民主化的一个重要指标。互联网具有匿名、快捷、影响面广、传播速度快的特性，已经形成了一个强大的舆论场，能够产生巨大的社会冲击，对揭露行政管理工作的失误，检举政府官员的违法失职行为并对及时惩处和纠正各种权力失范行为，防止权力异化和官员腐败，保证人民赋予的权力始终用来为人民谋利益，起到无法替代和积极的监督作用。较之其他的社会监督网络形式，舆论监督显示出更强大的力量和无法比拟的巨大优势。从近几年的情况来看，公众通过公正客观、负有责任心的网络舆论对行政越权、公权私化、行政失职等诸多不良社会现象起到了有效的监督遏制作用。可以说网络舆论监督在社会监督中发挥了先锋和主力军的作用。

政府在互联网管理中推行网络实名制后，有学者对"复兴论坛"跟帖内容进行了调查与分析。这一调查显示，匿名游客普遍表达了对现阶段资源配置、利益分配、党风政风等社会深层问题的不满，而实名成员的发帖则更多地肯定中国经济与社会发展取得的巨大成就。而且质疑政府管理的发帖人全部为游客身份。可见网络实名制会在一定程度上制约网络舆论监督，导致出现"虚监""弱监"的现象，使网络舆论监督由富有意义的政治参与前沿演变成一种走过场的形式甚至"仪式"。

（2）加大侵害政治参与主体个人信息的风险

伴随着信息技术的广泛应用和互联网的发展普及，承载着自然人人格利益的个人信息在社会、经济活动中的价值日益凸显。个人信息不仅可以为政府决策和公共治理提供依据，而且可以产生巨大的商业利润。与此同时，高效信息处理技术的不断发展，信息设备的广泛应用，导致个人信息所遭受的侵害日益严重，广大民众深受其害，破坏了民主多元社会的基础。因此个人信息保护问题已经成为实现实名制中亟待解决的重大关键问题。

在互联网上绝对的信息安全是不存在的，网站及个人极有可能遭到各方面的攻击。而网络实名制的实施使海量政治参与主体的个人信息被社会组织收集并储存于数据库中为不法分子侵害个人信息打开了方便之门，这加大了信息被窃取、滥用的风险。

其一，盗窃个人信息。信息盗窃是网络信息犯罪中最为常见的一种类型。作案人往往具有较高的计算机网络技术能力，预先经过精心策划和设计侵入计算机系统，窃取公民个人信息，作案的成功率较高。一方面盗窃信息者利用窃取的公民电话号码、住宅或办公地址、电子邮箱地址等个人信息发送垃圾邮件、垃圾手机短信等对网民个人进行"狂轰滥炸"，侵害他人的通信自由，严重影响人们的安宁生活，另一方面信息盗窃还往往与诈骗、勒索联系在一起，对公民使用或威胁使用被掌握的涉及金融、医疗保险、财产、家庭等方面的个人信息，敲诈和勒索受害人的财物，甚至对公民人身安全造成侵害。2011 年 12 月 21 日中国互联网发展中最大的信息泄露事件爆发。国内最大的开发者技术社区中国软件开发联盟 CSDN 的网站用户数据库被窃取，600 多万明文的注册邮箱账号和密码被公开。许多用户在多家网站注册时采用了相同的邮箱账号和密码，导致众多知名网站相继卷入信息泄露风波。韩国是世界上第一个强制推行网络实名制的国家。2011 年 7 月底韩国 SK 电信旗下的三大知名门户网站之一"NATE"和社交网站"赛我网"遭到黑客的恶意攻击，造成大约 3500 万名用户的个人信息被窃取，远远超过 2008 年电子商务网站 Auction 的 1800 万名用户信息的外泄，此事件在韩国引起轩然大波，引起社会各界对废除网络实名制的呼吁。

其二，滥用个人信息。滥用个人信息主要是指网络服务商为达到非法目的而任意或过度使用所收集的个人信息，具体表现为非法利用个人信息和非法泄露个人信息。网络服务商滥用个人信息的行为不仅会对电子商务造成极大的危害，还会动摇社会公众向其他正当的信息收集机构提供个人信息的信心。

非法利用个人信息。随着互联网商业化的增强，企业对互联网和信息化的依赖程度日益增强，个人信息成为数字经济中的新型货币，成为企业竞争不可或缺的资源。一些网站出于一定的商业目的，在网络用户毫不知情的情况下，借助计算机数据分析软件和专业的商务咨询机构对所收集到的信息进行加工整理、分析、挖掘以获取更多有价值的个人信息，作为向用户推销服务或进行市场决策的重要依据，甚至出售个人信息以牟取利益。有关调查显示，泄露个人信息的源头大多是相关单位或部门的"内鬼"利用职务之便非法交易个人信息以获取利益。2008 年春节前后深圳市爆出全市孕妇信息库"泄露门"事件。自信息被非法出售之后，多数孕产妇时常收到广告推销电话或短信骚扰，严重侵犯了公民个人隐私。

非法泄露个人信息。政府部门出于维护社会利益或公共利益的某种需要，在符合法定程序的前提下可以查询公民个人信息。但在不符合法定条件、法定程序或者约定条件的情况下，在中国现实权力结构的重重作用下，不排除网站把公民个人信息泄露给政府部门的可能，这将导致公民因富有正义感和责任心的政治参与而遭受打击报复，严重侵犯了公民的基本权利。

2. 政治参与视域下网络实名制负面效应成因分析

（1）公民政治表达自由的保护制度不完备

《世界人权宣言》和《公民权利和政治权利公约》都对表达自由进行了规定。由于表达自由的内涵和外延比较复杂，所以对其难以精确界定，往往众说纷纭，但学者们都基本认同表达自由是言论、出版、新闻、著作、游行、示威等自由的合称。《中华人民共和国宪法》第 35 条规定：中华人民共和国公民有言论、出版、集会、结社、游行、示威的自由。这表明表达自由是中国公民的一项基本政治权利。政治表达是从政治参与的角度指公民表达自己的政治观点从而影响政府活动的行为过程。

政治表达是现代社会中最普遍的公众政治参与形式。因此对于公众政治表达自由的充分保护，对于表达公众意志，实现富有成效的政治参与具有重要意义。网络实名制的实施导致出现公众政治参与广度和深度降低的负面效应，其直接原因无疑是公众政治表达自由的保护制度不完备，甚至可以说有某些严重的缺陷，不能为公众政治表达自由提供充分的保护，潜在地压抑了公众意见的自由表达。由于惧怕自己发表相关言论受到惩罚，一部分民众由积极发言到"潜水"，只浏览页面，只看帖子而不发表意见，不再在互联网上表达政治意愿，选择保持沉默甚至对政治问题漠不关心，严重削弱了政治参与的有效性。

当前公众政治表达自由保护制度的配套制度还不完善。比如，知情权是指公民接受信息和寻求获取信息的自由和权利，是公民政治表达权实现的前提和基础，是政治表达权的基础性权利，但中国宪法和基本法律未对知情权予以明确规定，而且目前已经实行的旨在保护公民知情权的政府信息公开制度还存在诸多问题，并不能为公民知情权提供必要的保障。知情权保护制度的缺位必将影响公民政治表达自由保护制度的健全。

（2）政治参与文化建设不完善

网络实名制对公众政治参与的负面影响是多种因素综合作用的结果，造成这一现象的深层次的原因是中国的政治参与文化建设还不够完善，不能为公众政治参与提供坚实的观念支撑和科学的理论指导，导致政治参与各环节的制度机制设计存在诸多缺陷，不能保障充分而富有成效的政治参与的实现。

当前中国的政治参与文化存在以下几个方面的问题：其一，权力本位意识浓厚。少数政府官员高高在上当官做老爷，忘却自己是人民公仆和为人民服务的宗旨，只强调公民服从政府管理的义务，政府在国家和社会中占有绝对的主导地位；把权力看成为自己牟取私利的私有财产，行政越权、滥用权力、行政失职等现象一定范围内存在；只能听人奉承赞扬，不能被人批评，压制民主打击报复举报者。公民和公职人员地位的严重错位导致公民对权力的权威性崇拜和戒备惧怕的二元政治情感。在这种二元政治情感的支配下，民众的主体意识不强，缺乏独立自主精神，往往造成被动参与。其二，存在一定程度的封闭性和排他性。受封建小农经济的影响，中国传统文化在很大程度上带有封闭性与排他性的特征，由此派生的心理特征是求稳与平静。这种特征迄今还能在中国的政治参与文化体系中寻见明显痕迹。主要表现为：政治参与的重要性始终没有提高到应有的高度，公共权力体系缺乏与其他社会体系的积极主动的、经常性的互动；公共活动缺乏必要的透明度，公众无从掌握社会公共事务的信息，失去参与能力，不能很好地参与到立法听证与表达、政府决策和公共治理以及基层治理中来；政治参与的形式主义严重，公共权力机构即使在公众的迫使下产生互动也往往徒有其表而无其实。其三，重人治、轻法治的思想比较突出。人治是一种贤人政治，偏重德化者本身。"为政在人""有治人无治法"，依靠执政者个人的品质来治理国家，君王的指令就是国家的政策。虽然中国在历史上也提倡过法治，但法律只不过是作为君主专政统治的工具和手段而存在，法治精神极为缺乏，个人意志在政治生活中凌驾于一切之上。在中国的政治参与文化中，人治思想表现为政治参与的法制建设滞后，法律保障供给不足，无法可依或者有法不依、执法不严，把法律当作牟取私利的手段，权大于法，法听命于权，导致目前政治参与的开展在一定程度上靠的是公权力人员的"觉悟"而不是相关法律设定的程序，政治参与难以真正地落到实处。其四，一元化思维比较明显。"罢黜百家，独尊儒术"，几千年封建社会中儒家思想一直占据中国社会政治生活的正统地位。一切以儒家思想为准则，对其他不同的思想进行严厉压制。这种一元化的思维方式迄今影响着现时文化的发展，人们遵循它行动构成了中国政治参与发展的巨大障碍。在一元化思想的支配下，某些公权力人员否认私人利益要求的合法性，对与自己意见相左的利益主张和意愿缺乏包容，进行"封""杀""堵"，严重扼杀了公民以主体形式参与社会公共事务治理的积极性。

（3）政府个人信息保护体系不健全，个人信息的安全防护能力比较低

首先，个人信息保护立法不完备。从总体状况来看，中国的个人信息保护立法还存在不少问题，既不能应对目前个人信息侵害问题的挑战，也远远

不能满足信息时代社会发展的需要。其一，法律规定体系散乱，缺乏统一性。个人信息保护立法尚未形成完整的体系，相关法律规定比较零散，相互之间缺乏支持和映射，关系协调性比较差，甚至相互冲突的现象也时有发生。因此，急需一部统一的专门个人信息保护法来解决各部门法之间的冲突问题。其二，法律保护范围狭窄。目前的个人信息保护立法大多是对涉及个人隐私的个人信息的保护，而个人信息不仅包括涉及个人隐私的敏感个人信息，也包括不涉及个人隐私的琐细个人信息。因此，个人信息的保护仅仅着眼于保护个人隐私，在琐细个人信息遭受侵害时则陷入无法可依的窘境。其三，相关制度不健全。当前中国对个人隐私的保护采用的是间接保护的形式，即把侵害个人隐私的行为认定为侵害名誉权、肖像权等类似的侵权行为来加以追究，这是非常不周密的。而且现行法律对个人信息的保护主要表现为一种事后救济机制，远未达到为个人信息提供有效保护的程度。其次，政府个人信息安全管理体制不完善。中国个人信息保护最大的隐患在于管理。大多数侵害个人信息事件发生原因和安全隐患的存在在很大程度上是由于管理不善造成的。从行政管理层面来说，一是缺乏统一协调机制。目前中国信息安全管理存在条块分割、相互隔离、多重交叉的现象，缺乏统一协调机制，容易出现多个部门争夺管理权或推诿扯皮的现象，个人信息保护难以落到实处。二是信息安全的国家合作保障机制有待强化。信息安全问题不是一个国家、一个地区自身能够完全解决的，尤其是网络信息犯罪对传统管辖权理论和体制带来了巨大冲击。而中国的信息安全国家合作保障机制还不够健全，有待强化。就行业管理而言，中国当前已有的在个人信息保护方面的行业自律大多还处于行业自律的最低层次——企业自律阶段。当今行业自律已经成为许多国家保护个人信息的一种重要手段，而中国大多数网站各自为政各行其是，在保护个人信息方面作用不大。最后，个人信息安全技术薄弱。近年来中国的信息安全技术和产品发展迅速，但还处于起步阶段。整体来看，中国的信息安全技术体系尚不完备，许多单位和个人的计算机信息系统都存在重大的安全隐患，不能为个人信息保护提供必要的保障。其一，自主创新能力不足。当前中国在网络技术方面还处于一种被动受控的地位和比较滞后的阶段，技术的自主创新能力不足，尤其是关键装备与核心软件仍然受制于人，核心技术与知识产权拥有量少，技术创新体系亟待完善。其二，应用研究需求不明晰。目前中国的信息安全技术研发主要是跟踪国外的商业趋势，缺乏对国内信息安全应用需求的收集与回应，以致产品的应用针对性不强，不能满足国内对信息安全技术的需求。其三，信息安全技术产品结构不合理。中国信息安全技术产品高度集中在网络周边防护和密码设备方面，在身份识别、信息安全审计等方面成果较少，且产品质量不高，有效性有待提高。

（四）消除政治参与视域下网络实名制负面效应的对策与建议

1. 建立健全公民政治表达自由保护制度

面对公民政治表达自由保护制度存在的诸多问题，政府必须运用政治勇气和法律智慧加快完善公民政治表达自由保护制度体系，把有关公民表达自由保护的各个要素、环节都纳入制度的规范管理之中，公民表达自由保护的发展也就因之有了方向与保障，可持续稳步前进，从而为中国网络实名制的进一步推行提供基础与动力。

（1）革新表达自由的立法理念

"我不赞成你表达的意见，但我誓死捍卫你表达这一意见的权利。"网络实名制顺利推行的一个重要条件便是这个社会对公民表达自由的完整保护。实名实际上关涉的是一个社会容忍多样化和个人变化的可能性的程度。综观中国关涉表达自由的立法，如国务院及其部委和地方政府对新闻出版物的管理法规及《民法通则》《侵权责任法》《刑法》《治安管理处罚法》《国家保密法》《游行示威法》等单行法，多是从管理者的角度限制表达自由。从整体的立法理念上看不到政府在保护与限制表达自由这两种价值之间予以平衡的努力，而是侧重国家秘密的保护和服务于国家安全的大局，对表达自由保护的价值强调得相当不够。这种限制重于保护的立法理念形成了一种对表达自由保护非常不利的局面。制度欲动观念先行，建立健全公民政治表达自由保护制度体系，形成一套具有一贯精神的表达自由保护制度，前提便是革新表达自由的立法理念，把"限制是手段，保护是目的"这一理念内化为行政人员的责任担当，积极借鉴和吸收西方民主发达国家在平衡政府表达自由保护和限制这两种价值间的成功经验，从国家、集体和个人等多元角度论证表达自由保护立法的必要性；同时为政府限制表达自由制定明确的法律依据和严格的程序，在社会公共利益和他人合法权益不得侵犯的前提下确保政府限制表达自由的权力不被滥用，实现法治之下的合理限制，以免使表达自由保护制度异化为政府的政治控制和强力统治机制。

（2）建立公民政治表达自由的特殊保护制度

中国刑法第二百四十六条规定，以暴力或者其他方法公然侮辱他人或者捏造事实诽谤他人告诉的才处理，但是严重危害社会秩序和国家利益的除外。这一"但书条款"未明确规定何种情形属于"严重危害社会秩序和国家利益"，这一宽泛的原则性规定在事实上给政府自由裁量留有极大余地。一些地方政府官员"捂盖子"观念根深蒂固，肆意动用公安机关对网络发帖举报者进行抓捕或跨省抓捕，再由地方检察机关提起公诉，试图围追堵截一些负面信息，以维护自身形象与权威。其结果往往是适得其反，不仅严重损害了公民的合法权益，也损害了政府权威，造成民众对政府的低认同和不信任，破坏了多元社会政治稳定的基础。王帅案、吴保全案、谢朝平案、王鹏案等地方政府对身处另一省份的网络发帖举报者的抓捕行动，反映中国建立健全公民政治表达自由特殊保护制度的重要性和紧迫性。根据张新宝教授的法律平衡观理论，我们可以得出这样的结论，对于表达自由权、名誉权、隐私权等同样是为民事主体不可或缺的权利的保护，法律难以界定孰轻孰重，只能希冀在观念上达到有限的利益平衡，在千差万别的具体事件中可视特定条件而重点保护某一权利。而行政人员是掌握着公共权力的一种特殊的职业群体，地位特殊，为把社会监督纳入行政监督体制当中，发挥二者的合力，及时揭露徇私舞弊、权力寻租、贪污腐败行为，保证人民赋予的权力始终用来为人民谋利益，必须明确行政人员职业群体的客观实在性，对其名誉权、隐私权等权利更应该给予特殊的适当的限制。面对一系列公权私用损害公民政治表达自由价值案件导致的对公共行政"虚监""弱监"现象，中国政府必须立足国情借鉴西方判例法中的"实际恶意"原则、公共人物概念，在实务操作层面的一些有益探索的基础上寻求中国公民政治表达自由特殊保护的制度化之道，用规范化的特殊保护制度准确界定诽谤罪与非罪的界限以及诽谤罪公诉与自诉的界限，不能把对个别政府官员的批评或质疑视为对官员的诽谤，更不能肆意妄为动用国家专政机构抓捕、起诉举报者。同时要制定可操作的救济保障机制，严格把握行政人员对其行动的实际后果所负的责任。"欲使责任有效，责任还必须是个人的。"① 集体负责等于个人谁都不负责，必须通过完善的救济保障机制保证责任落实到相关责任人身上。

（3）完善公民政治表达自由保护制度的配套制度

知情才能参政，悉情才能质疑。只有知晓与政府活动有关的信息，公民才能对国家政治活动表达意见，全面参与到国家事务的管理中。给予政治表达自由权而不赋予知情权无疑又等于收回了政治表达自由权。因此公民知情

---

① 〔英〕哈耶克：《自由秩序原理》，邓正来译，三联书店，1997，第99页。

权的保护制度作为公民政治表达自由保护制度的基础配套制度，其完备与否直接关系到公民政治表达自由制度功能的切实发挥。中国中央政府部门和一些地方政府制定了政府信息公开的专门法规，同时《立法法》《行政许可法》《行政处罚法》《行政法规制定程序条例》《规章制定程序条例》等大量法律法规也对政府信息公开做出了具体规定，这在一定程度上体现了对公民知情权的维护。但宪法作为中国的根本大法未明确规定公民享有知情权，这是值得探讨和商榷的。公民知情权在宪法中的缺失，一方面不能为维护公民知情权的普通法律制度的制定提供正当性依据，另一方面则导致一些已经实施的政府信息公开制度由于缺乏精神指导存在着一些不合理之处，不能为公民知情权的实现提供最低限度的保障。

因此，完善公民知情权保护制度，一是要提高立法位阶，在宪法和基本法律层面对公民知情权予以明确规定，为公民知情权的普通法的制定提供正当性依据和精神指导，避免立法的偶然性和随意性；二是进一步完善政府信息公开制度。中国的政府信息公开制度建设还处于探索阶段，存在着形式主义严重、公开内容避重就轻、隐瞒和拖延公布信息、只公开结果而不公开过程、偏重保密等问题。针对这些问题，必须借鉴西方民主发达国家在政务公开制度建设方面的成功经验，形成具有中国特色的政府信息公开制度，并充分贯彻到政府的运作中，实现公民及时客观充分的知情，保障公民政治表达自由权的充分实现。

2. 进一步完善政府个人信息保护体系，坚持积极防御、综合防范的方针，全面提高个人信息保护能力

（1）加快个人信息保护的法制化建设

具备完整性、适用性和针对性的个人信息保护法律是有效保障个人信息的重要措施。中国应加快个人信息保护的法制化建设，调整信息主体和信息管理者围绕个人信息收集、处理、利用等活动而发生的一系列社会关系，保护信息主体的合法权益。第一，在民法通则、刑法、诉讼法、行政处罚法等相关法律法规中增加并完善有关个人信息权的条款，准确界定个人信息权的含义。尤其是应该在《民法通则》中把个人信息权作为公民的一项独立的人格权来加以保护，建立起以民法为主其他法律为辅的公民个人信息权保护体系。同时根据国家机关工作人员群体的客观实在性，对其隐私权、名誉权等权利予以适当的规定、限制以保障公众对公共权力的制约，有效防止官员权力滥用或腐败。第二，适时制定个人信息保护法，明确各类主体在数据收

集、使用限制、安全保护方面的权利、义务和责任以及监督救济机制；特别要明确规定在何种情况下相关国家权力机关可以获取公民的个人信息以及国家权力机关违反法律规定擅自查询公民个人信息而导致对当事人造成权利侵害时应当承担的责任。

（2）优化政府个人信息安全管理

"三分技术七分管理"，只有科学合理、严格高效的管理再加上必要的技术手段，才能使信息安全获得更可靠的保证。因此高效的信息安全管理是保护个人信息的重要保障和关键环节。首先，要完善信息安全行政管理体制，应整合国家信息安全管理体制，设立一个具有最高权威的统一的管理机构。针对中国信息安全管理条块分割、各行其是的现状，应明确由信息安全管理的主管部门在其领导下建立高效能、职责分工明确的行政管理和业务组织监管体系，整体规划和综合协调信息安全工作，保证信息安全法律法规的贯彻执行和政令统一。同时，要建立和加强信息安全的国际合作保障机制。应积极参与信息安全国际标准、国际条约等被世界各国普遍接受的规则的制定，积极参加双边、多边合作，加强信息安全技术发展、信息犯罪查处、信息安全应急处置等方面的交流协作与配合，特别是在惩戒和防范信息犯罪方面应与其他国家建立国际协调机构，以避免管辖权的冲突，提高刑事机关对信息犯罪的预防和侦破能力。其次，要充分发挥行业自律保护个人信息的作用。由于网络技术的发展日新月异，信息活动的范围不断扩大，个人信息安全新情况、新问题层出不穷，法律作为强制性的行为规范为保证其权威性不能朝令夕改。因此行业自律作为法律制度的有益补充在保护个人信息方面的必要性和重要性就凸显出来，它不仅具有更多的及时性和灵活性以应对快速变化的网络环境，还能减轻政府的压力与负担。因此进一步完善政府信息安全管理必须加强政府对行业自律保护个人信息的培育。政府应整合全社会的资源通过政策供给、资金扶持等手段为个人信息保护行业组织的发展创造条件，为其持续健康发展保驾护航。政府还应加强对行业自律保护个人信息的监管。因为通过行业自律保护个人信息的实质是在市场机制的主导下对个人利益和行业利益进行选择与平衡，市场失灵的客观存在要求政府必须对行业保护个人信息进行合理有效的监管。

（3）加强个人信息安全技术的研发

信息安全技术是个人信息保护的最基本的保障。当前中国个人信息安全技术还比较薄弱，存在着诸多漏洞，无法提供个人信息全方位的保护。而且在信息系统安全上没有一种"一劳永逸、万无一失"的技术，信息安全问题的复杂度与数量极速扩增，即使采用了强大的安全防护技术，也难以抵挡不断发展的网络技术的破坏性攻击。只有秉持一以贯之的问题意识与忧患意识，不断发现问题，以技术创新克服现有技术的漏洞和缺陷，才有可能真正给信息筑起一道安全的屏障。具体来说，中国应加大信息安全技术自主研发的力度，发展独立自主的信息安全产业，形成一套完整的信息安全技术的研究开发、生产制造、安全审计、运行评估、投入应用体系，形成信息安全技术建设的良性循环，为公民个人信息安全提供最大程度的保障。第一，建立政府信息安全经费保障体系，加大经费投入力度。信息安全设备设施的研发需要大量的人、财、物的投入而且投资建设周期和回收收益时间比较长，短期内收效甚微。出于成本收益的考虑，企业信息安全技术的研发动力不足。这就需要政府设立信息安全技术研发保障基金，为以企业为主体的信息安全技术自主创新提供强大的经济基础和动力。统一规划的经费体系可以集中力量突破技术难关，有效避免重复投资优化信息安全产品结构。第二，政府信息安全主管部门应保障政策供给，引导、规范、扶持信息安全产业的发展。针对中国信息安全技术产品针对性与有效性不足，信息安全技术应用水平落后于实际需求的情况，政府应通过颁布相关政策宏观调控信息安全产业的发展，尤其是要加强对互联网领域最新涌现的前沿性安全问题和现象的研究，组织科研攻关提高信息安全技术产品的针对性与有效性。

网络实名制作为一种政府互联网管理制度是政府对利益进行选择与平衡的产物，政府作为社会总体利益的代表对网络社会进行调控以为社会的长治久安提供一个组织性和秩序性的框架，同时力求兼顾维系网络用户通过自己的努力推动政治进步的主动性和积极性，以构建起公民参与解决共同体事务的运转良好、实现更大规模的民主治理的体制。网络实名制的执行涉及政府、企业、网民等各方的利益，由于每个利益集团价值取向的差异，网络实名制执行的过程也是特定力量对比与博弈的过程，是最终达到各方都有基本满意度的过程。目前在中国公民政治表达自由保护制度不完备、政治参与文化建设不完善和政府个人信息保护体系不健全的背景下，网络实名制实施产生的降低政治参与的广度与深度和加大侵害个人信息的风险这两大负面效应，不仅严重损害了公民个人的基本利益，而且使政府的民主治理也面临巨大挑战。只有认真对待并逐步解决这些问题，网络实名制才能够有效遏制滥用表达自由的行为，同时也为公众的政治参与行为提供现实的确定的空间，促进表达自由从而使互联网实现自由而规范、有序而健康的发展，进而保证国家政治稳定、经济有序和社会和谐。

二　微博问政

（一）微博问政的概念界定

百度百科对微博的定义为：微博客（MicroBlog）的简称，是一个基于用户关系的信息分享、传播以及获取平台，用户可以通过 Web、Wap 以及各种客户端组建个人社区，以不超过 140 字的文字更新信息并实现即时分享。国内学界关于微博问政的研究尚处起步阶段，对其定义也尚未有统一的描述和界定。从已知研究成果来看，武汉大学的秦前红、李少文将微博问政定义为"公众利用微博参与到公共事务，针对公共问题，向政府和官员表达意见，试图以公众的意愿去影响行政立法、决策和政府治理，并发挥监督作用"[①]。黎福羽则认为，"'微博问政'是网络问政的一种表现形式，即不按传统的亲临现场方式，而是通过网络工具微博，运用网络技术进行参政、处理政务等活动"[②]。金宁瑞认为，微博问政"是指各级党委、政府以及领导干部通过微博与网民交流，收集民意、汇集民智，进而对民意作出回应的过程"[③]。南开大学周恩来政府管理学院的沈亚平、董向芸则将微博问政定义为"通过微博的形式进行公民参与"[④]。以上对微博问政的诸多定义虽然角度各异，但都集中在利用微博平台实现官民之间的良性互动。实际上定义"微博问政"首要的问题即是理清"谁来问政""向谁问政""问什么"和"通过什么途径问政"。从这一点出发再结合已有研究成果，笔者试将微博问政定义如下：公民利用微博介入公共事务，就涉及自身或群体利益的事件向政府表达意见，以期获得政府回应和处理，进而达到影响政府立法、决策和治理的目的。从长远来讲只有针对公共问题彰显公共精神和公民意识，微博问政才能在推动社会管理体制创新，优化政府治理乃至改善中国政治生态中发挥积极作用。然而现实中公民的微博问政更多是个体或群体的维权行

---

① 秦前红、李少文：《微博问政的规范化保护需求——基于社会管理体制创新的视角》，《东方法学》2011 年第 4 期。

② 黎福羽：《"微博问政"的发展对策》，《领导科学》2010 年第 23 期。

③ 金宁瑞：《从微博问政看社会管理中的公众参与问题》，《唯实》2012 年第 6 期。

④ 沈亚平、董向芸：《微博问政对于政府管理的价值与功能分析》，《南开学报》（哲学社会科学版）2012 年第 3 期。

为，缺乏公共情怀和介入公共事务的热情和理性。

（二）微博问政的类型及现实意义

1. 微博问政的类型

笔者选取了 2011 年 3 月至 2013 年 1 月微博问政的典型事例进行归纳、整理、分析，最终依据不同特征将其分为以下几类。

第一类：体制认可型。其表现形式多为官方主动创设条件开通微博与公民积极互动，或发布信息，或回应关切，或汇集民意，或接受监督。其意义在于力促官民互动、提高政府立法、决策和执行的科学化、民主化和人性化。此种类型的微博问政发起者多为党政机关和开明的官员。其特点如表 3-1 所示。

表 3-1　体制认可型微博问政的特点

主导者	推动者	实现模式	实际效果	典型案例
政府	主流媒体	利用微博平台使公民参与决策过程和政府治理，实现民主监督	官民互动效果显著、正能量彰显、质疑少、成本小	2012 年 3 月"两会"微博问政 2012 年 7 月"北京微博发布厅"应对暴雨灾害

第二类：监督问责型。即公民依法利用微博问政，介入公共事务，行使表达权和监督权，监督政府治理和官员履职，推动问责机制发展。此类微博问政的发起者多为普通公民且诱因多为偶然。其运行模式多为公民就某一公共事件或官员腐败问题发表意见。微博问政促使政府启动行政问责机制从而实现问责和监督。公民的微博问政牵涉出一大批官员腐败案件，这也彰显出微博问政在反腐上的巨大力量。然而如何实现偶然性的、运动式的"微博反腐"和常态化的制度设计紧密结合形成合力，仍是此类微博问政走向成熟的关键所在。其特点如表 3-2 所示。

表 3-2　监督问责型微博问政的特点

发起者	诱因	实现模式	实际效果	典型案例
公民	出现重大公共事件或公权滥用、官员腐败	公民通过微博问政，政府启动行政问责机制	强化监督、控制公权、彰显民权	2012 年"表哥"事件、"房叔"事件

第三类：政策争议型。即政府公共政策的制定、执行缺乏人性考量或政策本身不科学、不民主甚至违法引发微博广泛讨论。此类型的微博问政多由

公民发起，包括行业精英、意见领袖甚至普通公民。行业精英和意见领袖在其中往往扮演"引领者"和"主导者"的角色。其运行模式多为各个群体和阶层以微博空间为"舆论场"，就政府政策、决策和执行发表各自观点。此类微博问政能够形成一定的网络民意，但因缺乏法律和制度的有效支撑以致对决策、政策影响有限。其特点如表3-3所示。

表3-3　政策争议型微博问政的特点

发起者	诱因	实现模式	实际效果	典型案例
公民（意见领袖发挥主导作用）	政府决策制定、执行存在极大缺陷，不民主、不科学或违法	公民通过微博问政形成集体共鸣和广泛讨论，对政策进行批评反思	受制于缺乏法律和制度支撑，对政策产生有限影响	2012年"吴英案"微博热议 2012年12月泄露"房叔"房产信息者被撤职引发微博热议

第四类：网络群体事件型。即公民利用微博"吐槽"公共事件，形成强大的舆论压力，倒逼政府回应关切问题或做出相应的变革。此类型的"微博问政"发起者为公民，其运行模式多为公权力滥用侵犯公民权利或者出现了明显的社会不公引发公民微博问政，形成对公权力的巨大压力。需要特别指出的是，此类型微博问政的结果往往是以违法渎职的公权力机关的内部自我纠错而告终，鲜有通过司法程序实现个案正义。其特点如表3-4所示。

表3-4　网络群体事件型微博问政的特点

发起者	推动者	诱因	实现模式	实际效果	典型案例
公民	意见领袖	公权滥用侵犯民权，出现明显社会不公	微博广泛传播、讨论事件持续发酵，形成对公权的巨大压力	成本巨大且多通过违法者自身纠错平息，鲜有制度反思	2013年1月9日黑龙江肇东暴力拆迁致死事件

第五类：声援型。即公民以微博为平台声援弱者形成微博热议，引发政府的关切。值得注意的是，此类型的微博问政诱因并非一定与政府有关，然而面对弱者不幸公权力可能处于集体失语的状态。其发起者为公民，包括意见领袖和普通公民，运行模式为弱者的不幸遭遇在微博上得到广泛传播和讨论，进而形成强大的舆论压力，政府因压力而做出回应，推动实现个案正义进而有可能推动相关制度的变革。其特点如表3-5所示。

表 3-5   声援型微博问政的特点

发起者	推动者	诱因	实现模式	实际效果	典型案例
公民	意见领袖	出现个体悲剧,公权力集体失语	弱者悲剧,公权失语引发微博讨论和集体共鸣,形成压力,政府回应关切	维护个体正义,传播社会正能量,引发制度反思,进而推动制度变革和政府治理	2012 年 2 月"俞正声微博回复秦岭"事件,2012年"夏俊峰之妻微博鸣冤"事件

第六类:动员型。通常指利用微博平台动员民众参与公共事务,协同政府治理,也即利用微博之虚拟撬动现实之治理,使民意从微博走向现实。此类微博问政发起者较为广泛,可以是政府和官员,也可以是意见领袖、行业精英和普通公民。汇聚民意民情、传播社会正能量是此类微博问政的出发点。因此它更能获得广泛的一致性和协作性,实际效果更佳。其特点如表 3-6所示。

表 3-6   动员型微博问政的特点

发起者	推动者	实现模式	实际效果	典型案例
公民或政府	政府、意见领袖或主流媒体	公民或政府利用微博传递信息,传播正能量,意见领袖和主流媒体加入,实现微博动员,进而转化为现实行动	汇集民意民智,形成强大的社会正能量,社会成本小,收效大	2011 年至今"微博打拐"

2. 微博问政的现实意义

当下中国正经历着深刻的变革:国家经济飞速增长,社会结构剧烈变动,利益格局深刻调整,思想观念剧烈变化。市场经济的发展带来了相对独立、多元的利益主体,从而产生了独立、多元的利益诉求。然而在现行体制下,政治民主化程度还满足不了民众日益增长的参与需求,同时在实践过程中囿于诸如收入水平、文化素养、民主训练等限制性条件也无法达致有效和成熟。桑斯坦(又译孙斯坦)认为,在经济不平等的情况下或许技术的进步可以使政治平等这个目标变得更加现实。[①] "自媒体"时代的微博问政以一种四两拨千斤的气势重置了公权与民权、精英与大众之间的话语权,让政

---

① 〔美〕凯斯·R. 孙斯坦:《自由市场与社会正义》,金朝武等译,中国政法大学出版社,2002,第250页。

府权力和社会力量互动更为频繁，更在某种程度上改善了中国的政治生态。

（1）微博问政丰富了民主形式，改善了中国的政治生态

美国政治学家阿尔蒙德有言：在一个贫富差距巨大的社会里，正规的利益表达渠道很可能由富人掌握，而穷人要么是保持沉默，要么是采取暴力的或激进的手段来使人们听到他们的呼声。[①] 中国改革开放 30 多年带来了丰硕的经济成果，但也存在利益分配不公、阶层对立等诸多问题。当前的公民参与形式如选举、信访、基层自治、社团参与等已不能满足新的国情、民情的需要，尤其是弱势群体、边缘群体和失落群体在国家发展的汹涌大潮中处于集体失语的状态。在此情形下，微博问政的勃兴在某种程度上消弭了因经济收入、文化水平、阶层群体和民主训练差异带来的参与鸿沟，丰富了民主的途径和形式。通过微博问政实现官民良性互动，最终达致推动体制外民意表达机制与体制内民意表达机制达到高度融合，推动与百姓利益密切相关的社会问题转为公共议题，促使政府的公共政策与民众的价值取向走向趋同。[②] 以 2012 年的"青岛去草植树事件"为例。该事件是民众（包括普通公民、意见领袖）将微博问政和实地调研结合彰显公共精神和公民意识理性问政的典型范例。其过程如图 3-1 所示。

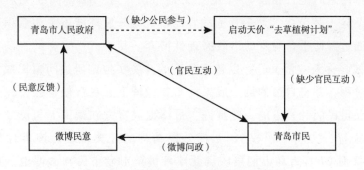

图 3-1 "青岛去草植树事件"过程图

在人民网舆情监测室发布的《2012 年上半年新浪政务微博报告》中经抽样调查分辨出网友在"青岛去草植树事件"中的微博意见倾向性。如图 3-2所示。

---

① 〔美〕阿尔蒙德等：《比较政治学：体系、过程和政策》，曹沛霖等译，上海译文出版社，1987，第 230 页。

② 郭昭如：《微博"网络问政"新路径的热与冷》，《上海信息化》2010 年第 6 期。

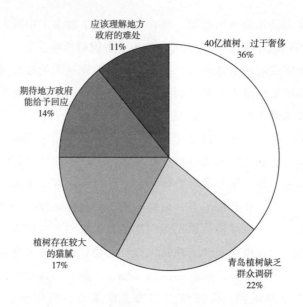

图 3 - 2 "青岛去草植树事件"中的微博意见

说明：样本为 500 条。

值得注意的是，在表 3 - 7 的"青岛市民"经"微博问政"形成"微博民意"这一环节中，众多普通的青岛市民充分发挥城市主体意识和公民意识，通过微博平台与青岛市政府理性博弈。其中广受赞誉的青岛市民潘琦（微博昵称为"潘 uu"）以普通公民的身份实地调研追问植树成本，了解决策过程，并将自己的调查成果发布在微博上。在行使自己公民权利的同时也获得民间和官方的一致赞许，最终促成官方在微博上与民互动成就了公民践行、实现"四权"，弘扬公民精神的经典范例。该事件发端于2012 年 2 月 27 日青岛市汇泉广场北草坪被铲引发市民在微博上的广泛关注。青岛市民认为如此浩大的涉民工程缺少市民参与和市民听证，更有人直言此举为面子工程。面对质疑，青岛市政府官方微博"青岛发布"于2012 年 4 月 19 日晚发布消息称：市政府将于当晚举行在线"微博问政"，青岛副市长与网友在线交流，并做出郑重承诺：虚心接受市民意见，做好前期公示，广泛听取市民、专家意见。自此一场"去草植树"引发的风暴暂时告一段落。

（2）微博问政有利于实现公民的知情权、参与权、表达权和监督权

党的十八大报告深刻指出："推进权力运行公开化、规范化……加强党

内监督、民主监督、法律监督、舆论监督，让人民监督权力，让权力在阳光下运行。"然而，现实却是代议制的局限让多数公民只能通过选举代表的方式参与公共事务而不能就涉及自身利益的公共问题直接参与讨论、表达意见。微博问政的勃兴为实现"党委领导、政府负责、社会协同、公众参与"的社会管理创新注入了新的活力。微博去中心化、即时互动性、裂变传播和跨媒介的特性改变了中国历史上信息只能"自上而下"传播、民众只能被动接受的传统模式，赋予"自媒体"时代公民参与的新路径。在人人都是麦克风的"自媒体"时代，不管你是行业精英、意见领袖还是贩夫走卒、引车卖浆者都可在微博所形成的"公共领域"就社会问题或涉及自身利益的事件发表意见，形成"微博民意"。同时微博的特性使其具备了"放大镜"和"显微镜"的诸多功能。公权运行、民权保障、政府治理、官员履职，一切与公民利益、福祉相连的环节都被曝晒在公民、社会的直视和监督之下，从而实现政府立法、决策和执行的民主化、科学化、人性化。正如国家行政学院汪玉凯教授所言，"中国体制有很多优势，但是我们体制最大的遗憾、最大的问题是到现在还没有找到权力被有效制约的四两拨千斤的制度设计。我认为，在这个方面网络参与、微博参与可能提供了一个前所未有的最大手段"[1]。

微博问政在保障民权、监督公权、问责官员、实现正义等方面发挥了巨大功效。从更深层的意义上讲，微博问政更彰显出民主政治"制约公权、维护民权"的本质。然而微博问政所带来的反腐热潮更像是一场偶然的、运动式的"全民狂欢"。如何回归理性，将微博问政与制度反腐、顶层设计相结合，将是其走向成熟和深入的必由之路。

（3）微博问政有利于革新工作作风，重塑政府公信力

传统中国是一个威权社会，公权力高高在上俯视民权，充满了神秘感。在一些基层和部门，政务信息不公开是常态，公开则是罕见的例外。作为权力的法定拥有者，公民却只能被动接受公权力的支配、决定和裁决，官民之间缺乏有效互动和信任，疏离感十足，最终导致政府陷入"塔西佗陷阱"[2]，而普通公民尤其是弱势群体则成了默不作声的"沉默的大多数"。在中国社

---

① 转引自屠少萌《微博问政——"微"而"博"的民意》，《人民法院报》2012 年 3 月 6 日。

② "塔西佗陷阱"一说源于古罗马的历史学家塔西佗，意指当公权力失去信誉时，无论其说真话还是假话，做好事还是坏事，都会被认为是说假话、做坏事。这一定律在近年不断发生效力，在群体性事件中得到充分验证。

会的急剧转型和信息化实现的不期而遇中，各阶层、群体的利益诉求日益多元、复杂。与此同时制度化的诉求渠道不畅更加剧了阶层和群体之间的对立，整个中国社会陷入一种信任极度缺失的"亚健康"状态，"仇官、仇富、仇警"现象突出，而微博更成了各种戾气集中宣泄的平台。极端情绪是达致社会共识的天敌，在中国社会的急剧转型时期尤其容易产生和发展。在此社会发展的关键时期，以政府为代表的公权力如果能以开明的执政智慧主动以微博为平台和途径，放下身段、拉低姿态、积极与民沟通，如能拉近距离，为民办事，受民监督，言必行行必，必定能赢得民众和社会的理解和支持，重塑自身形象。

2010年1月25日安徽省省长王三运在省政府工作报告中明确提出政府支持和鼓励网络问政。2012年1月18日国家互联网信息办公室主任王晨深刻指出："微博客是信息交流、提供服务的重要平台，对于党政机关开设政务微博积极支持。"[1] 党的众多高层领导人明确表态支持微博问政，无疑给微博问政的发展注入了"强心剂"。人民网舆情监测室发布的《2012年新浪政务微博报告》显示，截止到2012年10月底，新浪政务微博数为60064个，相比2011年同期净增政务微博41932个，增长率达到231%。且新浪政务平台所发微博总数为31894816条，平均一个政务微博所发微博数量大约为531条。[2] 图3-3[3]为2012年上半年政务微博总数增长趋势图。

在由清妍咨询、新京报网联合组织的一项关于"官员微博热能带来什么影响"的调查中笔者分析总结得出结论。如图3-4所示。

（4）微博问政对改善政府治理、应对危机事件意义重大

中国社会的传统治理是一种"自上而下"的单项治理，囿于缺乏民主传统、参与训练以及因经济地位、文化水平、信息失衡所形成的壁垒，中国的公众参与长久以来一直是一种"被动接受型"的参与模式而非"博弈或改变型"的参与模式。当下中国社会急剧转型，阶层日趋分化，诉求日益多元，各阶层、各群体相互角力、博弈，公共危机、群体性事件不时发生。而面对新的国情、民意，少数官员仍采取传统的"以堵为主"的静态的维

---

① 人民网舆情监测室：《2012年新浪政务微博报告》。
② 人民网舆情监测室：《2012年新浪政务微博报告》。
③ 人民网舆情监测室：《2012上半年新浪政务微博报告》。

图 3-3　政务微博总数增长趋势

说明：微博总数统计截至当月月末，6 月份截至 6 月 10 日。

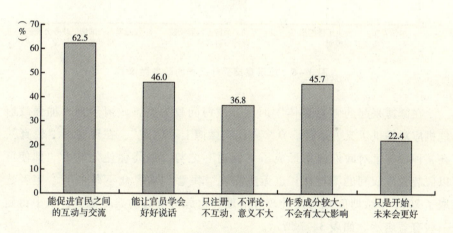

图 3-4　官员微博热能带来什么影响

稳思维，使中国社会呈现出一种焦虑和愤懑状态。最终整个社会陷入俞可平所说的"城管困境"①。焦虑和愤懑的情绪可能存在于任何社会的任何发展阶段，但中国社会的急剧转型的复杂程度是超乎寻常的，由此带来的社会问题和社会愤懑情绪也远超其他社会、其他时期。在某种程度上，当下众多的社会问题和公民的普遍愤懑是由官民之间信息极度不对称所造成的，即政府把公民正当的利益诉求视为"不稳定、不和谐因素"，一味地采取"封、

---

① 俞可平将利益相关方都成为输家的政策困境称为"城管困境"。以城管为例，面对高发的城管与商贩的冲突，城管觉得自己委屈，而商贩也觉得自己应该被同情。

堵、瞒"的思维方式和方法应对，忽视公民获取信息和真相的天然需求。清华大学公共关系与传播战略研究所"政务微博观察"在网上组织了一项题为"您乐意接受什么样的政务微博"的微博调查，笔者就此做了分析总结并得出结论。如图 3－5① 所示。

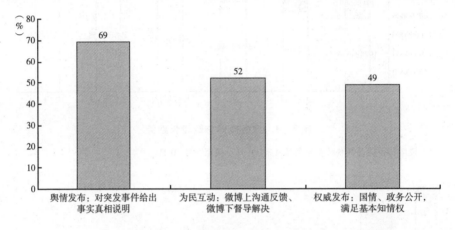

图 3－5　您乐意接受什么样的政务微博

在微博兴起的"自媒体"时代，微博问政为改善政府治理、加强政府危机应对提供了又一途径。众多网民在微博上"围观"，在现实中"较真"，在某种程度上对政府改革形成了"倒逼"之势，最终促使公权力"即使可以假装公民权利的不存在，也无法假装'民意'或民众不存在"②。笔者选取了 2012 年微博问政对改善政府治理优化危机应对的典型范例，从中得到一些有益启示。如表 3－7 所示。

表 3－7　微博问政改善治理的典型范例（2012）

时间	事件	发展脉络	政府应对	效果	评价	效能值
4 月	"青岛去草植树事件"	政府启动天价植树计划，因缺乏市民参与引发微博质疑	4 月 19 日青岛副市长与网友微博在线交流	未缓解舆情烈度且引发政府公信力下降的"次生灾害"	青岛市民表现出可喜的公民意识，政府回应迟缓，应对呆板	负值

---

① 厉晓杭：《微博问政：探索新时代的"群众路线"》，《宁波日报》2011 年 12 月 10 日。
② 石勇：《微博政治：时尚的幻觉》，《南风窗》2012 年第 5 期。

续表

时间	事件	发展脉络	政府应对	效果	评价	效能值
5 月	深圳"5.26飙车案"	发生交通事故，警方公布肇事者身份，死者家属质疑"顶包"，引微博热议	5 月 28 日公布证据 5 月 29 日再公布证据 5 月 30 日公布DNA	及时挽回公信力，重塑政府形象，事件得到初步平息	政府将传统新闻发布与微博发布结合，创出官民互动典型	正值
6 月	武汉"黄雾事件"	6 月武汉出现大面积雾霾天气，引微博热议，相关部门第一时间微博辟谣	6 月武钢官微释疑，安监局微博辟谣，警方拘造谣者 6 月湖北环保厅召开发布会释疑	回应质疑平息危机赢得尊重重塑民众信任	各职能部门通力合作，善用微博，态度温和，应对成果显著，经验值得推广	正值
7 月	"7.21 北京特大暴雨事件"	7 月 21 日北京遭暴雨灾害，微博发布厅持续发布，积极形成合力	相关部门通力合作，通宵达旦通过微博发布信息，接受市民求助	积极应对罕见灾害，取得良好口碑	亮点在官方"政务微博发布厅"与市民微博互动	正值

（三）微博问政存在的主要问题及成因分析

1. 微博问政存在的主要问题

（1）政府应对微博问政的低效化

在"人人都是麦克风"的"自媒体"时代，微博问政以四两拨千斤之势蓬勃发展。公民利用微博监督政府吐槽官员，将公权力置于全民围观的显微镜下。所以有人戏言：微博时代官不聊生。从"表哥"杨达才的奢华名表到郑州"房妹"的海量房产，微博将部分政府机关和官员贪婪渎职的隐秘行径曝晒在公民监督的阳光下。在"自媒体"时代，一条微博信息也许稍纵即逝，但是只要它与公民关注的某个元素、某个兴奋点或某种情绪（尤其是涉及政府、官员和公权力）相契合，就足以在瞬间将话题传递给无数的关注者。面对微博问政带来的汹涌吐槽，部分政府和官员表现出极度的畏惧心理，害怕被普通公民"拍砖""吐糟"，对微博问政的迅猛发展畏之如虎，排斥拒绝；更有甚者，对公民在微博上的负面评价一味地封、堵、瞒、蒙，"勤奋删帖"，关闭评论。政府和官员对微博问政的恐惧更催生出新的"官场护身符"：开会发言不抽名烟，列席会议不戴名表，基层视察不打雨伞，灾难发生不露笑容，突发事件不当发言人。更有讽刺意味的是，近期因微博问政而被曝光查处的众多"房叔""房婶""房妹"使多地出现官员急售房产的怪相，这也从一个侧面反映出官员对微博问政的恐惧心理。重庆市2012年搞了一项针对1000多名领导干部的关于"与市民微博交流有哪些顾虑"的调查，笔者就此做出了分析总结并得出结论，如图3-6①所示。

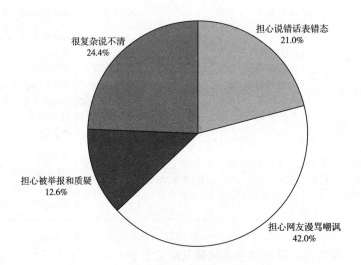

图3-6　与市民微博交流有哪些顾虑

由图3-6可以明显看出，政府和官员在应对公民的微博问政时表现出一种恐惧心理。这一点不难理解：在微博这一最新社交手段蓬勃发展之时，政府一开始显然未能先知先觉意识到其与公民参与需求的美妙结合。这无疑是致命的：它会引发连锁反应，诸如缺少法律规制、运行机制、考核机制和监督机制等一系列问题。当下微博问政众声鼎沸，更多是在体制内参与，渠道不畅，是公民的一种"倒逼式"的逆袭。政府在应对微博问政时后知后觉反应迟钝，更是当下中国官民缺乏有效互动、疏离感十足的生动缩影。

（2）微博问政的无序化

首先，微博问政个体维权居多，还欠缺公共精神。改革开放的30多年，不仅是中国经济持续繁荣、国际地位不断提高的30多年，更是公民权利觉醒和个体意识增强的30多年。中国公民不再将自己的角色定位在模糊泛化的界定中，而是开始"为权利实现而斗争"。在互联网时代尤其是微博勃兴

---

① http://www.bjd.com.cn/10jsxw/201110/03/t20111003_1132324.html.

的"自媒体"时代，公民个体、阶层群体都可以在微博上发声，表达诉求，释放情绪甚至发泄不满。在社会不公和传统渠道不畅的境况下，微博问政成为普通公民（尤其是"弱势群体"）申诉维权的利器。然而像"青岛去草植树事件"中的青岛市民潘琦那样以公民之神圣身份就公共事件实地调查，表达公共意见，彰显公共情怀并广受好评的微博问政终属少数。更多情况是，"在言论生态多元的互联网上热议时政、具有公共情怀、遇事要争个水落石出的网友并非是主流群体，关注个人情绪表达、将微博视为社交工具的网民始终是微博用户的大多数，娱乐始终是微博用户寻求的重要目的之一"[1]。《环球时报》环球舆情调查中心于 2011 年 3 月 25 日至 4 月 5 日做了关于"您对微博上哪一类内容最感兴趣"这一话题的随机调查，笔者对此做了分析总结并得出结论。如图 3 - 7[2] 所示。

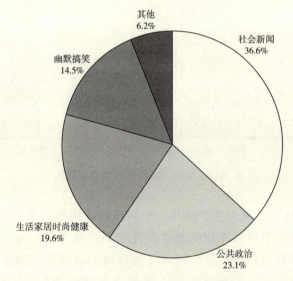

图 3 - 7 您对微博上哪一类内容最感兴趣

当然，在微博上，有人以偏概全、一叶障目，还不了解整个事件的来龙去脉就急于表态妄下结论；也有人以己之心度人，口不择言，博人眼球，看

---

① http://news.xinhuanet.com/politics/2012 - 02/27/c_ 122758577.htm.
② 该调查采取微博在线调查和电话调查两种方式。其中电话调查在北京、上海、广州等 7 个城市 15 岁以上公民中展开；网络调查则采取自愿方式，通过环球网和新浪微博展开，受访者遍布中国 33 个主要省份和直辖市（含港澳台地区）以及海外地区，具有广泛的代表性。此次调查成功接触 1285 名受访者。

热闹不嫌事大；也有人喜欢无聊生事，散播谣言，诋毁良善，置他人名声于不顾。如此种种，不一而足。如果公民只是将微博视为个体维权甚至娱乐生活、发泄不满的工具而缺乏公共精神和公共情怀就很难使微博问政走向持久和深入，更何谈改善中国政治生态和推动民主政治发展。

其次，微博问政的不平等。微博问政的不平等主要表现在两个方面。

其一，微博问政先行资源的不平等。有研究报告显示，截止到 2012 年 12 月底，中国网民的数量已达 5.64 亿，互联网普及率已达 42.1%。其中城乡结构如图 3-8① 所示。

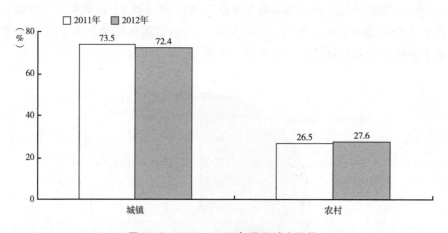

图 3-8　2011~2012 年网民城乡结构

图 3-8 从一个侧面反映出当下中国网民群体的明显特征：对信息需求迫切，年轻、学历水平和受教育程度较高，收入高，身处较为发达地区，以男性网民和白领为主。同时作为微博问政载体的政务微博、数量也大体呈现出与经济发展水平相一致的"区域鸿沟"：开放较早、开发度高、经济发达的中、东部地区不论是政务微博的数量、质量还是微博问政的实际效果都优于西部地区。人民网舆情监测室发布《2012 年新浪政务微博报告》，从中即可看出这种显著的差异，如图 3-9②、图 3-10③所示。

从图 3-9、图 3-10 可以看出囿于经济水平、文化素养、阶层群体和

---

① 中国互联网络信息中心：《第 31 次中国互联网络发展状况统计报告》。
② 人民网舆情监测室：《2012 年新浪政务微博报告》。
③ 人民网舆情监测室：《2012 年新浪政务微博报告》。

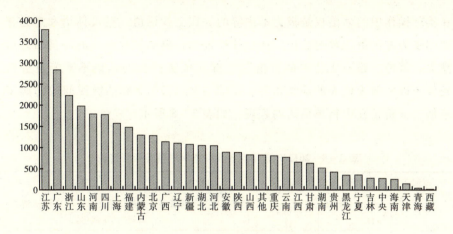

图 3 - 9　全国党政机构微博地域分布

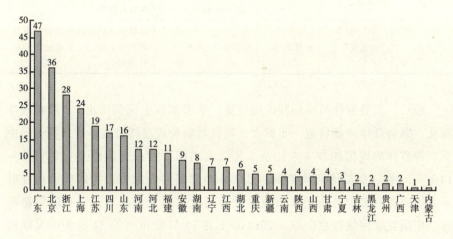

图 3 - 10　党政机构微博影响力 "TOP300" 地域分布

民主训练的差异所形成的不平等，大量急需通过微博问政来表达诉求、彰显意见的普通公民反被排除在外，形成了没有话语权的 "沉默群体"，最终导致 "汹涌的微博民意并不能真实反映相当部分无信息资源、无能力信息参与群体的意见"①。

其二，微博问政话语权的不平等。众所周知，正是利用 "明星战略" 才使得新浪微博成为行业的佼佼者，可以说微博自诞生那一刻起就被深深打上了 "不平等" 的烙印。尽管公民微博问政的主体地位是平等的，但

----

① 赵春丽、刘彩霞：《微博政治参与的民主作用透视》，《长白学刊》2012 年第 6 期。

在实际操作中的话语权是极为不平等的。在公权话语、精英话语和意见领袖的强势冲击下，普通公民的声音往往被忽视继而被碎片化的海量信息所湮灭。就像"没有无边界的自由"一样，现实社会的话语不平等也会被延伸至以微博为代表的虚拟世界。笔者选取了 2012 年的微博问政的典型范例，分析了其中精英话语的表现，如表 3 - 8 所示。

表 3 - 8　2012 年微博问政典型范例中精英话语表现

时间	事件	意见领袖	身份	影响
3 月	"北京 PM2.5 事件"	巴松狼王	北京环境交易所董事长	其微博成为"公民环境知情权实现"的论战焦点
4 月	"青岛去草植树事件"	作业本	新浪微博红人粉丝 477 万（截至 2013 年 1 月 3 日 10 点）	通过微博向青岛市委书记、市长发问使青岛植树危机进入微博舆情高潮期
5 月	"吴英案"	王福重等	知名学者、律师	微博热议认为其犯罪背后有深刻的制度原因，推动重审并最终改判

最后，弱势群体微博问政困境重重。学者郑航生深刻指出，"随着改革深化，弱势群体规模将进一步扩大，而且其弱势程度将会进一步加深……中国弱势群体的规模约在 1.4 亿至 1.8 亿人之间，约占全国总人口的11% ~ 14%"[1]。在公民微博问政热闹非凡、众声喧哗的表象下，我们应该理性分析其中究竟有多少是迫切需要通过微博问政发表意见、表达诉求的弱势群体。中国互联网络信息中心于 2013 年 1 月 15 日发布《第 31 次中国互联网络发展状况调查统计报告》，笔者也对其做了分析总结并得出有益启示。其中中国网民的学历结构如图 3 - 11[2] 所示。

近年来中国弱势群体的利益表达某种程度上处于一种扭曲的、非制度化的畸形状态。从"开胸验肺"到"自焚抗拆"，从"跳楼讨薪"到"上吊维权"，本是弱势群体合法利益表达的诉讼、信访等制度化解决方式逐渐被暴力、抗争等非制度化的方式所取代，最终这些方式所带来的高成本、恶影响也不断增大，一再挑战着我们脆弱的神经。在"钱明奇

① 郑杭生主编《中国人民大学中国社会发展研究报告（2002）：弱势群体与社会支持》，中国人民大学出版社，2003，第 13 页。
② 中国互联网络信息中心：《第 31 次中国互联网络发展状况统计报告》。

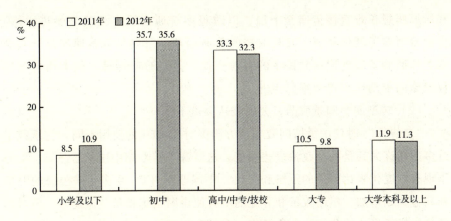

图 3 - 11　网民学历结构

案"中有一个被忽视的细节就是：钱明奇在生前早已开通微博表达诉求和不满，然而由于种种原因，更缘于我们的社会对弱势群体呼声的习惯性忽视，其诉求被湮灭在微博无序而又碎片化的海量信息中，最终酿成社会悲剧。

2. 微博问政存在问题的原因分析

（1）微博问政缺乏代议制民主的有效支撑

作为一种无论理论还是实践都相当成熟的制度，代议制民主已被证明是制约公权、彰显民权的有效方式。而微博问政是中国转型时期技术手段和参与需求的一种不期而遇的结合。微博传播的偶然性、分散性、娱乐性和碎片化的先天不足会在某种程度上削弱微博用户的公共意识和微博话题的公共属性，从而使微博问政的可操作性和实效性大打折扣，更使其改善中国民主政治生态的期许成为空谈。毕竟"民意的搜集、官民的沟通并非政治意义上的'民主'——收集网络民意与展开网络监督并不等于民主制度"[1]。例如，DCCI 互联网数据中心发布的《2012 中国微博蓝皮书》就指出，对于微博用户来说，在微博上"找乐子"是他们的最重要的驱动力之一。从世界范围来看，中国转型时期所面临的社会问题和微博上汹涌的网络民意是没有哪一个国家可以比拟的。这也从一个侧面反映出当下中国传统参与途径和利益表达渠道的无力和扭曲。正所谓：上访不如上网，上网不如上微博。在当下中国制度化利益诉求渠道不畅，普通公民的诉求呼声

---

① 高明勇：《微博问政的 30 堂课》，浙江人民出版社，2012，第 249 页。

和所思所想很难直接传递至上层,以致很多普通公民（尤其是弱势群体）将微博当成了展示伤痕、互相取暖的救命稻草。所以尽管微博问政勃兴异常,然而倘若缺乏代议制民主的有效支撑,其对政府治理、权力监督和民权保障的推动作用将会难以为继。

（2）转型期中国矛盾凸显公民表达渠道不畅

"自媒体"时代的微博问政与西方国家对 Twitter 的使用不同,它承载了过多的期许尤其是社会政治表达功能。这既源于转型期中国矛盾凸显,更源于现有制度化表达渠道的不畅和失语。中国改革开放 30 多年来公民的财富和利益急剧增加,然而改革和分配的不公使得财富蛋糕虽越做越大,但对如何分蛋糕所形成的争议和争论日盛,久而久之一些被暂时掩盖起来的深层次矛盾也凸显出来。分配差距过大、社会正义不彰,弱势群体、失落群体、边缘群体的利益诉求日趋迫切,生存压力日显。然而面对汹涌而至的公民表达诉求,传统的公民参与形式,如选举、信访、基层自治、社团参与等处于一种疲于应对和集体失语的状态。公民缺乏通过"合法"途径表达诉求的能力,更对政府能否回应、关心与解决问题缺乏信心。在中国的信息技术发展和社会急剧转型的不期而遇中,网络尤其是以微博、微信为代表的新媒体成为弱势群体表达诉求、互相取暖甚至发泄不满的"合法"途径。虚拟的网络空间尤其是微博、微信成为"仇官、仇富、仇警"的各种戾气的集散地。这也就使得微博问政承载过多期许,呈现出某种无序和变形。

（3）政府监管不力,产生失位、越位现象

微博平台的开放性使得公民的微博问政更加自由。然而在微博问政的过程中,如果缺乏政府有效的监管和审查机制,再加上缺乏对公民公共精神的培育和引导,微博问政很可能失之于混乱和无序,更有陷于"网络暴力"和"民粹主义"的风险。部分公民利用微博散布谣言,侵害他人,攻击政府,使微博的负面效应不断被放大。从"史上最恶毒后妈事件""艾滋女事件""舒淇退出微博事件"到最近的"林妙可遭微博调戏事件",微博的混乱失序和语言暴力从未停歇。在这种混乱和失序中,众多在微博虚拟空间里指点江山、不负责任的网民抛弃共识,不求对错,一味地在微博意见领袖的影响下互相攻讦,伤及无辜。面对这种混乱和失序,政府尤其是一些地方政府要么反应迟钝无所作为,对微博问政缺乏必要的监管和引导,要么走向反面,管得太多,面对公民在微博上汹涌的"拍砖""吐槽"风声鹤唳,充满恐惧。只要公民的微博言论稍一涉及自身利益就统统冠之以"不顾社会和谐"的大帽子，上纲上线"勤奋删帖"甚至不惜"跨省追捕"。微博问政要取得实效，获得持久发展，政府必须负起监管职责，不失位，不越权，更要以为民服务、受民监督的意识和宽容听取微博问政中的批评之声。

（4）缺少长效机制，忽视"线下施政"

正所谓，"非知之难，行之惟难；非行之难，终之斯难"。微博问政的核心和灵魂在于互动，通过官民互动改变以往信息单向流动和政府自说自话的窘境，最大限度地实现"上意下达""下情上传"最终达至公权民权良性互动、官民和谐共治的愿景。然而现实的情况是，部分地方政府和官员基于"政绩工程"和"赶时髦"的心理，跟风开设政务微博，而缺乏回应关切问题、为民办事的务实精神，要么自说自话，每天例行公事一般发几条无关痛痒的信息，要么掩耳盗铃，对民众的意见诉求不闻不问、视而不见。从总体上看，当下多数政府和官员应对微博问政仍然停留在信息发布的初始和低级层面，缺乏回应和互动机制。例如，在四川政务微博厅发起的"给成都缓堵支招"活动中共吸引 324 条微博意见，但其回复只有 20 条，回复率仅有可怜的 6.2%。[①] 笔者又以云南省人民政府新闻办公室官方微博"微博云南"（在《2012 新浪政务微博报告》"十大新闻发布微博"排名第五）为例，截取其在 2012 年 12 月 15 日 10 点至 2013 年 1 月 2 日 10 点这一时间段的微博表现，经分析总结得出结论，如表 3 - 9 所示。

表 3 - 9　"微博云南"表现统计

昵称	认证机构	发博数	被转数	评价数	回复数	回复率
微博云南	云南省人民政府新闻办公室官方微博	342	13952	3328	128	3.8%

说明：回复数不包含私信的数量。

从严格意义上讲，一次成功的微博问政不只是简单的信息发布，还应是而且必须是一个集受理公民诉求、线下查证问题、形成解决方案、限期给出答复、公民意见反馈和推动相应变革的完整流程，是一个有问必答、有始有终的过程。这就需要政府完善相关立法，尽快建立微博问政的舆情

---

① 人民网舆情监测室：《2012 年新浪政务微博报告》。

监测机制、意见受理机制、部门协作机制、限时回应机制、问政评价机制和问政考核机制，使非制度化和依赖于突发事件的微博问政走向制度化、常态化。

微博问政贵在互动，难在坚持，重在落实。然而数量众多的地方政府和官员仍将微博视为政府网站的"浓缩版"，只单纯发布有限的信息，使公民的微博问政成为一种"浅层次政治沟通"。① 其恶果则是公民微博问政的热情被冷落，对其实际效果陷入怀疑。例如，人民网在2012年发起一项针对微博用户的关于"您相信官员通过微博回复的问题能够最终得到解决吗"的随机调查，结果如图3-12所示。

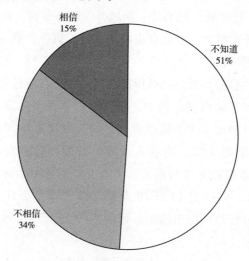

图3-12 对微博回复能否解决问题的调查

我们有理由相信，如果多数公民的微博问政仅仅停留在政府和官员"已在办理中""已在核实中"和"情况已知悉"的虚拟承诺中，那么微博问政就必然"空壳化"，失去它存在的价值。笔者综合分析了由人民网舆情监测室发布的《2011年新浪政务微博报告》和《2012年新浪政务微博报告》，发现其分析政务机构和官员微博影响力的核心因素仍集中在"粉丝数""微博数""活跃度""传播力"和"引导力"等环节而缺乏对政务微博线下解决实际问题的数量和质量的深入考量。

_____

① "浅层次政治沟通"，意指政治主体（政府）向政治客体（公民）发布单向度的政治信息，或者政治客体向政治主体单向度地表达其政治诉求，两者之间缺乏对话机制。

第四章 公众参与政府治理领域研究：个案分析

第一节 行业治理中的公众参与：以吉林省出租车行业为例

一 背景介绍

当代中国正经历着"成长的烦恼"，社会结构深刻变动，利益格局深刻调整，思想观念深刻变化。一方面改革开放30多年年中国取得了举世瞩目的发展成就，另一方面整个社会结构出现分化，利益格局、价值体系、权利结构等呈现多元化趋势。这些都影响并推动着制度体系的变迁和政府治理方式的转变。不同利益群体间的矛盾、张力，多元化的价值取向和多样化的人生预期，都刺激着人们的参与需求，越来越多的人开始希望通过参与达成有利于自身的公共政策。

近些年全国各地发生了一些群体性事件，这些群体性事件的性质很大一部分是部分利益群体与政府之间发生的矛盾，即政府在制定和执行相关政策时由于缺少与相关利益群体之间的互动和交流，造成二者之间的信息不对称现象，使得相关群众的利益得不到切实的保障，甚至受到一定程度的损害。群众与政府之间发生矛盾不仅使群众的利益受到损害，而且也造成一定的社会和舆论影响，对社会的长远和稳定的发展具有一定的负面作用。自2008年以来重庆、海南等地相继发生群体性事件，而吉林省长春市在2010年7月也发生出租车司机集体罢运事件。这些事件充分表明政府在行业治理方面需要公众的充分参与，只有使公众的权利得到充分保障，才能使政府对各行业的治理更为科学。因此在实践层面加强和完善公众参与，为公众了解相关利益需求提供渠道，使公众能够顺畅地表达自身需求，对构建社会主义和谐社会和国家经济社会的发展具有极其重要的意义。

二 调研整理

主管部门访谈：

通过对行业主管部门工作人员的访谈，了解到吉林省出租车行业的发展始于 1986 年，当时管理比较松散、法律法规也不健全。如今已有出租车公司 62 家，出租车经营权 15400 个，从业司机 25000 人，整个行业管理已经进入良性轨道。出租车管理办公室隶属于长春市交通运输局，是一个行政执法的事业单位。其主要工作是组织实施出租汽车经营权的有偿出让和转让；燃油补贴的发放；对经营者进行资质审批和年度审验；组织经营者、从业人员的职业培训；监督检查经营者从业人员的经营活动和服务质量、查处违法行为。同时该省现已成立"出租车协会"主要为会员提供日常帮助并负责组织体检事宜。但是事实上调研数据显示，98% 的出租车司机不知道该组织的存在。同时自 2008 年以来出租车管理办公室为了更多了解行业状况，曾召开 18 次座谈会；与会的出租车司机代表是通过 FM 96.8 交通之声广播招募、自愿参加的。此外出租车办公室还会在长春信息港、长春出租车网等网络平台公布信息与出租车从业人员进行互动。

从业人员访谈：

首先，调查数据显示，在条件完备的情况下有 89.5% 的司机愿意表达自己的意愿。需要注意的是此次的调查对象 43.2% 的人认为缺少参与的途径，33.5% 的人认为现有的参与方式缺乏可信度，59% 的个体进行公众参与的原因是利益受损，7% 的个体进行参与是出于从众心理。以上数据表明，出租车司机参与政策制定的热情程度还是很高的，而面临的阻碍主要是缺少表达意见的途径。这个问题包括两个方面：一方面是客观上确实缺少这样的参与途径，另一方面是人们对现有途径基本上持一种不信任的态度。

其次，数据表明出租车司机对广播电视媒体的依赖性很高。有 66% 的司机经常收听"交通之声"节目，而且高达 62.5% 的司机认为"交通之声"节目可以给生活带来方便，还有 58.5% 的司机在遇到问题时会向该节目寻求帮助。但是 84% 的司机都是为了掌握最新的路况信息来收听此节目，有 31% 的司机是为了缓解压力而收听此节目，而真正以此途径来反映切身利益的仅占 7%。由此也可看出"交通之声"这样的广播媒体并不是至少现在还不是司机表达自身利益诉求的有效途径。

再次，有65%的人对出租车运营权的获取方式持否定态度，其中更有14.5%的人对这种方式非常不满，主要原因是交易费用过高负担太重。同时有85%的人表示没有代表出租车司机这一群体的利益机构，只有2.5%的人认为确实存在名义上的代表机构，就是出租车管理办公室，但是它实际上并没有起到代表司机利益的作用。

最后，我们发现大多数出租车司机的文化水平不高。调研数据显示其中本科及以上学历的仅占2.5%，高中文化程度的占40.5%，初中文化程度的占48.5%。出租车司机群体素质不高也是影响和阻碍其参与的重要原因。

三　问题分析

（一）政策制定阶段基本无公众参与

经过调研了解到98%的出租车司机没有参与过政府涉及出租车行业的政策制定，这表明长春市出租车相关政策制定中几乎没有公众参与，基本都是在长春市交通部门以及出租车管理办公室的主导下进行。绝大多数出租车司机完全没有表达自身利益需求的渠道，而政策一旦制定并获得审批便具备了明确的法律效力，随后的参与（听证会等）也就失去了意义。

（二）信息不对称，公开程度较低

政府部门与出租车行业的利益相关者之间信息不对称问题突出。出租车司机由于自身能力和精力的限制，在相关信息的获取上处于劣势。而出租车公司作为企业在实际的信息获取方面具备较大优势，出租车公司清楚自身企业的现实发展状况、经营的成本和效益状况，完全掌握与自身利益有关的信息。而政府部门在进行相关方面的政策制定和决策执行时，往往与出租车公司沟通较多而缺乏与出租车司机个人或群体的信息沟通。

（三）缺少代表群体利益的行业组织

国内学者王锡锌认为，"尽管行政过程涉及到各种各样的利益之间的协调，但是经验表明，那些组织化的、集中的利益主体往往能够有效地对政策制定过程施加影响，从而使政策的制定反映出对这些特定利益的'偏爱'。相反各种分散的、没有得到组织化的利益，在参与的过程中对决定和政策的影响却往往令人失望"①。通过调研，笔者发现长春市出租车行业没有真正

---

① 王锡锌：《利益组织化、公众参与和个体权利保障》，《东方法学》2008年第4期。

反映公众意志、代表公众利益的行业组织，不能使行业的声音形成合力。公众的力量虽然庞大，但是公民个人的力量是非常有限的，缺乏组织的公众如一盘散沙，虽然个体都可以发出声音，但是无数微弱的声音加起来也不能形成一个振聋发聩的声音。通过调查我们发现几乎所有出租车司机都赞成并且渴望能够有一个尽心竭力的行业组织，真正代表他们利益。

（四）公众参与保障机制的缺失

公众参与的积极性和有效性在很大程度上取决于公众参与的保障机制。如果没有相关机制保障公民意愿的表达和公民参与的结果，公众很容易对参与公共治理产生一种漠然的心态。通过调研我们发现，目前吉林省出租车行业中还没有形成保障公众参与政策制定和政府治理的有效机制，这是一个亟待解决的问题。

（五）公共性和专家理性缺失

在出租车行业中，公众参与应当包括作为消费者、利益相关者的社会公众的参与和作为这个领域知识或技术权威的专家的参与。这两个主体的参与动机是不同的，不能用其中一个主体代替另外一个主体。利益相关者是以自身的利益为基础对相应的行政决策提出意见，专家则并非以个人利益为基础而是以自身所具备的专业学识参与程序建言立说影响决策。因此归纳而言，前者的基础是利益，所追求的是自身的利益被公共过程吸收的可能性，后者的基础是专业知识，所追求的是行政决策的科学性和技术合理性。在中国行政过程中，实际上存在专家理性和大众参与的双重缺位：行政过程既缺乏足够的理性，也缺乏正当性支持。[①] 同样的问题也出现在本次调研的长春市出租车行业。

（六）问题结构化使得政策实施阶段的参与无任何意义

公众参与的终极意义在于对最后的公共决策产生积极影响。如果决策已经完全确定，那么公众参与就失去了应有的意义。在调研过程中发现，有的政策在制定之后召开听证会、调查论证会，这样的参与实则毫无实际意义，只是政府部门的走过场而已。既然政府已经做出决策而且决策不能改变，那就直接强制执行好了，何必还要走所谓听证程序来敷衍公众呢？

---

① 王锡锌、章永乐：《专家、大众与知识的运用——行政规则制定过程的一个分析框架》，《中国社会科学》2003年第3期。

第二节　环境治理中的公众参与：以长春市 伊通河治理研究为例

一　背景介绍

伊通河流域地区还没有一部全面完善的流域管理法律，对流域的管理还依照国家层面的法律和地方层面的法规，对各个管理机构的职责、权力划分、水务等都还没有明确的法律可依，致使在管理的过程中各机构的权限和职能交叉、重复。纵向上，流域的管理机构包括各级政府机构、流域管理机构、水库管理局等多个行政区域的多方管理机构，各个地区的政府部门及其相关的流域机构之间在管辖领域、职责、信息等方面缺乏相应的协调和共享机制，对取水、用水、排水、调水等进行了分割管理。横向上，流域管理又受到如环保、水利、城乡建设、水务、农林等多个部门的横向交叉管理的影响，在法律法规之间的相互关系不清导致在管理上出现了一些矛盾和冲突。这种网状的混乱的管理缺乏协调性，水资源没有合理的利用、调配与保护。这种管理存在的弊端就是机构之间缺乏协调和监督，管理不科学不利于流域的可持续发展。

另外，水资源管理缺乏有效的公众参与机制，不能体现和反映公众的利益需求，缺乏有效的信息沟通和公开机制，水务管理上也缺乏活力，资金投入上也捉襟见肘。可见，伊通河流域管理上存在较大的问题，有很大的改善空间。

二　现存问题

（一）法规制度上的不足

政府治理一是要政府重视，二是要全民参与，这都需要有完善的制度法规体系做保障。长春市目前在这方面尚有欠缺，这就造成在公众参与治理方面存在一定缺陷。如单行环境法规中有关公众参与环境保护的规定仅仅是简单重复环境基本法的精神，较为抽象，原则性强，可操作性差，缺乏有关公众参与环境保护的具体方式、范围、途径的规定。另外现有的公众参与的法规体现的仅仅是事后参与，是对环境污染和生态破坏发生之后的治理，缺少对环境保护的事前控制和防止破坏环境预防措施的规定，这远远不能满足环境保护的要求。

（二）政府实践重视不足

长期以来，在伊通河的综合治理中政府往往重视的是政府职能而忽视了公众参与治理的重要作用，有如下表现：第一，目前还没有与伊通河水环境相关的公众参与机制。① 第二，还没有更高层次的公众参与形式，大部分表现为事后参与。这表明政府在保护开发过程中仍然偏重于政府职能，仍然是注重经济而忽视环保，缺乏公众的事前参与。第三，信息不对称使治理监督作用受限。在伊通河的政府治理中还存在污水未被截流等污染现象，仍存在着监督无力、处理不及时的情况，这些都是信息不对称所导致的后果。第四，缺少公众参与的制度化根基。制度化的公众参与才是治理的根基。公众参与政府治理，参与政策的制定及治理项目的实施是必然趋势，尤其是对类似伊通河这样的河流治理，只靠政府部门，其作用毕竟是有限的，没有公众参与管理和监督，其治理效果是很难达到标准要求的。

例如，2006 年国家环保总局公布的《环境影响评价公众参与暂行办法》就向前迈进了一大步，其中的环境影响评价已由过去的"可以让公众参与"改变为"必须让公众参与"②。将公众参与放在重要位置上，但在实践中却没有有效实施。

（三）公众参与公共政策制定上的不足

一是关注度上的两极分化。有关管理和研究机构的资料显示，公众对伊通河的治理与保护在关注程度上存在不一致现象，即在伊通河流域内或两岸居住的公众对伊通河治理的关注度相当高，而非此区域人员关注度则相当低。究其原因是在伊通河流域内或两岸居住的公众是利益相关者，伊通河治理的好坏直接关系到他们的切身利益如生活质量、房产价值等；而非利益相关者则关注不够甚至是采取事不关己的态度，因为与他们没有直接的利益关联。但事实上伊通河的环境关系着每一位长春市民的利益，如空气质量、气候调整、污水排放等。非利益相关者虽然认为与其没有直接利益关联，却不能排除他们也会光顾这一区域，这就造成非利益相关者可能带着"事不关己"的思想有意或无意地破坏伊通河的环境。这就需要引导公众参与公共

---

① 晏翼琨：《公众参与水环境管理的现状、问题与对策》，中国科学院上海冶金研究所材料物理与化学（专业）博士学位论文，2000。

② 《环境影响评价公众参与暂行办法》，环保总局网，http：//www. gov. cn/jrzg/2006 - 02/22/content_ 207093_ 2. htm，最后访问日期：2006 年 2 月 22 日。

政策的制定，使其认识到伊通河治理的重要性，从而消除对伊通河治理关注度的两极分化。（见图4-1）

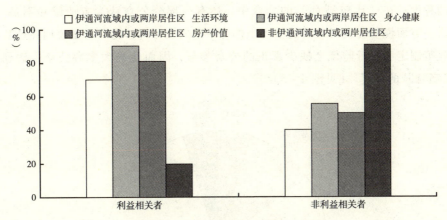

图4-1 公众对伊通河环境的关注度

二是有效的参与方式极为有限。公众参与政府治理的方式大致有公告、听证会、问卷调查、上诉、研讨会、公益活动、举报、从日常做起等，而这些方式中便于公众参与的是从日常做起，至于其他几种形式大部分公众是没有机会参与的，而从日常做起靠的是自觉性。从资料分析看，有效的参与方式有限也使居民参与伊通河的政府治理大打折扣。（见图4-2）

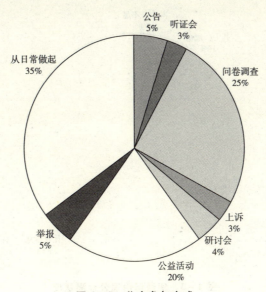

图4-2 公众参与方式

三是公众对伊通河的政府治理工作未达到"满意"的程度。从资料分析看,公众对目前的治理成效还是"比较满意"的,但还达不到"满意"的程度;在"比较满意"的公众中,还有一部分公众认为有遗憾和不足。这一方面说明公众对政府的治理工作有一定的认可度,另一方面说明在公共政策制定和执行监督上缺少真正的公众参与,因而使绝大多数公众未达到"满意"的程度。(见图4-3)

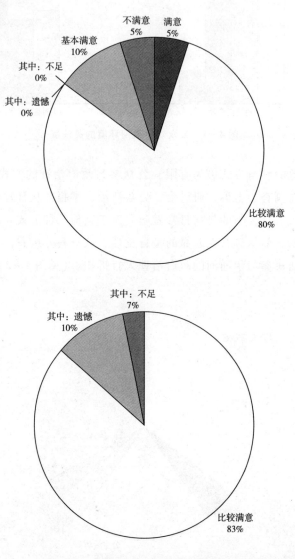

图4-3 伊通河治理公众满意度

第三节　政府应急管理中的公众参与

一　公众参与政府应急管理现状

中国具有集中力量办大事的优越性，政府能在突发事件尤其是自然灾害发生后的高压状态下形成巨大的号召力和战斗力，也能有效调动各种资源和公众力量参与到应对的过程中。因此中国公众参与政府自然灾害应急管理是有其优越条件的，但当客观、理性、科学地审视现状时仍可以发现很多问题。

（一）公众参与政府自然灾害应急管理意识增强

在以往的自然灾害应急管理过程中更多的是动员性参与，公众主动性参与较弱，参与意识不强。2008 年的汶川地震是中国公众参与意识提升的一次具体表现。国务院新闻办 2009 年发表的《中国的减灾行动》白皮书指出，汶川地震发生后中国公众、企业和社会组织积极参与紧急救援，先后有 300 万人的志愿者队伍深入灾区，有 1000 万以上的志愿者在灾区后方参与救灾行动。[①] 截止到白皮书发布的 2009 年，中国社区志愿者组织达到 43 万个，志愿者规模近亿人，年增长率达到 31.8%。中国接受境内外各类救灾捐赠款物达到 760 亿元人民币，社会力量还有效地开展了各种心理抚慰服务帮助灾区人民树立战胜灾害的信心。

（二）政府信息公开状况显著改善

在应对自然灾害的过程中公开信息、及时播报灾情是稳定民心的良剂。中国政府已经越来越重视信息发布的重要性。"公关之父"艾维李认为政府对待信息传播的态度应该从"黑屋子"向"玻璃屋"转变，变隐瞒信息为发布信息，建立公开、顺畅、权威的沟通渠道，满足公众的知情权。[②] 汶川地震中，中国政府及时调动了媒体的力量，进而广泛动员了社会力量，从而有效地将公众的关注转化为切实可行的营救行动。政府及时、透明地公开灾情、救灾进展等相关信息，各媒体停止一切娱乐活动，集中力量播报抗震救

---

① 《中国减灾行动》白皮书，中华人民共和国人民政府官网，http://www.gov.cn/zwgk/2009
　-05/11/content_ 1310227. htm，最后访问日期：2009 年 5 月 11 日。
② 转引自庄莉红《直面非典——中国政府危机管理的思考》，新浪网，http://tech.sina.
　com. cn/other/2003 - 10 - 10/1159242261. shtml，最后访问日期：2003 年 10 月 10 日。

灾进展，使公众及时了解灾情，全社会持续关注抗震救灾进展，有效的救灾款物信息披露制度加强了公众对救灾物资的监督。《纽约时报》5月14日的一篇新闻评论评价了中国政府在汶川地震后的反应，并与缅甸政府飓风后拒绝外国援助、行为迟缓以及中国政府1976年唐山地震隐瞒伤亡人数的情况做了比较得出结论："对于中国这样一个习惯于隐瞒自然灾害规模、应急措施不健全的国家来说，此次地震发生后电视上竟然不间断地播放救援画面，真的非常了不起。"① 而在美国《金融时报》（中国版网站）上发表的《汶川地震：中国形象的嬗变信号》中称："种种迹象表明中国政府在应对自然灾害方面正试图改变既往隐瞒或公布迟缓的做法以期掌握舆论的主动。"② 正是由于政府坚持了救灾信息的及时公开发布，才有效拉近了公众与灾区的距离，激发了公众参与的行动力和社会责任感，形成了对抗震救灾有效的合力。

（三）公众参与能力不断提高

在以往处理自然灾害的过程中，公众更多是感情型参与，理智型参与不多。随着中国国民经济和教育水平的不断提高，公众参与的能力和水平也在上升，参与显示出更大的理性。2012年7月21日北京遭遇了61年以来最强的暴雨灾害，给人们的生产生活造成了重大的伤害，腾讯网站新闻平台第一时间在网上设立专题页面，及时向公众通报暴雨气象情况并传递自救知识，发布失踪人员、受灾情况、救援安置等信息。面对雨灾过后的一片狼藉公众自发总结出了暴雨中行人行车路线指南、灾害救生包、北京积水点等相关内容；许多与暴雨息息相关的话题在网站、微博、论坛等平台上传播，广大网友纷纷提出建议，为自己生活的城市建言献策，而车辆涉水险、遇险自救等内容的讨论更是凸显和提升了公众参与政府自然灾害应急治理的能力。

二 问题与成因分析

（一）存在的问题

1. 公众危机意识不够，灾害发生后参与应急管理主动性不强

在自然灾害来临之时，中国公众习惯于将政府当作应急管理的主体，自

---

① Andrew Jacobs, "A Rescue in China, Uncensored," *New York Times*, May 14, 2008.
② 高嵩：《汶川地震：中国形象的嬗变信号》，《金融时报》中文网，http://www. ftchinese. com/story/001019302/? print = y2008 - 05 - 13，最后访问日期：2008年5月23日。

身缺乏自觉规避、自我防范的意识，参与政府危机管理的自觉性和主动性也不高。相对于发达国家较为成熟的公众参与，中国公众的危机意识较为淡薄，防范和应对技能不高，整体社会的自我救助能力和抗灾水平差。同时一部分公众的参与带有明显的动员色彩和从属性特征，参与主体以被动的方式进行。2008 年中国南方经历了一场突如其来的冰雪灾害，引发了一次大规模的公共危机。雪灾波及 20 个省份，受灾人数过亿，造成的直接经济损失、持续损害和救灾成本达到了 1111 亿元。从受灾的严重程度看，不亚于 1998 年的大洪水给中国造成的经济损失。这次雪灾暴露出公众参与意识和能力的很多问题。灾害发生之时，南方居民在应对冰雪灾害方面显得经验不足，受灾民众有的等待、责骂，有的无所适从或听之任之，很多人不知如何自救互救。更有一些人大肆哄抢救灾食品，一些车辆在高速公路紧急停车道上拼命向前拥挤，造成交通大拥堵；一些人乘人之危高价出售生活必需品。在国外如果发生类似情况是会被"严肃处理"的，如德国法律规定雪后车主如果把车辆停放在主要街道两侧妨碍交通，将面临数百欧元的罚款。同时在冰雪封路的情况下鲜见各种社区组织、志愿者组织、慈善组织和非政府组织等社会力量发挥作用。对比阪神大地震发生之后在警察、医疗、消防和物资救援部门到位之前，灾区的民众已经开展了一系列自救互救活动，大大降低了伤亡和物质损失，整体社会表现出来的冷静与有序更是值得称赞。

2. 公众参与应急管理的权利与责任缺乏明确界定

目前中国已有 200 多部应对各类突发事件的法律法规或部门规章，《中华人民共和国突发事件应对法》（以下简称《突发事件应对法》）的颁布实施更标志着中国应急管理工作开始步入法制化轨道，但尚处于初级阶段，公众参与突发事件应急管理还未纳入法律轨道。例如《突发事件应对法》的规定仅限于：公民有义务协助、配合或参与应急处置工作，有关公民不依法服从行政机关的统一指挥和协调或者不配合行政机关依法采取的措施的将承担相应的法律责任。对公众参与突发事件应急管理程序上如何承担法律责任也没有具体规定，使公众的参与不被政府重视，公众参与的无序化和随意化严重。在严重的自然灾害面前，没有制度化的公众参与机制。当代中国公众参与的积极性逐渐高涨，公众参与政府自然灾害应急管理的制度供给的速度已经远远跟不上实际需求。

3. 政府与公众缺乏有效互动

有效的应急管理需要政府部门、社会公众乃至国际社会的共同参与和良好的互动配合。如果政府和社会公众互动性不强，公众参与无序，会在很大程度上制约政府应急管理的效率和效果。治理理论要求在重大突发性公共事件的应急管理中，政府主要进行整体领导和全局统筹，非政府组织和公众恰好可以发挥专业性强、灵活度高的特点，在政府所估计不到的层面开展工作；而实际情况却是政府和公众缺少沟通协调，非政府组织和政府之间缺乏实际有效的合作机制，致使政府与公众之间无法实现互动。在汶川地震中，大量的志愿者和非政府组织涌向灾区，根据自己的判断进行物资捐助和人员输入，但援助目标并不清晰，救灾工作显得混乱无序。由于政府和公众之间没有一套合理的合作机制，双方无法互通有无共同开展工作。这样随意性的参与救灾必然造成资源的浪费，很多时候与政府救援形成重叠。① 实际救援中信息不对称和沟通不畅，导致交通便利的受灾地区救助力量强大，而偏僻的受灾地区却形成了真空状态，政府和公众的合作不够，导致政府救灾的效率不高，形成互相隔离、各自为政的窘迫情境。

4. 公众参与应急管理组织化程度不高、参与渠道不畅

公众参与的组织基础是指有序且有效的公众参与是通过各种社会团体和组织而不是以个人方式表达利益诉求在公共危机治理中发挥功能和作用。② 在灾害发生之时，如果公众参与缺乏组织基础，整个公众参与就难免出现无组织、无秩序，增加应急管理的难度，加大事件带来的损失。在中国公众参与的组织基础十分薄弱，参与渠道也很不通畅。

5. 公众参与的盲目性和随意性严重

在自然灾害发生后，中国大多数公众参与表现出盲目性和随意性。"随意性是指群体行为在发生和发展过程中具有的一种随时和随机都可能发生变化的状态。这种状态是与群体行为的场景性密切相关的，也是与群体心态的非理性特性密切相关的。"③ 汶川地震发生后，很多人以志愿者的身份奔赴灾区一线，但合格的志愿者不仅需要足够的热情，而且需要冷静的头脑、专业的素质。大多数志愿者并没有思考这样的问题：你有没有自救的能力？你有没有控制情绪的能力？你能发挥的专业特长是什么？你是否有自己的志愿者组织？你是否具有良好的体力？你是否具有良好的协作精神？中国社会工

---

① 邓国胜等：《响应汶川：中国救灾机制分析》，北京大学出版社，2009，第 164 页。
② 石路、蒋云根：《论政府危机管理中的公众参与》，《理论导刊》2007 年第 1 期。
③ 黄建钢：《群体心态论》，浙江大学出版社，2009，第 209 页。

作者协会的调查显示，高达 61% 的志愿者表示并没有起到预期的作用。中国的情况与西方国家有较大的区别，如表 4 - 1 所示。

表 4 - 1　中国与西方国家志愿者对比

	中国	西方国家
主要参与群体	青年学生	成年人(30 ~ 50 岁)
参与阶段	断面式(应急救人)	全程式参与
组织性程度	原子式、弱组织性	强组织性

（二）成因分析

1. 政府方面

（1）有关政府应急管理的法律和制度建设不足

新中国成立后，中国在应急管理的法制建设上取得了一定的进步，涉及包括自然灾害在内的突发事件应急管理法律体系基本形成。据统计，目前已经制定出了相关法律 35 件、行政法规 37 件、部门规章 55 件、有关文件 111 件。[①] 但这些法规对于公众参与方面规定得比较模糊，尚没有关于肯定和支持公众参与突发事件应急管理、公众参与的职责界定、公众参与的途径等方面比较明确的法律规定。法制化的缺失导致公众和各种社会组织的参与不被政府重视，公众参与的愿望无法实现。把公众参与引入中国应急管理的法律制度中非常必要。

（2）"官本位"思想的影响对公民参与的包办

中国有着传统的"官本位"思想的影响，在中国政治文化中具有从属性政治文化和从属性参与倾向。当自然灾害发生时，政府首先考虑的是如何有效应对而在主观上往往忽视公众参与；更有政府忽视信息发布甚至掩盖真实信息，排斥公众参与。这种应急管理模式于计划经济体制下形成，政府与公众是一种支配和被支配的关系，公众被当作决策的对象，只能相对被动地接受既定的制度安排。长期以来，这种模式养成了一些政府的应急管理决策者漠视公众参与、藐视民众意愿的官僚主义作风，采取简单粗暴的方式应对各类危机事件。[②] 改革开放以来，随着政府职能的逐渐转变，政府已经开始有意识地从经济领域退出，但是在社会领域和公共事业等领域，一些地方政

---

① 丛梅:《加强中国应急管理体系的法制建设》,《理论与现代化》2009 年第 5 期。

② 参见颜佳华等《公共决策研究：文化视野中的阐释》,湖南人民出版社, 2005。

府依然习惯于包揽社会事务,民间组织生存空间有限。这样做的一个负面影响是公众的参与意识很难形成,参与能力和社会责任感不足。中国应急管理的方式还是传统的行政控制和动员、政府主导、发动群众的运动方式等。

(3) 政府的信息发布机制仍有待改进

在自然灾害应急管理中,信息发布机制的不健全往往成为制约公众参与应急管理的重要原因。应急管理的前提是信息资源的公开与共享,但部分地方政府出于维护政府自身形象和礼仪的动机或避免社会秩序混乱的愿望往往忽略社会公众知情权,封锁信息。若信息传播的正常途径遭到封锁,传言、谣言就会成为公众获取信息的渠道。扭曲的谣言对公众的心理和行为选择会产生严重的误导,既破坏政府的形象,也不利于危机决策的执行。

(4) 政府尚未建立与公众的有效互动机制

当大规模的自然灾害发生后,对应急管理过程的全面有效的科学领导、协调和管理是十分重要的,但政府会在不同程度上出现专业知识缺乏、应对经验严重不足的局面,此时需要和公众建立有效的互动机制。如在汶川地震的应急管理过程中,灾害地的应急管理部门和各地志愿服务团队之间没有良好的沟通协调机制,导致一些志愿者团队突然中断服务、撤离服务团队,导致灾区服务人员一度缺失,志愿服务团队无法高效运转。另外政府也缺乏对民间组织的有效协管,民间组织自我管理乏力,也造成了资源的浪费和活动的混乱,给公众参与带来了负面的影响。

2. 公众自身方面

(1) 非政府组织自身能力的欠缺

上面已经提到由于中国对公众参与应急管理意识和能力教育缺失,公众参与政府应急管理能力水平整体较低。首先,对于非政府组织参与政府应急管理来说,需要动员包括社会资源、政治资源、人力资源、资金资源在内的多种资源才能实现自己的宗旨。但在中国缺资金和人力资源就构成了非政府组织参与政府应急管理的两大难题。清华大学 NGO 研究所的一项调查结果显示,41.5% 的非政府组织认为组织面临的最突出困难是资金的缺乏,政府提供的各类财政拨款和拨款占到现有总收入的 50% 左右。① 资金的缺乏严重影响着非政府组织参与应急管理的行动能力。其次,在人员方面,在中国很多非政府组织中存在着人员混杂、专业知识和技能缺乏、服务意识欠缺等现

---

① 王名:《非营利组织管理概论》,中国人民大学出版社,2004,第17~18页。

象，而且专职人员的比重很小。除此之外，中国的非政府组织缺乏完善的治理机构和规章制度，自身发展水平不高，内部的各项机制尚处于不完善阶段，不少组织尚未形成完善的法人治理结构，内部管理松散、财务管理不公开、不透明，缺乏必要的财务审计。这些现象会直接导致非政府组织运作效率低下，服务质量不高，也使非政府组织难以得到长期有效的良性发展。

（2）公众参与的理性化程度不高

公众参与的理性不足甚至是非理性使得公众参与的效果打了折扣。所谓公众参与的非理性，"就是指公民在参与危机管理的过程中所表现出的极端的、畸形的或者反常的非理智性的参与心态与行为"①。尽管中国志愿者在应急管理的参与中热情很高，但真正能够参与紧急救援和灾后重建的志愿者数量不到总量的20%。②

参与理性更重要地表现为组织理性，没有组织理性的公众参与只是一种浅层次的、作用不大的参与形式，对于应急管理作用更不大。马克思曾将中国等东方社会生产方式称作"亚细亚生产方式"，在这种生产方式的社会中农民如同大麻袋装着的"马铃薯"，彼此间缺乏关联，整个公共事务都是由国家权力体系管理。而托克维尔认为，民主国家中有关结社的学问是主要的学问，其他一切学问的进展都取决于结社学问的进展③。汶川大地震过程中虽然有众多非政府组织、志愿者积极参与，反应速度和应急能力也很令人刮目相看，在很大程度上弥补了政府行为的不足，但很多非政府组织和志愿者的参与理性还有待提高。

第四节　高校治理中的公众参与

一　教育部"大学生参与高校管理"实施的内容

（一）教育部"大学生参与高校管理"政策出台的背景

2005 年教育部发布了《普通高等学校学生管理规定》，从政府的角度明确、直接地对学生参与学校管理做出了规定。在此背景下，全国各大高校学

---

① 韦朋余：《政府危机管理中公民有序参与的路径选择》，《理论与改革》2006 年第 4 期。
② 梁雁：《"5·12"赈灾志愿者的表现、问题及对策》，http://222.512ngo.org.cn/news - detail.asp？=1831，最后访问日期：2009 年 5 月 12 日。
③ 〔美〕托克维尔：《论美国的民主》下卷，商务印书馆，2004。

生参与学校管理的序幕拉开了。

1. 大学生参与高校管理政策的政治背景

近年来要求对现代大学内部管理体制改革的呼声越来越高，大学生参与高校管理也正是顺应了这种教育改革的趋势。其实，大学生参与高校管理不但是可能实现的，而且也是必要的。在西方许多大学中大学生作为学校的利益相关者参与学校管理已经成为一种制度。然而，在中国学生在参与高校管理这方面的发展还是相对滞后。中国学生参与高校管理经历了一个从无到有、由弱渐强的发展过程。近年来高校管理者治校理念随着时代的进步日益更新，学校也通过各种途径积极鼓励大学生参与学校的管理活动，学生的参与热情不断高涨。高校学生参与学校管理的内容不断丰富，不仅包括对自身和班级事务、教学科研、后勤保障等方面的管理，还逐步渗透到学校一些重大问题的决策过程中。可以说，这些进步为政府促进大学生参与高校管理提供了不可多得的条件。

同时，社会主义民主政治建设也离不开大学生参与高校管理的发展进步。所谓民主就是要求公民依法有序地参与政治及社会事务，就是在坚持依法治国的前提下不断扩大公民参与社会政治事务的程度和范围，真正体现人民当家作主的政治地位。这同时也是社会主义民主政治建设的基本目标。参与的途径和形式有很多，每一位公民都可以依照宪法等法律规定赋予的权利参与国家事务、经济和文化事务的管理。大学生参与高校管理作为高校民主建设的题中之义是中国民主政治建设的表现之一，同时也占有重要的地位。因此为了科学与高效地发展高校民主管理，学校应以发展民主管理建设为目标扩大学生对高校事务的参与程度，并且提倡学生通过多种途径参与学校管理与改革，以更好地完成高校的历史使命，推进社会主义民主政治建设。因此，从建设社会主义民主政治的背景出发，重视发挥学生参与高校管理的作用是非常必要的，这同时也体现了大学生的民主权利，反映了高校对学生参与权的尊重。因此，民主政治建设要求大学生广泛参与学校管理，对学校管理事务提出自己的意见和建议，学校也应充分听取和积极采纳学生的想法，在学校管理的决策层面融入广大学生的意见，并及时向学生通报学校的重大决策事项。只有通过政府积极引导和促进大学生参与高校管理，才能把高校建设成民主和谐、富有生机活力的高校。

2. 大学生参与高校管理政策的社会背景

大学生参与高校管理是学校管理发展的必然选择。由于大学管理具有学科多样、规模庞大、人数众多、工作繁杂的特征，所以大学生参与大学管理是必然选择，因为任何一个个体或是决策群体都无法单独胜任高校管理的重任，任何试图独揽高校管理大权的行为都是不现实的。另外，从组织管理的角度看，大学生参与管理具有无与伦比的优越性，它不仅可以保证决策的正确性，有助于使权力在阳光下操作，还具有增强组织的凝聚力和创造性的作用。可以说大学生参与高校管理具有不可替代的作用，大学生有自己的视角和特点，他们对学校管理也最有发言权。比如就学校的教学管理来说，对于教师教学效果的评估，让大学生参与教师教学评估，既可以使评估结果较准确反映教学质量，提高教学评估的准确性、科学性，同时也有助于教师认识不足，积极改进。当然我们不能把学生评估绝对化，不能把它作为衡量教师教学质量的唯一途径，因为毕竟大学生评估也容易受到一些不公正因素的左右，如果绝对化就很容易导致一些弊端的出现。① 同时学校也是大学生参与管理的直接受益者。如果学校的各类决策都融入学生参与的意见，就会使决策方案更符合实际需要。比如，学校食堂和教学楼的选址与建设，如果充分征求学生的意见就更能满足学生学习生活需要，更合理、更有规划，甚至可以直接节约建设费用。② 当然这只是学生参与高校管理的一个方面，高校应从民主管理的深层次上加以认识，这样才能增强学生参与管理的主动性和积极性。

3. 大学生参与高校管理政策的法律背景

为了有效地促进大学生参与高校管理，国家颁布了相关法律法规，充分保障大学生参与高校管理的权利与义务。这些法律法规也从初期的不明确、不具体向着明确、具体的方向发展，反映了国家对学生参与高校管理的重视以及管理观念的改变。从 1995 年颁布的《中华人民共和国教育法》到 1998 年颁布的《中华人民共和国高等教育法》，再到 2005 年颁布的《普通高等学校学生管理规定》，无一不体现政府对大学生参与高校管理做出的法律保障。1995 年 9 月 1 日开始实施的《中华人民共和国教育法》是中国教育领域的基本法，它对其他与教育有关的法律和行政规定具有制约和指导作用，是该领域的上位法。该法虽然没有明确地指出学生参与高校管理的权利与义务关系，但是也包含了学生参与学校管理的相关内容，如《中华人民共和

---

① 姜继为、韩强：《高校治理结构研究》，四川教育出版社，2009，第 177 页。
② 姜继为、韩强：《高校治理结构研究》，第 181 页。

国教育法》第 4 条规定：对学校给予的处分不服向有关部门提出申诉，对学校、教师侵犯其人身权、财产权等合法权益提出申诉或者依法提起诉讼。这就意味着学生有权利对学校的管理提出不同意见，对涉及或损害自身利益的管理决定提出申诉。但是，由于《教育法》的规范对象过于广泛，其范畴从学前教育、初等教育到中等教育、高等教育和其他教育，而教育基本法的地位也导致了有关条款的广泛性和抽象性，无法明确大学生和高校管理的具体权利与义务关系。尽管如此，《教育法》的基础性作用和对学生参与的肯定性影响不可忽视。

1999 年 5 月教育部印发了《教育部关于实施〈中华人民共和国高等教育法〉若干问题的意见》，该"意见"提出了"建立和健全行政复议和教师、学生申诉制度，依法保护高等学校和教师、学生的合法权益"等规定，明确了学生在高校管理中的地位和权益，进一步肯定了学生参与高校管理的可行性与必要性。

（二）教育部"大学生参与高校管理"政策的基本含义

1. 大学生参与的概念

根据《辞海》的定义，"参与"是指"预闻而参议其事；介入参加。亦作参预、参豫"。管理学中"公众参与"指通过一系列正规和非正规的机制直接使公众介入决策。① 这一概念体现了公众在参与中的政治性，公众在公共政策制定过程中的参与是其最重要的体现。公众参与的过程实际上就是公民表达个人偏好诉求的过程，也就是他们为了在政府公共政策中体现自身利益诉求、继而寻求各类符合法律要求的参与途径，参加政府政策制定。公众参与在某种意义上说，能够保障公民利益，使政府的自利倾向最小化，从而有效促进民主政治建设。

在本书中，大学生作为高校管理政策的利益相关者是参与的主体。大学生参与高校管理的前提是学生对学校事务有充分的知情权，在这个基础上，学生参与高校管理才能够对关系学生自身利益的决策施加影响并发挥作用。在大学生参与高校管理这一制度中，对参与权的保障是关键内容。蔡元培历来主张学生参与高校管理。蔡元培认为学生参与高校管理可以培养学生的自立能力和民主自治精神，最终唤起国民自治的精神。为落实学生参与管理，他主张学校设立学生自治委员会。"只有通过参与足以教会他们如何合作的

---

① 转引自李伟权《政府回应论》，中国社会科学出版社，2005，第 57 页。

实践才能学会民主地合作；只有无数次的实际参与才能学会如何有效地参与政府。"① 在本书中，"大学生参与"指的是大学生作为高校管理的利益相关者在高校管理活动当中主动地、平等地通过一定的渠道和方式参与高校的日常管理和决策行为，表达自己的管理观念并最终上升为表决权，在一定范围和程度上影响和分担管理的权力和责任。

2. 教育部"大学生参与高校管理"政策的具体内容

国内外学者对公共政策概念的认识一直都不尽相同，众说纷纭。中国学者陈振明指出，"公共政策是国家机关、政党及其他政治团体在特定时期为实现或服务于一定社会政治、经济、文化目标所采取的政治行为或规定的行为准则，它是一系列谋略、法令、措施、办法、方法、条例等的总称"②。托马斯·戴伊认为，公共政策就是政府选择做哪些事情而不做哪些事情。③比较各方论述，我们很容易发现大多数学者相对认同"政策制定主体政府论"这种观点，即公共政策对"公共"的强调是使其有别于普通意义上政策的本质。也就是说，公共政策的制定必须是由政府所引导的行为，并且该行为是以对公共利益的维护和增进为前提的。参考前面对公共政策概念的理解，笔者认为，"政策"是指由政府和相关国家机关为解决某一领域存在的问题、维护公共利益而制定的对该领域有指导意义的行为准则，公共政策具有权威性和导向功能。本书中所涉及的大学生参与高校管理政策即是由教育部制定的关于规范和引导大学生参与高校管理活动的行为准则，属于公共政策的范畴。

目前大学生参与高校管理在中国并没有明确的理论上的范畴界定，在实际中大学生参与高校管理主要包括学生参与日常管理工作、参与高校的战略选择与定位、参与高校的教学评估等方面的促进高校建设的活动。在参与理念日益凸显的时代，大学生参与高校管理是势在必行的，也是受到政府和教育部大力倡导的。根据中国大学建设的目标，笔者认为，大学生参与高校管理政策的提出是推进高校民主化、提升学生参与度的一种路径。大学生参与高校管理通过将学生纳入高校的管理中，提升了高校学生的参与度与积极性，克服了学生与高校管理活动的脱节，促进了大学生自我管理的自主性，改善了高校的管理现状。

---

① 陈如平：《效率与民主》，北京师范大学博士学位论文，1998，第123页。
② 陈振明：《政策科学——公共政策分析导论》，中国人民大学出版社，2003，第50页。
③ 〔美〕托马斯·戴伊：《理解公共政策》，孙彩红译，北京大学出版社，2008，第1页。

2005 年 9 月 1 日教育部颁布《普通高等学校学生管理规定》（以下简称《规定》），明确提出了将大学生参与纳入高校的管理当中，从公共政策的层面上明确了大学生参与高校管理的权利与义务，为大学生参与高校管理提供了保障。该《规定》第四十一条明确提出"学校应当建立和完善学生参与民主管理的组织形式，支持和保障学生依法参与学校民主管理"[①]。这条规定最为明确、具体地将学生参与高校管理从一种教学理念升华为制度规定，指出学校有义务支持学生参与其有权利参与的各项管理活动。另外该《规定》还规定了学生对于与自身利益相关的人身、财产的申诉权以及对学校处分的陈述和申诉权，可要求学校成立申诉处理委员会受理和协调学生的异议。相较以前的政策法规，该规定不仅明确提出了学生参与民主管理的概念，而且还从组织制度、权利依据、救济制度等不同方面规定了学生参与管理的具体实施细则，为学生参与高校管理工作提供了强有力的政策支持与保障，也让地方高校贯彻实施国家政策有章可循。该《规定》颁布实施后全国各地高校根据教育部该项政策制定了支持和保障学生参与高校管理活动的具体规定，各大高校也纷纷开展活动回应教育部该项规定。大学生参与高校管理的实践逐渐走向成熟与繁荣。

二 教育部"大学生参与高校管理"政策的执行现状：以 J 大学为例

（一）J 大学基本情况

为了更直观深入地了解大学生参与高校管理政策的执行现状，笔者采取调查问卷和深度访问的形式对 J 大学师生进行调研，希望能以 J 大学为例分析当前大学生参与高校管理政策的执行现状，从现状中总结问题及原因，为完善大学生参与高校管理政策提供支持。

1. J 大学及调查样本介绍

J 大学是教育部直属的一所全国重点综合性大学，学科门类广泛，涵盖包括哲学、经济学、法学、教育学、文学、理学、工学等在内的十多个学科门类。同时 J 大学也是同时被列入"211 工程"和"985 工程"的国家重点建设大学。笔者在走访中发现 J 大学基础设施完善，校园占地面积 600 多万平方米，校舍建筑面积近 340 万平方米。学校图书馆各类藏书丰富，已被确

---

① 2005 年 3 月 25 日教育部令第 21 号，自 2005 年 9 月 1 日起施行。

定为联合国教科文组织、联合国工业发展组织和世界银行的藏书馆。这些都为学生提供了良好的学习和生活环境。同时 J 大学大力发展社团活动，促进学生多方位全面发展个人素质，同时也为学生提供了展示自身优势的广阔舞台。J 大学无论从硬件水平还是从软实力来讲，都具有发展大学生参与高校管理的环境与条件。因此以 J 大学作为研究教育部"大学生参与高校管理"政策执行情况的样本，具有代表性和说服力。

本次调查研究的样本是 J 大学全日制在校学生。根据 J 大学最新统计数据，该校拥有在籍学生 131302 人，分为全日制学生 68132 人和成人教育、本专科生 63170 人。笔者主要以全日制学生作为学生参与的主体。根据调查研究的需要，本次调研采用问卷调查的方式进行，发放问卷 600 份，回收有效问卷 586 份。本次调查样本的选择采取了整群抽样的方法抽取样本，即选择学生的学历层次和专业背景这两个具有影响力的指标，再分别从每部分中等比例整群抽取一部分学生，由此构成能够体现调查对象总体特征的调查样本。样本的具体构成和分布情况如表 4 - 2 所示。

表 4 - 2　抽样调查样本主体

学历 专业	本科生(人)		研究生(人)		合计	
	人数	比例(%)	人数	比例(%)	人数	比例(%)
文科类	100	49.3	103	50.7	203	33.8
理科类	98	49.7	99	50.3	197	32.8
工科类	96	48.0	104	52.0	200	33.4

2. J 大学执行教育部"学生参与高校管理"政策情况介绍

为了深入了解该校的学生参与学校管理情况，笔者通过深度访谈的形式采访了该校学生处的刘某。他介绍说："早在 2005 年开始学校就对学生参与管理非常重视，其中一个例子就是学校新校门的建设是学校把多个施工方案和效果图放在校内网上由学生投票选出的。学校于 2009 年开始发起关注学生成长年的活动对学生生活和学习中的困难给予帮助，为学生解决了很多实际问题，而大学生参与高校管理也是关注学生成长年活动中的一项'重头戏'。借这个契机，学校根据教育部的《普通高等学校学生管理规定》制定了适合本校发展的《学生参与学校民主管理实施办法》，并且通过开辟校长信箱和校长在线栏目切实提高了学生对学校管理的参与程度。举个例子来说，在一次校长接待日中。学生代表反映了关于寝室楼中没有热水非常不方便。在座谈会现场，后勤部门的负责人员就承诺一定会解决这个问题，后期在进行了方案筛选和咨询之后决定在每个寝室楼的一层安装热水设备，解决了同学们反映的问题。这就是学生参与学校管理的一个活生生的例子，像这样的例子还有很多。"由此可见，该大学始终对学生参与高校管理相当重视，并且该大学关注学生成长，注重调动学生参与学校民主管理的积极性，保障学生参与学校民主管理的权利，提升学生参与学校民主管理的能力，促进学校决策的科学化、民主化。根据《中华人民共和国教育法》《中华人民共和国高等教育法》和《普通高等学校学生管理规定》，该校在 2011 年 11 月制定了适合本校情况的《J 大学学生参与学校民主管理实施办法》。根据该规定，J 大学学生参与高校管理主要涉及对学校相关管理政策、教学、宿舍、后勤等方面的管理事务。

另外，J 大学除制定《J 大学学生参与学校民主管理实施办法》以外，还在学校网站上设立"校长信箱"专栏，使学生的想法和建议直接上升到与校长沟通的层面，层次的减少加快了信息的流通速度，同时也拓宽了学生参与学校管理的渠道，打破权力限制。2012 年初，J 大学还创立了"校长有约"座谈会，至今已成功开展两期。该座谈会由校长等校内 14 个相关职能部门负责人以及来自不同校区和专业的 26 名学生代表共同参加，为学生提供一个发表意见的平台，深入执行教育部《普通高等学校学生管理规定》的政策。

首先，J 大学制定了相对完善的《学校民主管理实施办法》。该办法涵盖了学校制度制定、公寓、食堂、教学方面的参与细则，将学生参与落实到与学生息息相关的各个领域。尤其是在对学校制度制定方面，赋予学生参与的知情权和表达权，使学生的意见能够通过正规的途径传达给学校的管理层，从而上升为对学校的管理措施。

其次，J 大学重视对学生参与意识与参与能力的培养。该校的《学校民主管理实施办法》第十六条明确规定："加强对参与学校民主管理的学生组织和学生代表的培养。转变学生在管理中的从属地位，变被动式管理为主动参与式管理，提高学生参与校园民主管理和自我管理的能力。"这就意味着与以往口头说明式的学生参与不同，该校从学校规章的层面上确立了学生在学校中的地位。

最后 J 大学设立了校长信箱与校长在线，以学校校内网站为依托建立起学生与校长直接对话沟通的桥梁，拓宽了学生参与高校管理的途径，同时也避免了因层次过多而导致的信息失真情况，确保了参与的直接、有效。同时，学生与校长直接对话也有利于使校长了解学生的困境与参与环境，对于优化学校资源配置、提高管理水平有重要意义。

但是，据不完全统计，在全国范围内仅有不到30%的高校制定了有关大学生参与高校管理的校内规章，仍有多数学校没有根据教育部颁布的《普通高等学校学生管理规定》落实大学生参与高校管理政策。中国大学生参与高校管理政策的执行情况还有待提高和完善。

（二）J大学对教育部"大学生参与高校管理"政策的执行情况及分析

1. J大学学生参与高校管理的现状

大学生参与高校管理政策是以让大学生受惠为目标，旨在增强大学生的参与意识，提高大学生在学校管理中的地位，而大学生的立场取决于他们的参与意识、能力、精力等具体问题。了解大学生在参与高校管理中的立场，便于分析大学生参与高校管理政策的成熟程度与可行性，便于分析大学生参与高校管理的愿望，分析其能否真正发挥作用，改善高校管理。笔者在调查中采访了一部分同学，询问了当前大学生参与高校管理政策的执行情况。有的同学说："学校通过学代会的方式咨询学生关于高校管理的意见，但是我们普通同学没有办法参与到这些会议当中，也不清楚如何当选和选举学生代表。另外学生代表的选举不够公开透明，形同虚设。而且这些学生代表也并没有询问我们的意见，有意见不知道该通过什么途径表达。"还有一些同学说："在学校网站上听说过学生代表大会的召开，也知道有校长信箱和校长在线的栏目，就是从来没有参与过这些。我觉得自己一直都是处于被动的管理状态，学校的管理不需要我参与。"为了了解对大学生参与高校管理的认知情况，笔者在调查问卷中设计了相关问题。

问题一：在你看来大学生是否应该参与高校管理中重大问题的决策？

问卷调查统计结果见表4-3。

表4-3　大学生参与高校管理中重大问题决策问卷调查统计结果

态度	应该	不应该	中立
人数	472	22	92
百分比	80.55	3.75	15.70

问题二：你希望学生在高校管理中的参与达到何种程度？

问卷调查统计结果见表4-4。

表4-4　大学生高校管理参与程度问卷调查统计结果

态度	希望有决定权	希望有监管权	希望有权参加讨论	希望知道详情	不希望参与
人数	93	133	191	147	22
百分比	15.87	22.70	32.59	25.09	3.75

问题三：你是否有过实际参与高校管理的经历？

问卷调查统计结果见表4-5。

表4-5　大学生参与高校管理经历问卷调查统计结果

态度	较多	一般	很少	几乎没有
人数	47	92	149	298
百分比	8.02	15.70	25.43	50.85

通过调查结果分析可以看出，从应然层面上讲，大学生普遍认为自己有权利参与到高校的管理活动中，超过4/5的学生支持参与高校的重大决策；仅有极少数人认为高校管理和大学生毫不相关，认为学生不应该参与高校管理；另外还有一部分人持中立的态度。从实然层面上讲，大学生实际参与高校管理的经历与应然层面有很大差距。有超过半数的人几乎没有参与过高校管理，这也从一个侧面反映出学生在参与高校管理中还存在很多问题亟待解决。另外有2/5的学生较少或只是象征性地参与高校管理，只有为数不多的学生较多地参与过学校管理而他们当中多为学生干部。由此可见学生参与高校管理的积极性很高，但是机会有限，学生的参与能力也亟待提高。

通过从参与程度上分析调查结果，可以看出，调查结果呈现出"两头少中间多"的现象。对于大学生参与高校管理大多数学生支持参与，但是认识参与的程度有很大差别。其中有将近1/3的学生认为大学生参与高校管理应集中在"希望有权参加讨论"的层面，也就是说很多学生希望能够有机会和学校的管理者进行平等的对话，对学校的管理提出自己的见解，享有话语权；另外有1/4的学生仅仅希望了解学校管理中的基本情况，享有知情权；还有相当一部分学生希望在参与学校管理中能够享有监督权。可见这种参与程度的认识已经达到了比较高的层次。在本项调查中排在第四位的是学生希望能够拥有决定权，虽然人数不多，但这个层面表明学生将自身要求输入学校管理体系中，是学生参与高校管理的最高要求。

另外为了深入了解 J 大学贯彻执行学生参与高校管理政策的现状，笔者还在问卷中对目前 J 大学学生参与的具体情况设计了相关问题。

问题四：你曾经实际参与学校管理的主要内容有哪些？（见图 4 - 4）

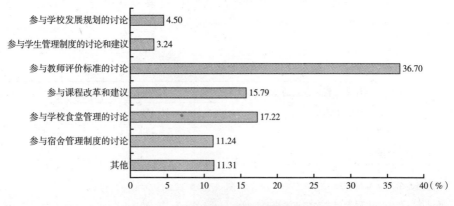

图 4 - 4　大学生参与高校管理主要内容

根据 J 大学制定的《J 大学学生参与学校民主管理实施办法》，笔者将调查内容分为对宿舍、学校政策和制度、教学、食堂四个方面。通过调查发现在 586 份问卷中曾经参与过学校发展规划讨论和建议的只有 26 人，仅占被调查总人数的 4.50%；同样比例较低的还有在学生管理制度的参与方面。与之形成鲜明对比的是，学生在参与教学方面如教师评价标准的讨论以及课程改革方面程度较高，在食堂、宿舍等与学生生活息息相关的方面也有较多的参与。可见目前学生参与高校管理仅仅停留在对教学以及生活相关的具体事务上，而上升到学校规章制度和发展规划等宏观策略性事务层面则少之又少，学校并没有意识到学生在管理规划方面的重要性，把学生放在了被管理者而不是管理者的位置。

在调查中笔者还发现，在学生参与高校管理的实际问题上一旦涉及学生自身利益，他们不但希望有权讨论，还希望有权监管，这反映了学生的基本权利诉求。在与切身利益关系不大的问题上，诸如学校基建承包等问题上，大学生表现出不希望参与的意向。但实际上这类问题也较容易出现问题，客观上也应要求学生民主参与。由于大学生对高校政策制定和决策过程的参与程度不足，这在一定程度上影响学生参与的积极性和有效性。当前加强程序性内容的参与是克服参与管理随意性的必要措施。

2. 学生对参与高校管理的意向与困境

学生对参与方式的意向直接关系到大学生参与高校管理政策的落实与实施，特别是关系到在行动上能否真正实现参与高校管理。许多学生认为参与高校管理应包括学校的方方面面，但是在实施上难以实现，还存在很多困境。笔者就这方面调查了学生的参与意向和政策实施困境，统计结果见表4－6、表4－7。

表4－6　大学生参与高校管理的方式

大学生参与高校管理方式的意向调查	人数(人)	比例(%)
召开学生座谈会方式征集意见	179	30.59
通过网络方式进行讨论和投票	180	30.76
举行学生听证会	60	10.25
通过校长信箱或校长接待日参与管理	51	8.71
通过团委学生会参与管理	33	5.56
通过选举产生学生代表列席参加重要决策会议	46	7.83
其他方式	37	6.30

表4－7　大学生参与高校管理政策实施困境

大学生参与高校管理的障碍与困境	人数(人)	比例(%)
缺少学生参与高校管理必要的政策保障	409	69.80
学校管理制度不承认学生参与高校管理的权利和地位	12	2.00
学生自身参与高校管理的意识不强	41	7.00
学生自身不具备参与高校管理的能力	34	5.80
其他原因	90	15.40

从学生的反映可以看出，大多数同学对参与高校管理存在很大的顾虑与意见。首先在关于参与高校管理的方式上，学生们更希望通过如网络或座谈会等相对公平、平等的方式进行，每个人都希望自己的建议能够占有一席之地而非由少数人的意愿来代表。其次绝大多数学生认为参与高校管理的困境在于缺少必要的政策和制度保障。由于高校中传统的行政化管理模式运行方式使得权力中心向上偏移，形成了严格的等级，对学生参与高校管理造成了严重障碍。

（三）其他高校对教育部"大学生参与高校管理"政策的执行情况

除J大学外全国其他各大高校也纷纷贯彻执行教育部关于大学生参与高

校管理的政策，从不同的角度和方法开展活动保障学生在高校管理中的参与权。例如，N大学成立了完全由学生组成的学生服务部。该部门独立于所有学生组织，提出"让全校每一位同学发言有渠道，献策有途径"的宗旨和理念。学生服务部较好地履行了学生参与管理中的沟通、监督和促进作用。他们先是制定了一套学生参与管理的流程。就拿后勤管理来说，学生服务部先是用调研的方式了解学生食堂的整体状况，在摸清情况的前提下对后勤物资采购、食堂卫生监管、价格监督等多项工作进行了直接参与，在参与中收集来自学生的意见、建议并组织其他同学对后勤工作进行监督，最后将收集的信息整理归纳通报给广大在校学生。① 但是在调查中笔者发现虽然学校有相应的规定，但是能够参与监督食堂工作的同学并不多，而且多数是学生干部。同时这些学生代表是如何选举出来的也没有明确的规定。

另外S大学通过了《S大学学生代表大会代表任期制试行办法》，明确规定了学生代表是如何产生的，即按学校学代会有关规定选举产生，任期两年。学生代表以"学生发言人"的身份对学校的管理工作进行监督并提出完善意见，成员们及时收集学生意见，充分发挥了作用。这种办法倡导学生积极参与学校建设，使学生成为学校管理工作的主要力量。学生代表们在日常工作中收集学生意见并将其分别归类，为了解决这些问题学生代表们根据高校职能部门的分工组成与之对应的小组，并与学校各部门定期沟通，商议解决办法，形成了长效工作机制。无论学代会是否召开，学生代表都需要在任何时候发挥代表作用，在享有代表资格的同时，也要运用好代表权利，履行好学生代表应尽的职责。该办法规定在学代会召开期间，学生代表需要听取有关学生管理的工作报告，享有选举权和表决权，为学代会的顺利召开起到推进作用；在闭会期间，学生代表也可通过各种途径参与管理，如可通过听证会、座谈会、调研、提案等途径参与学校的民主建设，成为学校和同学之间的桥梁和纽带，加强高校管理层和学生的联系，促进学校的建设和发展；同时，学生代表还需要积极参加各类学生活动，在学生联合会中享有监督权，这不仅能够为学生参与管理的健康发展提出积极建议，而且也提高了学生代表的综合素质和履职能力。② B大学在探索中建立了公寓学生自律组

---

① 教育部网站信息：http：//www.moe.gov.cn/publicfiles/business/htmlfiles/moe/s156/201004/86589.html，最后访问日期：2014年9月12日。
② 教育部网站信息：http：//www.moe.gov.cn/publicfiles/business/htmlfiles/moe/s166/201004/84083.html，最后访问日期：2014年9月12日。

织，形成了以"楼长－层长－宿舍长"为核心的公寓自律组织，并选拔出学生公寓长，促进学生积极参与楼宇管理工作，进一步推动了学生参与公寓管理与服务工作。① 从上述调研中发现这些学校都采取了选拔学生代表的方式来促进大学生参与高校管理政策的执行和落实。

从上述的情况来看，一些学校虽然对教育部"大学生参与高校管理"政策进行了落实和执行，但是仍然存在需要改进的空间。不少学校都只是对高校管理的某一方面允许大学生参与管理而并没有开放到学校管理的方方面面，学生能够进行参与和管理的还仅限于较低层面的宿舍、食堂等后勤管理，涉及学校较高层面的管理还不能够很好地执行教育部"大学生参与高校管理"的相关政策。许多高校均表示是通过学代会、学生社团等方式选拔学生代表参与高校管理，但是学生代表的选拔方式和流程并没有明确的、制度化的规定。这就容易导致学生代表的选拔不透明，极易造成学生代表权力的滥用等。

笔者希望从 J 大学以及其他一些高校对教育部"大学生参与高校管理"执行情况的调查出发，总结出当前中国大学生参与高校管理所遇到的一些困境和难题，分析存在的问题，并从自己的角度提出相应的解决办法，进一步完善教育部"大学生参与高校管理"政策。

三 教育部"大学生参与高校管理"政策执行中存在的问题

中国高校大学生参与管理的效果并不理想，存在参与程度不够、参与形式单一、参与范围有限等现象，学生参与的高期望值和较低的实际参与机会形成了巨大反差。由于缺乏健全的制度保障，整体上学生参与管理处于随机式的初级阶段，对于涉及学校改革和发展的重大事务和重大决策普遍缺乏学生高效能、实质性的参与，学生的参与权没有得到切实维护和体现。具体来说，主要存在以下几方面的问题。

（一）尚未制定相关法律法规，缺乏具体政策执行细则

首先，当前中国对大学生参与高校管理的法律支持存在立法层面低、缺少专门法律的问题。当前有关大学生参与高校管理的相关法律条文仅存在于如《教育法》《高等教育法》以及《普通高等学校学生管理规定》等法规

---

① 教育部网站信息：http://www.moe.gov.cn/publicfiles/business/htmlfiles/moe/s137/201105/120342.html，最后访问日期：2014 年 9 月 12 日。

或条例的某些款项中，没有专门针对大学生参与高校管理的法律支持。专门法律的缺失使大学生参与高校管理的权利只能依照教育基本法给予维护和保障，针对性不强。没有专门法律法规的保障和维护在很大程度上造成了公众对大学生参与高校管理的忽视。虽然看似有法可依，但是法律的不明确、不具体也增加了大学生参与高校管理的难度。专门法律的设立不但能够提高大学生在高校管理中的地位，同时也是当前教育部"大学生参与高校管理"政策能够顺利执行的现实需要。

其次，当前法律法规对大学生参与权的保护缺失。目前在中国关于大学生参与高校管理的相关政策法规中并没有形成相应的救济制度。有权利但是无救济的制度会极大挫伤参与者的积极性。在现有的法律法规中并没有相应法规来维护学生在高校管理中的参与权利，学生参与的知情权利、监督权利、咨询权利、决策权利、申诉权利等也都没有具体清晰的规定。这就意味着一旦学生参与高校管理的权利受到侵犯和限制，他们就没有维权的方式和渠道。权利保护的缺失是造成中国当前学生参与高校管理程度低、效果差的重要原因之一。

从前述的调查中也可以看出，目前大多数高校虽然根据教育部政策制定了相应的规定，也肯定了学生参与的作用与意义，但并没有规定当学生参与权受到侵犯时应该通过何种渠道来维护，也没有相应的部门来为这种情况负责，导致了学生参与"有心无力"状况的出现。笔者认为，这种情况也会相应地滋生出一些不正规途径而影响学校的管理。比如当没有正常途径参与管理时可能会激发学生对某些情况的不满，这也会影响学生对学校的情感和信任。

最后，大学生参与高校管理政策缺乏具体的实施细则。从前面的论述中可见当前仅在《中华人民共和国教育法》《中华人民共和国高等教育法》以及《普通高等学校学生管理规定》中对大学生在学校中的权利和义务有所概述，《教育法》只是规定了"企业事业组织、社会团体及其他社会组织和个人可以通过适当形式支持学校的建设，参与学校管理"。但是并没有明确规定大学生参与高校管理的具体行为、应该以何种形式参与高校管理以及大学生参与高校管理应该达到何种程度。虽然教育部的《普通高等学校学生管理规定》对大学生参与高校管理做出了某些明确规定，但具体到地方，各地方政府和相关部门也没有根据教育部的该项政策落实并制定出适合各地方情况的大学生参与高校管理实施细则。这就造成高校在执行教育部政策的时候缺少必要的依据。当前这种对大学生参与高校管理的"泛泛之谈"实际上不利于保障大学生在高校管理中的参与权，同时也无法约束高校组织大学生参与管理时的行为，对于部分高校在该问题中的不作为也没有相应的法律法规进行监督。事实上，对于当前普遍具有行政领导体制的高校来说，没有法律约束与监督也注定了部分高校对大学生参与高校管理问题的漠视，更不会在高校内部出台相应的学校规章来保障学生的参与。这也是中国大学生参与高校管理情况落后于西方国家的原因之一。

（二）政府与高校间管理权限不清，政府管理能力有待提高

政府与高校间管理权限不明确，出现管理死角，归根结底是政府对高校的约束限制问题。关于大学生参与高校管理的问题，是应该由政府强制各高校制定相应的校内规章制度并明确规定其内容，还是应该由政府提出宏观指导政策并监督，同时由各高校根据政策在一定限度内视具体情况调整，当前还没有统一的说法。这就涉及政府与高校管理权限和高校民主管理与自治的问题。

当前，中国政府对大学管理权限界定不清晰导致政府对高校的管理出现"管不了""管不好"的问题，形成不管就散、一管就乱的恶性循环。联合国教科文组织曾发表题为《21 世纪高等教育：展望和行动》的报告，其中认为政府对大学的管理时而过多时而又欠缺，深刻反映了中国政府和大学管理权限的问题。当前，中国还处于社会转型阶段，长远来看政府和大学的关系将处于不断的变化之中，对政府与大学关系的明确界定将很困难。在大学生参与高校管理的问题上，政府对高校没有明确的规定，没有找到政府和学校间的合适距离。政府没有提出在政策推进过程中对高校应该怎么管以及管到什么程度的问题。在有关大学生参与高校管理的政策中，政府没有从制度上提出高校对这一问题的执行程度，政府和高校都缺乏应有的责任意识。从前述的调查同样可以看出，当前推进大学生参与高校管理工作主要依靠各高校的自觉行动，政府除了在宏观上制定出相应规定外并没有具体行动，就连地方政府也没有提出强有力的措施保证教育部政策的实施，对高校的行为缺少监督。

另外，中国政府对大学的管理能力有待提高。有限政府的观念促使政府从对高校微观具体事务中解脱出来，从整体宏观的层面对高校进行管理。虽然政府的宏观管理对增强高校自治权以及民主管理有着不可替代的推进作用，但是在对于大学生参与等关系到学生切身利益的重大问题上，政府更应

关注细节。由于政府没有对高校大学生参与做出有针对性和严格的规定，单靠高校的自主性推进学生参与事业，会导致中国高校间学生参与情况不均衡，极大损害学生的权益。同时面对大学生参与高校管理进程中出现的种种问题和矛盾，政府往往束手无策，缺乏应变能力，导致各高校出现随意放任的情况。这也使政府职能和权力的有效发挥受到了限制和约束。

（三）学生代表遴选制度不健全，学生参与多流于形式

在调查中，笔者发现，很多高校在执行大学生参与高校管理政策时都是由学生代表参与高校管理。当前，中国高校学生代表主要来源于各高校的学生会、社团组织等，学生干部不能保证学生参与的广泛性。同时，几乎没有任何高校对学生代表是如何评选出来、通过何种方式评选有详细规定，学生代表的遴选制度并不完善。

首先，当前参与高校管理活动的学生代表无法完全代表不同的学生利益群体。目前多数高校对参与高校管理的学生代表应以何种方式、何种途径选举产生均没有明确规定。以 J 大学的调查情况为例，在 600 位参与调查的同学当中仅有少数人曾经参与过高校管理，而在这些人中将近 80% 来自学生干部。目前常用的学生代表选拔方式主要是从学生会及其他学生社团中通过教师指定或自主报名的途径产生。这种程序不健全的学生代表遴选方式所选拔出的学生代表不能完全代表全体学生对高校管理活动提出意见和建议。同时不同年龄层次、不同学科背景的学生由于态度和思维方式的差异，代表不同的利益群体，必然会对学校管理形成不同的需求、表达不同的意见。而单纯从学生会和学生社团中选拔学生代表则使利益群体过于单调，忽略了不同利益群体意见的表达。这种情况必然会导致利益表达的失衡，无法保证学生参与管理的客观与公平。如何能够保证让绝大多数学生有权参与到高校管理活动中，使大多数利益群体的意见得到畅通的表达，是大学生参与高校管理政策执行中的难点。

其次，学生参与高校管理主动性不高，参与高校管理的学生代表的质量和数量不足以满足需要。一方面，在现实中面对学生会和社团干部代表参与高校管理占主体的现实情况，其他学生虽然有参与管理的要求与意愿，但是却很少采取行动，基本都坐观其发展，被动地接受学生代表参与高校管理的结果。而另一方面在这些参与高校管理的学生会干部、社团成员、学生代表中，他们在代表广大学生参与高校管理时并没有积极、全面地收集全体同学参与管理的意见和信息，只是简单地将自己的意志上升为公众的意志，"代

表"广大同学参与管理。这种现象在高校的学生参与管理中是普遍存在的。造成这种现象的原因除了学校的监督管理不到位之外，还应归因于学生参与意识淡薄。

笔者认为，造成以上被动局面的原因，一是代表选拔缺少透明、有效的遴选办法，二是学校没有为有利益诉求的同学提供表达渠道。同时在调查中很多学生都表示仅凭一己之力无法改变现状，多数学生表示对于通过学生代表大会来改变学校管理方式的期望值过低，自己的诉求也无法改变学校管理的结果，还不如被动接受。另外在调查中笔者发现，学生参与高校管理的途径之一是在如校长接待日等学校管理会议上提出自己的意见，而这些会议的参与人员一部分是通过自愿报名产生的。但是从收集到的自愿报名参加人员的数量上来看，占全校学生总人数的 1% 不到，并不尽如人意，无法保证学生参与的"广度"。虽然高校在组织学生参与高校管理会议前都希望尽可能让每一个利益群体都有代表参加会议，但实际情况是自愿报名参加高校管理的学生少之又少，数量无法达到实际需要。同时由于自愿参加高校管理会议的学生数量无法达到要求，学校只能被动要求相关部门和学院推荐人员参加以弥补数量和广度上的不足。但是这种推荐代表的方式本身就存在许多弊端，带有固定的利益取向，所推荐的人员可能会因为存在心理压力而无法说真话，参与程度低。

另外，学生代表遴选制度基本原则不清晰导致难以把握总体方向。通过查阅教育部网站以及各大高校的门户网站，笔者发现，目前还没有高校对大学生参与高校管理的学生代表的遴选制度给出明确的标准和原则，也无程序可言。通过这种不规范的方式选拔出来的学生代表不能完全代表全体同学提出有意义和具有普适性的建议，导致当前大学生参与高校管理政策的执行处于无序状态。在这种状态下，由于学生代表的意见无法明确具体地反映广大学生的心愿，大学生参与高校管理所进行的任何活动都将是效率低下且意义不大的，多数情况只能流于形式。

（四）政策执行存在障碍，学生参与程度低

高校对教育部《普通高等学校学生管理规定》中关于学生参与问题落实不到位、执行不彻底。目前中国各地高校对大学生参与管理的重视程度正在逐步提高，但是仍然存在很多问题。

首先，根据《普通高等学校学生管理规定》许多高校已经制定出符合自身学校特点的相关规定，如 J 大学的《学生参与学校民主管理实施办

法》、S 大学的《学生代表大会代表任期制试行办法》等。但仍有很多高校对学生参与高校管理不够重视，没有形成有体系、有特点的规章制度，使得学生参与高校管理水平发展参差不齐，阻碍了学生权利的行使，不利于学生民主意识的觉醒。究其原因，应归因于各高校没有认真贯彻执行教育部的相关规定，高校中的校内规章具有随意性。

其次，当前大学生参与高校管理的权利往往集中在知情与表达的层面上，极少上升为表决权。主要是通过座谈、校内网、校务信息公开、校长接待等渠道征集学生对学校管理的意见、建议和要求。从政策分析的角度看，目前许多高校对大学生参与高校管理的途径和方法多集中于决策的初始阶段，但在后续的政策决策中包括对研究信息的进一步分析、拟定决策预案、通过何种方法筛选方案、在备选方案中比较择优、方案实施以及反馈等决策的重要环节，大学生并没有发挥太大的作用，参与程度低，没有形成表决意义上的学生参与管理。另外，一些已经制定学生参与高校管理制度的高校也存在水平差距悬殊的问题。有些高校虽然形成了校内规章，明确了学生的参与权，但在实际的学生参与管理活动中却存在"走过场"的情况，并没有真正落实，导致学生参与管理效果不尽如人意。由于《普通高等学校学生管理规定》中没有对学生参与管理的形式、途径、如何管理等问题进行具体的细节规定，根据该规定而制定的各大高校校内规章同样不够具体和明确，学校间差异性较大。很多高校也只是在对后勤管理和教学评估中加入了学生参与管理的成分，对于涉及较高层次的高校决策制定及学校重大发展战略中并没有对学生参与做出规定，导致虽然给予学生参与权，但是参与程度较低。

最后，高校现有的科层制管理体制与学生参与之间还存在矛盾。在学校管理层面还存在着两种错误的观念。一种是不重视学生的主体性作用，以不干预、不支持的态度忽视学生参与高校管理，并且不采取相应的保障措施。通过调查发现，虽然有些高校已经公布了与大学生参与高校管理相关的学校规章，但是学生对这些规章制度的了解程度并不深，有些学生甚至表示自己根本没听说过。这也从一个侧面反映了大学生对参与高校管理权利知之甚少，更无从谈起如何行使自身的合法权利。归根结底还是因为高校对大学生参与学校管理的重视程度不够，没有对教育部的政策和学校规章进行宣传和教育，导致学生不了解、不清楚。而另外一种则是与之相反的另一个极端，即参与高校管理的组织完全照本宣科，缺少自主性和随机应变，同时高校对学生参与管理施加持续的、过分的压力和影响，呈现出"死气沉沉"的状态。高校的这种管理方式在实质上背离了学生参与的本质和目的。总结前面对J大学学生的调查和访谈，结果显示绝大多数学生表示他们参与高校管理的行为没有得到高校相关管理者和领导者的重视，甚至有些不受信任的感受。一方面，高校在各种规章制度中经常强调要重视和培养学生的参与能力，提升学生的自我管控水平。而在另一方面，值得注意的是，在高校管理的实际运行中许多学生参与管理的意愿和行为却很少得到足够的尊重与信赖，导致许多学生的参与热情被高校管理者打消。造成这种局面的原因，一是学校的领导者和实际管理者缺乏对大学生参与管理重要性的足够认识，没有将大学生作为高校管理的主体看待，低估了学生在高校管理中的水平和能力。这些都对教育部"大学生参与高校管理"政策的执行和完善造成很大障碍。

第五节　旧村改造中的公众参与：以山东沈泉庄旧村改造为例

一　旧村改造与沈泉庄概况

2006年以来中国部分农村地区开始大规模实施旧村改造工程。2006年4月山东、天津、江苏、湖北、四川五省市被国土资源部列为城乡建设用地增减挂钩第一批试点。2008年6月国土部颁布了《城乡建设用地增减挂钩管理办法》，2008年、2009年国土部又分别批准了19个省份加入增减挂钩试点。旧村改造涉及诸如征地拆迁、安置补偿等关乎农民生存环境、生产生活资料丧失或改变等一系列敏感问题，引起了相关各方特别是村民与政府、开发商之间的利益冲突甚至引发诸如集体上访、暴力冲突等群体性事件。如何消弭旧村改造中的利益冲突，顺利完成旧村改造工程已成为地方政府当前工作的难点之一。

作为中国"十大经济强村"之一的沈泉庄村可以说是农村经济发展和农村城镇化的一个典型。由于村企一体化后工业园区的建设土地的有限性和外来人员的增加，沈泉庄现有住房已无法满足住房需求，旧村改造势在必行。

沈泉庄位于山东省临沂市罗庄区东南3公里处206国道东侧，地理位置优越，交通便利。罗庄区是鲁南苏北重要的交通枢纽，境内206国道、京沪高速公路纵贯南北，兖石铁路横穿北部，距临沂飞机场 10 公里，距日照、岚山、连云港三大港口仅百公里。沈泉庄村现有村民 486 户 1994 人，外来打工者 20000 多人，总占地面积 6.5 平方公里。其中工业园占地 600 万平方米，拥有 21 家企业。2009 年社区实现销售收入 130 亿元利税总额，7 亿元上缴，综合税金 9 亿元，村民人均收入 18800 元。2009 年集体企业华盛江泉集团连续 8 年入围中国企业 500 强，并有三只股票境内外上市。沈泉庄实行村企一体化，村集体企业华盛江泉集团和村委会隶属于沈泉庄党委领导，党委成员兼任企业高管人员通过发展村集体企业带动了村里各项事业的全面发展。该村先后建成省级示范幼儿园、华盛实验学校、老年公寓并有自己的铁路专用线，实现了农村城市化、农民工人化、工业现代化、农业产业化。沈泉庄先后被评为"中国经济十强村""全国模范村民委员会""全国造林绿化千佳村""全国创建文明村镇工作先进单位"和"临沂市农业旅游示范村"。

二　旧村改造中的利益相关者：身份识别与利益冲突

公共政策中的利益相关者是指所有对政策的目标和执行有关系或者对其具有兴趣和影响的团体和个人，如公民、决策者、不同政见者、主管官员、独立中介机构、顾客、交叉部门、竞争者、大环境中的利益相关者和学者等。20 世纪 70 年代拉瑟尔·阿克夫（R. L. Ackoff）从利益相关者视角审视组织系统内部，提出解决社会问题的系统路径，即重新设计利益相关者间的合作和支持系统。旧村改造中政府部门、投资开发者和旧村村民是"主要利益相关者"，与旧村改造的关系最为直接和密切。此外还存在其他"次要利益相关者"，包括公共事业组织、产业团体、相关 NGO 组织和新闻媒体等。地方政府、环保局、国土局及相关建设主管部门等希望通过旧村改造增进公共利益，建设社会主义新农村；保证城市规划的落实，促进城市发展；完善公共事业建设，缩小城乡差别；增加土地储备量，获取土地出让收益；等等。房地产开发公司、承包建筑商等投入资金参与旧村改造获得经济效益是其首要、根本的目的。村民则希望提高房屋补偿标准，完善社会保障，"融入"城市；保有现有租金收益，分享优势区位地块升值收益。文化保护单位、产业团体、相关 NGO 组织和新闻媒体等非营利、非政府组织的迅速发展打破了政府、开发商和村民三方博弈的格局，大大改善了旧村村民利益诉求的"生态环境"，其利益诉求呈现团体性、社会性和公益性的特点，立足保护资源有效利用，促进环境改善和文化延续；争取社团利益，促进社会可持续公平发展以及应用理论技术监督政策执行过程与效果。正是利益关系间的交集与冲突推动了利益协调与合作，利益主体间的利益不合与差异使彼此利益关系趋于明朗。

旧村改造的利益主体在动机、认知、能力等方面的先天差异会诱发多种矛盾，"没有哪个行业比建筑业的冲突更多"。在旧村改造中，利益主体内部各成员追逐自身利益最大化，往往做出逆合作行为，引发冲突。利益相关者的冲突症结表现为：第一，利益分配不公导致冲突。旧村改造各方利益矛盾的焦点就是利益分配问题，其不公有两点：一是拆迁安置补偿标准存在显性不公。由于政府的政策强势和开发商的经济强势以及村民自治理念和其他协作者支持行动的滞后，补偿标准会倾向于政府和开发商。二是旧村改造收益分配存在隐性不公。地方经济发展和土地规划的变化会导致未来收益的不确定性，原有分配框架所呈现的合理性会随这些因素的动态变化转为实质上的利益分配不合理。第二，信息沟通不力导致冲突。利益主体间的利益交集是其合作的基点。由于政策执行者信息沟通意识不到位，沟通方法和渠道不合理，利益相关者无法从信息流动中获得自身缺失的有效信息，对其他利益主体真实意愿的判断会出现偏差。为了争取自身利益的最大化，各利益相关者会在有限信息、偏差推断的基础上提出非合理诉求，放大多元主体之间的利益对立，引发冲突。第三，操作流程不当引起冲突。目前的旧村改造往往注重村庄的拆迁和改造建设工作的实施，对改造前的项目审核、规划及改造后的跟踪反馈缺乏足够的重视。一方面，前期工作准备不充分。有些地方旧村改造拆迁工作开始以后被拆迁村民还在与政府、投资开发商讨价还价。另一方面，后期村民安置保障不完善。生活环境、生活方式的变化不能一蹴而就，就业、卫生医疗等社会保障问题需要长期持续完善。第四，信任机制缺失诱发冲突。在旧村改造中部分开发商由于贪图利润出现不兑现约定义务的行为，如拆迁房施工偷工减料。尽管在项目协议上可以制定相关契约对这种机会主义行为做出约束与惩戒，但由于信息的有限性、行为的隐蔽性和主体的复杂性，这种"不诚信"行为在市场中屡见不鲜，造成旧村改造多元主体难以实现共赢的局面。同时政府的行为有时也难以取得利益相关方的信任。

三　从沈泉庄的改造实践看合作治理在旧村改造中的适用性

沈泉庄实行村企一体化，村集体企业华盛江泉集团和村委会隶属于沈泉庄党委领导。随着集体企业的发展壮大，土地被征用投入工业园区建设，加之外来人员的增加，沈泉庄现有住房已无法满足居住需求。在沈泉庄现有的1994位村民中约有700人在该村企业上班。由于沈泉庄进行整村改造动拆迁规模较大，矛盾突出，因此，村两委会（村民自治委员会和村共产党员支部委员会）探索合作治理途径，加大村民的话语权。目前沈泉庄已完成旧村改造规划和村民意见征求，按照补偿安置方案完成拆迁42座，单体别墅已经建成完工，其他住宅工程正在建设。20世纪90年代沈泉庄便开始进行统一规划的村庄建设改造。目前沈泉庄住宅基本分三种：一是90年代建造的两层楼房，建筑面积在240～260平方米左右；二是90年代末建造的两层别墅楼，建筑面积在260～290平方米左右；三是8座高层集体楼，户均140平方米左右。经统计，沈泉庄村目前住房有两层楼房205套、集体楼191套、别墅137套，合计533套。2010年沈泉庄社区召集所有党员、居民代表参加社区两委会扩大会议，决定对全社区进行整体改造，拟建住宅分为单体别墅、连体别墅、高层公寓楼三种类型（见表4－8），补偿标准依据《临沂市中心城区房屋拆迁安置和土地补偿实施办法》：楼房、平房分别按照850元/m^2、400元/m^{2}给予补偿，据此征求村民意见。

表4－8　沈泉庄社区住房改造申请调查

申请人				家庭情况			申请选择（请在以下选择项划√仅选择一项）		
类型	建筑面积(m^2)			工程造价(单位:万元)（不含装饰）					
单体别墅	A	B	C	A	B	C	A	B	C
	320	360	420	51	58	67			
连体别墅	A	B	C	A	B	C	A	B	C
	210	240	270	27	31	35			
小高层	160			26					
备注:您对社区旧村改造有何想法请在此栏填写如空间不够可附页	您理想中的其他户型（仅供建设参考）								

说明：（1）单体别墅不享受村委会补贴。（2）连体别墅享受村委会补贴。（3）小高层享受村委会补贴可分期付款。（4）室内装修：公司统一标准装修。（5）旧房拆除按原始造价理赔。（6）建筑面积及造价均为约计。

　　在村委会征求村民意见的同时，笔者就此改造方案对村民进行了问卷调查。① 通过问卷和访谈，笔者旨在了解村民在旧村改造中的立场，对村庄规划、补偿安置的意见与顾虑等问题，调查结果统计见表4-9。通过分析调查结果可以看出：第一，大多数村民对旧村改造持支持的态度，超过半数村民认为这会给村庄带来好处。但是具体到个人和家庭的利益，超过半数村民认为不会给自己带来好处。面临旧村改造，村民们在对村庄前景看好的同时，对自己和家庭前景的态度却显得"底气不足"。究其根源，拆迁安置补偿标准和改造后土地权益的变化当属主因。第二，绝大部分村民对政策宣传和执行程序表示不满意。村民本身对政策不甚了解，而基层政府及工作人员宣传不到位，在未充分征求村民意见的情况下要限期拆房，致使村民对政策制定和执行程序的公平性产生怀疑。第三，村民对房屋估价及补偿标准尤为不满，认为对现有房屋的估价标准模糊、程序不透明、估价过低，这种情况下继续进行拆迁改造，村民没有足够的经济能力建置新房，而倾力建房会使部分家庭生活负担加重甚至负债。

表4-9　沈泉庄旧村改造村民意见统计

单位：%

	问题	态度、人数及比例				
村民对旧村改造的基本态度	如果拆迁补偿安置方案合适善后措施到位您对旧村改造的态度是	非常支持	支持	无所谓	不支持	
		13	45	27	9	
		14	47	29	10	
	不管现有房屋是否划归拆迁范围您认为旧村改造会给沈泉庄带来好处吗？	肯定会	应该会	不清楚	应该不会	肯定不会
		7	42	25	20	0
		7	45	27	21	
	不管现有房屋是否划归拆迁范围您认为旧村改造会给您个人带来好处吗？	肯定会	应该会	不清楚	应该不会	肯定不会
		0	32	15	37	10
		0	34	16	39	11
村民对旧村改造具体政策的态度	您对政府及村委会工作人员在旧村改造中的政策宣传工作和拆迁程序满意吗？	很满意	满意	勉强满意	不满意	很不满意
		0	0	7	59	28
		0	0	7	63	30
	您认为房屋估价及拆迁安置补偿标准合理吗？	非常合理	合理	有点不合理	不合理	非常不合理
		0	0	17	54	23
		0	0	18	57	25

---

① 本次调查主要采取问卷调查和访谈两种形式，针对沈泉庄整村改造的实际情况，调查以户为单位，每位被调查者都来自不同的"户"，且年龄在25～75岁之间，年龄层跨度大。此次调查共发放调查问卷100份，回收有效问卷94份。

　　在调查中村民对旧村改造后的生活尤其表现出忧虑，特别是被调查的中老年村民。结合表4-8中规划房型与价格拆迁补偿安置标准等，村民提出了对旧村改造工程的顾虑与意见，归纳统计见表4-10。

表4-10　村民对旧村改造工程意见统计

村民的顾虑与意见	人数（人）	比例（%）
拆迁补偿不合理标准不明确	85	90
要求一平方置换一平方	80	85
房屋估价过低	57	61
对房屋的测量不准确操作不规范村民吃亏	48	51
家庭特别困难需要照顾	28	30
不满意规划的新房造价太高	32	34
希望村委会将规划设计图纸发给个人由个人自筹资金建设	20	21
90年代旧村改造未分配房子的家庭要给予一定程度的补偿	8	9
不相信华盛江泉集团下属建筑公司的施工质量	12	13
要求招标第三方施工单位并监督施工	6	6

　　从村民的反映可以看出村民有参与旧村改造的积极性，但存在极大的顾虑和意见。首先，村民认为补偿标准不合理，补偿进行一刀切，与市场价格差距太大。其次，困难群体要求特殊照顾。五保户、残疾户经济能力有限，20世纪90年代的旧村改造中个别未分配房子的家庭要求在此次改造中给予补偿。另外，村民担忧工程质量，要求监督权，建议公开造价明细并征求意见，对建筑企业进行公开招标。

　　正是在这样的背景下，地方政府对沈泉庄的旧村改造并没有强力推进而是充分尊重村民意见，试图摸索解决旧村改造矛盾的新方法，尝试性探索合作治理的可能。地方政府召开几次项目协调会议，会议坚持以下原则：第一，平等协商原则。沈泉庄旧村改造各利益主体公开、平等、自由地发表意见、讨论问题，在利益交集基础上形成共同利益，确定合作目标和制度规范。第二，合作信任原则。利益相关者彼此不信任就不会采取合作行动。旧村改造的信任存在于两个维度上：一是不同利益相关者之间，包括政府、投资开发商、旧村村民及其他相关团体组织之间关系；二是相同的利益相关者团体成员之间主要包括村民个体之间、合作投资开发商之间关系。第三，持续发展原则。旧村改造并不只是形式上的拆拆建建，本身是一个"动态"

的过程，需要关注村民生活、环境和经济多方面的持续发展，兼顾地方乡土文化、民间古迹的保护与传承。第四，公共价值原则。旧村改造工程不同于商业地产开发项目，其出发点不是追逐利润最大化而是让村民享受社会发展的成果，有明显的公共利益属性。基于公共价值的考虑，地方政府在旧村改造中要协调功利诉求，用制度防范利益相关者侵蚀公共利益的行为，担当公共利益的监护者。

综合村民意见，经过比较和协调，沈泉庄旧村改造在初始方案基础上增加了房屋户型（见表4-11），提高并细化补偿标准，形成最终的旧村改造方案：规划单体别墅168座、连体别墅240座、小高层132套，改造完成后将实现水、电、暖、沼气、电视、电话、电缆科学合理规划并免费供居民使用。

表4-11 沈泉庄旧村改造拟建房屋类型

房型	单体别墅	双拼别墅	连体别墅	公寓楼
面积（m²）	306	230	230	250
单价（元/m²）	2400	2200	2000	1500

沈泉庄旧村改造按照新旧楼房面积进行差额比例置换，房款超额部分由居民按照建房价格予以补齐（见表4-12）。

表4-12 沈泉庄旧村改造新房置换和旧房补偿方案

序号	类别	置换方式	置换比例	新房面积（m²）	单价（元）	备注
1	别墅楼	别墅换新别墅	1m² 换 0.8m²	306	2400	
		别墅换新连体别墅	1m² 换 1m²	230	2000	
		别墅换新双拼别墅	1m² 换 0.9m²	230	2200	
2	平楼	平楼换新连体别墅	1m² 换 0.8m²	230	2000	
		平楼换新双拼别墅	1m² 换 0.7m²	230	2200	
3	集体楼	集体楼换新连体别墅	1m² 换 0.8m²	230	2000	
		集体楼换公寓楼	1m² 换 1m²	150	1500	
备注：		1. 对于不进行差额比例置换另行购房的居民一次性补偿现金（现金不发放冲抵新房购房价）具体为： （1）别墅楼按照主房每平方米1500元的补偿标准补偿具体按照实际面积补偿。 （2）平楼按照主房每平方米1000元的补偿标准补偿具体按照实际面积补偿。 （3）集体楼按照最高补偿15万元的补偿标准补偿（具体按购时楼层的价格比例进行补偿）。 2. 对于居民户有平房的不论平房的大小以及地上附着物一律按照20000元的标准给予补偿。				

　　从实地跟踪考察结果来看，截至 2011 年 6 月，沈泉庄 42 座单体别墅建成完工，3 座小高层（13 层）在建中，连体别墅地基开始挖掘。在村民参与协商之后，沈泉庄旧村改造拟建户型、安置方式和补偿标准都发生了很大的变化，改造工程得以顺利推进。沈泉庄村民先前的顾虑得以有效化解，积极参与旧村改造方案的制定，增强了拆迁安置的操作性，为地方政府旧村改造工作提供了有益经验。

　　综上所述，合作治理①在行为模式上超越了政府过程的单纯利益相关者的参与，它以平等主体的自愿行为打破了公众参与政府过程的中心主义结构。当前旧村改造已出现多元主体的利益博弈空间，旧村改造合作治理是建立在一定的政治经济社会因素交互支撑网络基础之上的。总体上讲，笔者认为中国的旧村改造已经具备了合作治理的基础条件。

　　第一，政治条件。20 世纪 90 年代以来为了适应经济全球化、市场化的发展，政府积极建立与非政府、非营利组织间的合作对话机制，积极培养公民民主参与意识，引导村民自治、社区建设工作。正如福克斯和米勒所说，政府行政人员、相关领域内的专家、受政策影响的公民等主体在开放平等的环境中进行互动可激发参与者的活力，实现意想不到的政策优化，并且便于政策执行。②
第二，经济条件。在市场经济发展的开放环境中，伴随频繁的交易行为甚至是权益受侵害经历，公民的权益保护和民主参与意识逐渐萌发、成长起来。许多村庄经济发展较快，村民的自我经济意识较强，希望通过旧村改造提升生活质量改善现有居住环境。自愿的利益趋向性激发人们参与社团组织，影响政府公共政策的积极性。帕特南认为这样的社团组织遍及公民生活的各个领域。③ 第

---

① 随着公共问题的日益复杂和增多、公民民主参与意识的提高及第三部门参与能力的增强，政府开始与市场、公民、第三部门共享公共权力，在一定范围内合作解决社会问题，提供公共服务。所以，政府、市场和第三部门在公共事务领域既不应是排斥异己的垄断者，也不应是事不关己的局外人，而应该是真正的合作者。合作治理理论把社会自我治理这一现象放在与政府平等合作的位置上加以考察。可以说，合作治理在行为模式上超越了政府过程的公众参与，它以平等主体的自愿行为打破了公众参与政府过程的中心主义结构。合作治理与传统公共行政的一个重要区别在于：它打破了公共政策政治目标的单一性，使政策走出单纯对政治机构负责的单线的线性关系形态。参见谭英俊《公共事务合作治理模式：反思与探索》，《贵州社会科学》2009 年第 3 期；张康之《论参与治理、社会自治与合作治理》，《行政论坛》2008 年第 6 期。

② 〔美〕福克斯、米勒：《后现代公共行政——话语指向》，楚艳红等译，中国人民大学出版社，2002，第 12 页。

③ 〔英〕罗伯特·D. 帕特南：《使民主运转起来》，王列、赖海榕译，江西人民出版社，2001，第 215 页。

三，制度条件。法律制度的完善是一个随社会变迁而发展的动态过程，中国涉及征地拆迁的法律制度也在不断完善中。现行法律制度中与旧村改造相关的《土地管理法》《城乡规划法》《房地产管理法》等，都能对旧村改造工作提供指导和规范。另外，《国有土地上房屋征收与补偿条例》于 2011 年 1 月 21 日公布施行，取代原有《城市房屋拆迁管理条例》，规范了征收补偿、搬迁安置等工作。

尽管旧村改造合作治理具备以上可行条件，但同样面临一定的实施困难。首先，合作治理主体力量发展不均衡。旧村改造涉及的利益主体包括政府、开发商、村民、评估机构等个人和组织，他们在知识背景、市场和政策的解读能力等方面的差异导致其参与合作治理的能力不均衡，降低了合作治理效果。其次，旧村改造中村民基于自身的劣势对政府不甚信任，担心地方政府与开发商结成"利益共同体"，不肯以开放理解的姿态参与旧村改造项目，进而抵制项目推进。

基于以上分析，笔者主张在坚持政府主导下利益相关者在旧村改造中进行合作治理。这里我们主要从旧村改造合作治理的平台、环节入手探讨旧村改造利益相关者合作治理模式的具体构建。根据中国城乡建设管理现状，笔者认为，可以构建旧村改造项目委员会和项目协调会议等类似机构作为中国旧村改造合作治理的平台。

旧村改造利益相关者合作治理运行机制的一个关键环节是作为平台服务者与公共利益代表者的政府。如前所述，政府部门参与旧村改造项目的行为具体分化为两个角色：平台服务者与公共利益代表者，这也正是政府作为利益相关者特殊性的体现。为此政府需要放下管理者的"身段"，不依靠命令控制手段而是在遵循项目协调会议程序的前提下与其他利益主体代表一样通过表达利益诉求、参与利益协调和博弈来追求公共价值，践行多元主体平等协商的会议宗旨。旧村改造利益相关者合作治理运行机制的另一个关键环节是旧村村民——组织化与内部的利益制衡。后现代组织理论认为，组织是指过程性的演化体系，它是指事物朝着空间、时间或功能上的有序组织结构方向演化的过程体系，这种情况往往又被称为"组织化"。旧村村民作为一个利益相关者群体在旧村改造项目协调会议上的利益诉求必须是统一的。在实际的旧村改造操作中会遇到抱有特殊利益诉求的"特殊户"，他们在利益诉求标准上明显高于其他村民。作为旧村改造项目中的难点，我们需要对"特殊户"进行具体分析，力求以程序化的方式尽量规避这一现象。纳入本书所设计的旧村改造合作治理平台中观察发现在经过利益相关者的协商合作达成的利益分配方案中，村民代表所谋求得到的利益是既定的，即旧村村民的整体利益是确定的，那么"特殊户"利益的获取必然损害其他村民的利益。"'对人性的思考'的确使人们相信，只有通过不同欲望间的相互制衡才能抑制人类的罪恶冲动。"① 因此，笔者认为，通过内部的利益制衡来限制这种"特殊户"过分的利益索取行为是可取的。既然旧村改造范围内的村民彼此间存在共有利益的联系并且共同谋求利益的实现，那么客观上就有形成一定的组织模式的条件。这一组织可以促进村民共同利益的实现，制约少数人过分的利益索取行为。制度是"一系列被制定出来的规则、守法程序和行为的道德伦理规范，它旨在约束追求主体福利或效用最大化利益的个人行为"②。在自愿的基础上，村民可以在旧村改造提议之初通过民意推举代表与执行机构共同议定组织章程供大家遵守，为评价村民个体行为提供标准。

　　本书提出的旧村改造合作治理虽然是对旧村改造问题的一种探索性研究，但其理念在各地的旧村改造实践中已有体现：沈泉庄旧村改造合作中加大村民参与协商权利的做法值得借鉴；深圳渔民村改造由村企牵头实施资金采取村民自筹、政府扶持方式避免开发商单纯逐利行为使对村民利益的侵害改造工程顺利实施；济南前屯居、乐清后西门村、德州经济开发区、义乌宗宅村、宜兴埠镇、青岛北街村、林州西街村、江西高安八景镇蔡家村等在进行旧村改造的过程中都或多或少地体现了协商沟通合作的理念。现阶段各地旧村改造政策执行过程中矛盾有所激化，出现村民集体上访甚至集体自焚等极端抗议行为，充分说明旧村改造急需利益表达和协商的平台。合作治理就是提供这样一个利益表达和利益沟通的制度平台。村民作为旧村改造利益一方主体，可以参与协商而非只是听取意见的"受众"。这样就会打破公共权力单一垄断、政府与民争利的局面，加大村民在旧村改造中的话语权，有效遏制旧村改造中的种种违法违纪行为。

---

① 〔美〕艾伯特·赫希曼：《欲望与利益：资本主义走向胜利前的政治争论》，李新华等译，上海文艺出版社，2003，第25页。

② 〔美〕道格拉斯·C. 诺思：《经济史中的结构与变迁》，陈郁等译，上海三联书店、上海人民出版社，1994，第225~226页。

第六节　社区治理中的公众参与：
以长春市南关区为例

一　研究回顾

20世纪90年代以来，中国进入快速的社会转型时期，社会结构发生了激烈而又深刻的分化，社会矛盾与社会冲突增多，社会管理难度加大。在此背景下，如何通过社会管理的创新调节纷繁复杂的社会关系，保持社会秩序与社会力量之间的动态平衡，成为社会管理体制创新的一个战略性课题，也成为学术界研究的热点问题，国内外出现一大批关于社会管理体制创新的研究成果。

从西方社会建设和社会管理的发展历程来看，西方的社会建设和社会管理经历了三个阶段即产生、发展、反思三个阶段。第一个阶段（19世纪中叶）：社会管理以社会自我管理为主，政府社会管理职能主要是进行社会秩序管理，同时也承担一部分济贫的职能。代表人物是洛克、霍布斯、孟德斯鸠、卢梭，强调社会决定国家，国家只是社会发展的工具，在社会管理中应以社会的自我管理为主，限制国家权力，建立有利于社会生长的机制。① 第二个阶段（20世纪初至20世纪80年代）：政府是社会管理的主体，以黑格尔为代表，提出政治国家高于市民社会的思想，强调只有通过凌驾于市民社会之上的国家才能超出个人利益克服市民社会占统治地位的任性、偶然性、贫困、压迫以及各种对立和冲突。② 第三个阶段（20世纪80年代以来）：面对越来越复杂的社会，当市场失灵时人们寄希望于政府，当政府失灵时人们又寄希望于市场。人们认为面对日益复杂的社会问题前两种理论都是以"政府与社会的对立"为前提的，都不能解决现代社会日益复杂的社会问题。真正要想解决复杂的社会问题，政府和社会的合作才是出路。斯蒂格利茨（Joseph E. Stiglitz）在所著《参与和社会变革》中曾提出主张由"一个独立的新的社会部门"来承担社会的挑战。这种独立的社会部门就是美国

---

① 〔英〕哈耶克：《个人主义与经济秩序》，贾湛等译，北京经济学院出版社，1989，第22页。
② 刘先江：《"国家与社会"视野中的政府管理社会化研究》，华中师范大学博士学位论文，2006。

学者莱斯特·M. 萨拉蒙所提出的"结社革命"中的民间非营利、非政府组织，这就是"第三域"或"第三部门"理论。①

20 世纪最后 20 年随着冷战的结束，社会主义与资本主义传统的意识形态两分法宣告终结。在社会管理问题逐渐成为学术领域的研究热点的同时，西方学者也转而对中国的社会管理体制问题进行研究。西方学者依然是遵循原有的政府与社会关系这一思路进行研究，产生了三种路径。第一种是政府中心主义。强调政府权力的价值、作用和主动意义，关注政府相对于社会的角色和作用，社会包括社会组织和公众的作用，被认为是可大可小、可有可无。它分为两派，一派是"回归政府"理论，强调政府在政策制定和社会变迁中的特殊角色，强调政府的自主性和政府能力②；另一派是"国家限度"理论，代表人物是美国学者米切尔（Timothy Mitchell），虽然强调政府的核心作用，但承认在社会力量下国家的作用受到限制。③ 第二种是社会中心主义。与政府中心主义不同，社会中心主义对国家持消极态度，主张社会自治与社会自主性。他们通过社会契约论倡导社会的先在性，又通过论述经济领域存在的合法性证明社会的外在性，这一路径的代表是洛克、亚当·斯密、潘恩、孟德斯鸠和托克维尔。第三种是政府 - 社会合作主义。这种路径认为无论是国家中心主义还是社会中心主义都只是单纯强调一方作用，均未能关注到国家与社会的统一性，良好的社会管理应是在发挥政府作用的同时也强调社会自治和社会自主的作用。代表人物是施米特，在20 世纪 70 年代末提出法团主义④，强调国家与社会的互动，主张将公民社会中的组织化利益联合到国家的决策结构中，主张功能团体与国家建立长期的合作关系。

中国学者对社会管理体制的研究颇受西方学者的影响，主要是探讨社会管理改革中应如何处理政府与社会的关系，也形成三种观点。第一种是大政府 - 小社会，认为在社会管理体制的构建上，政府起着不可代替的作用。范翠红通过对新中国成立初期新兴政权关于财政汲取、社会关系调控

---

① 胡鞍钢、王绍光主编《政府与市场》，中国计划出版社，2000，第 146 页。

② Peter Evans, *Bringing the State Back In*, Cambridge University Press, 1985.

③ Timothy Mitchell, "The Limits of the State: Beyond Statist Approaches and Their Critics," *American Political Science Review*, Vol. 85, 1991.

④ 法团主义是施米特在 20 世纪 70 年代末提出的，是当代西方政治思想的主要流派之一。作为利益代表系统，法团主义本身指一定的观念、模式或制度安排类型，强调国家与社会互动，将公民社会中的组织化利益联合到国家的决策结构中。

和合法性资源开发三条途径的研究，认为国家与社会关系的模式是超强国家－极弱社会。① 第二种是小政府－大社会。吴锦良从单位制弱化和市民社会成长的角度认为中国政府与社会关系正经历着从纵向控制到横向互动的历史性转变。在这一过程中政府和新兴的民间组织之间正形成伙伴关系。② 在思考城市社会管理体制的构件方面，还有一些学者把公民社会理论作为一种建构模式，用来分析中国当前的社区建设的方向，认为应该是"从党政管理转向社区管理"③。第三种是强政府－强社会。对于城市社会管理中出现的问题，一些学者从"治理转型"入手主张"以竞争－合作主义"的理念分析和处理权力分化和整合问题。④ 有学者指出，通过国家与社会双方主动寻求建立公私伙伴关系以治理公共事务，达到国家－社会相互赋权的目的；曹闻民主张通过"非国家的和非管辖性的公共组织"参与社会管理，实现城市社会公共权力资源的重新配置，改善国家治理能力上的不足。⑤

除此之外，受西方米格代尔（Migdal）、埃文斯（Peter B. Evans）、奥斯特罗姆（Ostrom）等学者主张国家在社会中与社会共治、公与私建立合作伙伴关系等理论的影响，国内一些学者提出了社会管理中需要国家－市场－社会合作互动等理论观点。正如有学者提出的"市场化改革带来了社会组织结构的分化，第一是政府领域，第二是市场领域，第三是社区领域"⑥。学者康晓光认为，"自 1978 年以来，中国社会发生了全面而又深刻的变化。其中最为引人瞩目的是在中国社会内部，正经历一场不可逆转的'权力分裂'过程，逐步发育出一个相对自治的社会空间，国家与社会关系发生了实质性的变化"。他在方法论上强调"社会－经济－国家"三元分析模式的重要性。⑦ 冯小英也认为随着市场化改革，社区需要从政府概念中剥离出来。⑧

① 范翠红：《新中国成立初期国家与社会关系模式初探》，《南京师大学报》（社会科学版）2001 年第 2 期。
② 吴锦良：《政府与社会：从纵向控制到横向互动》，《浙江社会科学》2001 年第 4 期。
③ 卢汉龙：《从党政管理到社区管理》，"我国城市社区建设模式讨论会"交流论文。
④ 徐勇：《治理转型与竞争——合作主义》，《开放时代》2001 年第 7 期。
⑤ 曹闻民：《论公共服务改革中的政府责任》，《中国行政管理》2000 年第 10 期。
⑥ 马仲良：《有中国特色社会主义社区建设的几个基本问题》，《北京社会科学》1999 年增刊。
⑦ 康晓光：《权力的转移：转型时期中国权力格局的变迁》，浙江人民出版社，1999，第 1 页。
⑧ 冯小英：《现阶段中国城市社区建设组织路径的选择与思考》，《北京社会科学》1999 年增刊。

二　长春市南关区社会治理的实践

（一）南关区简介

吉林省长春市南关区地处长春市中南部，是长春市的发祥地，是长春市的中心区、老商业区，也是面积最小的城区。1949 年为长春区和胜利区，1957 年两区合并为南关区。1997 年该区面积 445 平方千米，人口 48.7 万；辖 12 个街道、3 镇、2 乡。1999 年长春市人民政府发布《关于部分调整我市城区街道办事处设置的通知》，在南关区设置各街道办事处。2003 年南关区进行了重新区划，区划后辖区面积仅有 80 平方千米。辖区四方为：北起上海路、南至新立城镇与永春乡边界，西起人民大街，东至伊通河。现辖 14 个街道、3 个镇、1 个乡，常住人口 47.5 万，其中城区面积 23.85 平方千米。一、二、三产业比重为 1.2∶3.1∶95.7。一方面区内坐落多个宗教场所、商场、学校、医院等重点单位，如般若寺、重庆商业圈、吉林大学等是城市商业中心、文化中心、商住中心；另一方面区内老旧散、弃管小区数目较多、人口密度大、流动人口多、困难人口多，老城区改造难度大。相较于长春市其他地区，南关区是城市社会管理过程中情况最复杂、压力最大的一个，也是长春城市管理之要害所在。因此多年来为创新社会管理、促进政府与市民的良性互动，南关区在城市管理模式上探索了各种各样的方法，形成了不同时期的城市社会管理体制。

（二）南关区社会管理的改革历程

1. 传统：计划经济下的社会管理体制

中国的社会管理体制是从"单位制"开始的。新中国成立之初，中国效法苏联建起了一套高度集中的计划经济体制。在计划经济体制下，政府实行高度集权、计划管理的方式，包揽一切经济事务和社会事务。在社会管理问题上，中共中央提出要在全国建立各种"单位"，把绝大多数人归入政治、经济、军事及其他各种组织里，建立以"政府－单位"制为主、"政府－街居"制为辅的高度集权的社会管理体制。刚刚成立的南关区新政府积极响应这一号召，迅速建立了以"单位制"为主、以"街居制"为辅的基层社会管理体制。当时南关区政府把社会成员纳入各级党政群机关、事业单位以及公有制企业等，通过各单位管理区内大多数人。而对区内少数社会闲散人员、民政救济和社会优抚对象则通过各街道居委会进行管理。各单位通过社会成员在本单位工作，使之取得一定经济报酬，通过分配住房保障居民基本生存空间，也通过兴办托儿所、幼儿园、服务公司、集体企业等为单位成员提供各种社会保障和福利。建立之初南关区区政府在"单位"的辅助下实现了对社会成员政治、经济、文化、社会、生活的全面控制、照料和服务，对南关区经济发展、社会稳定起了重要作用。

然而，单位制是建立在中央高度集权下的产物，体现在地方就是政府的过分集权。在单位制下，当时的南关区各单位几乎承担了全部的行政性、社会性职能。一方面，各单位成为社会管理的基本单元，承担着完善的管理功能。而各单位在本质上其实是南关区政府的"下属"，通过单位区政府的行政权力渗透到社会的各个角落，政府权力无限扩张。区政府成为包办一切的全能型政府，不仅极大地增加了南关区社会管理的成本，也带来行政效率低下、政府办事程序烦琐、政府机构庞大臃肿等问题。而另一方面，单位制下政府包揽一切的格局也带来对社会自身、公民个人发展的严重束缚。在单位制下，南关区民众被牢固束缚在相对封闭的各单位中，社会结构单一、社会流动性差，区内各种社会组织都无法得到正常发育，各组织和成员思想僵化、缺乏活力和创造力。居民在办理一些个人事务如婚姻登记或需要外出时，往往都需要单位开具相关证明，并经过诸多程序，如此这般往往让居民不胜其烦。

随着社会的发展，南关区政府的管理过严和居民个人自主性的压抑使得南关区社会矛盾激化。70 年代末到 80 年代初出现大批知识青年返城的现象则成为促使单位制走向解体的导火索。1978～1980 年南关区迎来大批知青回城。如何解决这批返城人员的就业问题成为当时区政府面临的难题。对此南关区区政府首先考虑在体制内进行安排，采用顶替的制度即"谁家的孩子谁来抱"的单位制原则，试图使大批知青安置到下乡前家长的原有单位。[①] 然而由于现有单位容量人数有限，后期仍然有大量的知青无法找到工作。社会就业压力增大，1978～1980 年这三年间南关区城镇登记失业率都在 5.5% 左右。面对庞大的待就业群体，南关区原有经济的容量和体制都难以满足大量的就业需求。迫于形势，南关区响应中央"劳动部门介绍就业、自愿组织起来就业和自谋职业相结合"的就业方针，引导一些需要就业的

---

① 李国青、由畅：《新中国城市社会管理体制的历史沿革》，《东北大学学报》（社会科学版）2008 年第 1 期。

知青开始"破墙"开店，这种"墙头经济"现象是国有单位开始涉足市场化改革的第一步。[①] 而如何对这一大批"破墙"开店的知青进行管理，单位制显然无法解决这一问题。

2. 转变：市场经济下的社会管理体制

（1）市场经济对社会管理的冲击

80 年代中后期国有企业发展举步维艰。这些国有企业依赖政府，机构庞大却效率产量低下，成为政府的沉重负担。对此国企改革在全国兴起，主要措施是扩大企业自主权，引导一些国有企业向股份制企业和私营企业转变成自主经营、自负盈亏的市场主体。90 年代改革进一步深化，改制、破产、重组成为国企的必经之路。全国范围内市场经济进一步发展，非公有制经济得到大力发展，伴随而来的是单位制走向瓦解。当然全国迅猛的市场经济发展态势及带来的问题也影响了南关区。当时区内有私营企业 10 多家、个体工商户近 50 户、国企 10 多家，区内非公有制经济发展的同时，各国企也相继进行了改革。这就导致在私营企业和个体工商户带来极大人员管理压力的同时，区内各国企也因为破产、重组遗留出大量劳动力。而此时南关区大量农村人口因为家庭联产承包责任制的实行也陆续进城务工。这三大批人的汇总造成了南关区庞大的就业压力和潜在的社会风险。面对单位制的日益松动和瓦解，如何对这些人员进行安排和管理成为南关区区政府面临的新难题。

1992 年南关区新一届政府上台，区长李某面对大量社会就业人员存在和社会矛盾凸显的现状开始了新一轮的社会管理措施的调整，即把原来作为单位制附属物的街道办事处的管理功能极大加强。区长李某决定在南关区相继成立长通街道办事处、民康街道办事处等 12 个街道办事处作为区政府的派出机构并在街道办事处设党政办公室、政工科、社会事务科、经济发展科、城市管理科等完善的社会管理机构，对从单位制剥离出来的人员进行社会管理，为其提供政治、经济、文化、社会等服务。

伴随着市场经济的发展，非公有制经济进一步发展。越来越多的人从单位制下解脱出来开始进入私营、外企等非公有制经济部门。到 2003 年南关区有中小企业近 30 家、国企 3 家以及城镇化带来的大批进城人口，城市街道办事处所辖人员越来越多，流动性越来越强。伴随而来的是民众社会需求

---

① 朱大军：《从"行政一元化"到"治理多元化"》，天津师范大学硕士学位论文，2007。

的不断增加，在南关区要求良好的环境、便捷的交通、丰富的文化娱乐活动、安全的社会治安环境等呼声在各街道此起彼伏，南关区各街道办事处管理和服务的压力不断增加。

然而现有街道办事处却无法解决上述问题。这是因为街道办事处建立之初就是过渡性的，因此在职责权限和角色扮演上都具有局限性，社会管理和服务能力不足。一方面南关区建立各街道办事处的初衷是承担原来单位外移的部分职能，因此区政府只把其视为自己的派出机构，在财政和人员编制上对其进行限制，一般仅 6~7 个人，赋予简单权限。权力的有限往往导致街道办事处办事时必须层层请示，办事拖沓且办不好。① 另一方面权力的有限也导致角色的尴尬。南关区各街道向上既要面对区政府的几十个职能部门，向下又要向居民提供必要的公共服务，导致其往往只能疲于应付上级且包揽政府的过多行政事务，造成管理成本过高、管理任务过重、管理不足，无法有效满足公众需求。这两方面的问题导致公众对街道办事处日益产生极大不满情绪。时任新区长王某曾说，那时的街道办事处往往在处理事情时里外不是人，在上级政府和公众的夹缝中生存，在区长信箱里能经常看到民众对街道办事处人员的投诉信件。

随着社会经济的发展，面对民众需求的多样化、复杂化与一线街道办事处服务能力、管理能力不足这二者之间的尖锐矛盾，如何对出现新情况、新问题的南关区实行有效管理，成为区领导必须思考的问题。

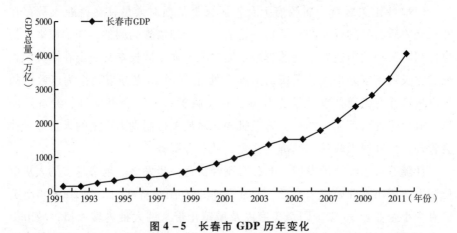

图 4-5 长春市 GDP 历年变化

---

① 郭虹：《从单位到社区——社会管理体制的变革》，《经济体制改革》2002 年第 1 期。

（2）社会管理的困境与难题

如上所述，街道办事处在新的环境下面临着尴尬的制度定位、管理成本过高、管理失效、服务不足等现实困境以及由此衍生的社会动态、政府与公众关系紧张等问题，成为区领导心中的一块大石，改革"街居制"成为势在必行之举。面对这些问题，区长王某通过大量基层调研认识到，既然南关区存在的最大问题是"公众需求的不断增加和街道办事处管理服务能力不足这二者间的不匹配"，那么我们何不把街道办事处无法提供的管理和服务转向由民众自己来提供和管理，建立自治组织引导公众自己管理好自己。恰逢此时中央在全国提出"社会服务""社区建设"口号，鼓励各城市基层在街道办事处下划分社区并设立社区自治委员会，通过这一组织在提供服务的同时培育和发展社会力量，使社区逐步进入自我教育、自我管理、自我服务、自我监督的有序状态，最终达到整个社会的和谐。

考虑到南关区现实情况以及中央政策要求，2003 年区政府决定启动社区建设以解决当时南关区面临的社会管理和服务不足问题。南关区在全区建立了以"一级政府、二级管理、三级网络"为主要特征的社区管理体制。所谓"一级政府"是区政府，"二级管理"指区县和街道或乡镇，"三级网络"指区县、街道或乡镇、居委会或村委会。南关区在区政府的领导下成立了 11 个街道办事处，54 个社区居民委员会。各社区委员会一般设 2~4 个管理人员，由居民自己选举产生，主要工作是为社区内居民提供医疗、娱乐、生活等各项服务并维护社会治安。为更好地满足公众需求，区政府还决定各居委会成员要积极引导居民组成以各种经济、文化活动为载体的社会组织，并通过加入各社会组织在管理自身的同时服务自身。2005 年南关区各社区相继成立了"合唱队""舞蹈队"等多个组织，区内各居民都被吸纳到不同组织中，一时之间居民自治如火如荼展开，区内经济、政治、文化活动得到大力发展，民众需求得到满足。南关区呈现一片井然有序、充满活力的新景象，街道办事处时期的社会矛盾和紧张得到缓解，公众能努力自己管理好自己了。至此区长王某心中的大石终于稍稍落地。

南关区政府建立社区制的初衷是通过居民自治使居民在政府的指导下实现自我服务和管理，缓解紧张的社会矛盾和冲突，但在社区制发展的随后几年却出现了一定程度的扭曲。由于社会经济的持续发展，南关区政府所需要承担的社会职能越来越多，除了传统的政治、经济、文化等方面还增加了环境、卫生、交通等各种职能。面对强大的职责履行压力，区政府由于有限的人力、物力等限制被迫把一些政府的行政性职能向社区下放。通过在社区居民委员会挂牌实行"一套班子两块牌子"的形式，南关区各居委会在承担自身职能的同时也成为人民调解委员会、治安保卫委员会、公共卫生委员会、公共福利委员会、计划生育委员会、法律援助点、劳动和社会保障服务工作站、综合治理信访维稳工作站、计划生育协会、流动人员和出租屋管理服务站等。仅有的几个人承担着大量的政府行政工作，南关区政府由原来的对社区进行"指导"变为"领导"，由原来的"协助社区自治"变为"政府包揽一切"。公众自治空间被完全压榨，各自治组织缺乏活力、支持甚至受到打压。[①]

表 4-13 长春市南关区 2010 年前 10 个月民生信息报送数量统计

部 门	信息报送累计总数	部 门	信息报送累计总数
卫生局	72	农业局	0
民政局	54	综治办	0
教育局	43	安监局	0
计生局	33	永 吉	128
执法局	26	曙 光	122
环卫局	25	桃 源	101
司法局	25	新 春	90
残 联	20	自 强	75
人社局	19	长 通	75
发改局	17	民 康	70
文体局	14	鸿 城	49
老龄委	12	明 珠	44
信访局	10	全 安	32
商务局	8	南 岭	21
园林局	3	幸福乡	3
建设局	0	合 计	1191

---

① 田毅鹏、薛文龙：《城市管理"网格化"模式与社区自治关系刍议》，《学海》2012 年第 3 期。

表 4 – 14　长春市南关区 2010 年第一季度民生投入统计

（一季度民生共计投入 890.62 万元，其中国家投入 155.9 万元，省投入 109.42 万元，市投入 147.05 万元，区投入 257.55 万元，部门投入 136.2 万元，社会投入 84.5 万元）

部　门	资金来源（万元）						
	国家	省	市	区	部门	社会	总计
司法局				2.16			2.16
人社局				10.3			10.3
计生局				30.7			30.7
老龄办			2.7	16.42			19.12
建设局			117				117
环卫局				149.2			149.2
文体局				5	1		6
残　联		8.02	0.05	0.85	43.7		52.62
卫生局	155.9	101.4	27.3	37.3	1.5	84.5	407.9
民政局				5.62	90		95.62
合　计	155.9	109.42	147.05	257.55	136.2	84.5	890.62

　　2011 年新一届南关区区长杨某上任，区长杨某面临着新的难题。首先，由以上论述可知，社区过分承担政府职能带来了社区负担沉重、效率低下等弊端，各居民委员会被政府行政事务所纠缠，自治功能无法发挥，公众需求无法满足。其次，通过社区区政府权力得到扩张而公众自治能力压缩，带来的最大后果是公众权益被政府侵犯。2011 年南关区的上访人次同比上升383.6%，重复性非正常上访同比上升 543.5%。区长杨某说大部分的上访问题都是由于政府过度扩张权力导致公众利益被侵犯而引起的。如有一个事例就是关于岳阳社区李阿姨的养老保险金迟迟不下发的问题。李阿姨多次找社区相关工作人员要求解决，但迟迟得不到回复，最后导致上访。由于社区的"行政化"和对公众利益的侵害，南关区民众对各居委会失去信任。民众和政府的关系再一次紧张。伴随着居民需求的不断增加，南关区内出现了民众维权活动如上访，在各处贴暴力性标语等也兴起，社会治安混乱，社会矛盾激化。如何为民众提供多样化需求和服务，如何引导公众自治拉近政府和公众之间的距离，缓解现有紧张关系，成为区长杨某在上任之初必须破解的困境。

　　3. 改革："网格化管理"的社会协同机制

　　（1）网格化管理机制的实施

　　2011 年 11 月 30 日，社会管理创新工作会议召开，南关区杨区长决定以区内各社区所辖行政区域为基本单位，根据人、地、事、物、情等基本情况，将全区 54 个社区、3 个村合理划分为 318 个服务管理责任网格。每个网格由一名社区工作人员负责，其负责人称为"网格长"，每个网格长大约需要管理 500 户居民，一个社区可能管理 1 ~ 2 万户居民。各网格长职责是发现、受理、解决老百姓反映的问题，能解决的迅速协调解决，不能解决的向上级反映。网格长从社区工作者或居民委员会成员中经过民选、考试、培训等方式产生。为了让居民知道有问题该找谁，网格内楼宇的明显位置安装了网格长公示板，公布网格长的照片、姓名、联系方式和服务承诺等信息，方便居民在遇到问题和困难时能在第一时间与网格长取得联系。

为保证网格化管理的便捷和成效，南关区杨区长还决定区内拿出专项资金近 1000 万元创建一个集政务和社会服务于一身，集硬件办公和软件服务于一体的以区直部门、街乡、社区、网格为网络，以视频监控系统为支点，实现图文影音一体化数字传输的协同工作应用环境即创新社会服务管理数字信息化综合平台。该社会服务管理中心是 2012 年建成投入使用的，集"诉求受理、综合治理、数据信息、统计分析"等功能于一体，运用高科技、现代数字信息化手段，有效整合 110、119、120、12345 等各种网络资源，统筹指挥调度公安、消防、交通、市政、卫生、气象等各方面力量进行全方位服务。

为更好地进行社会管理和服务，2012 年南关区还决定将下辖区 50 个区直部门、街乡和水、电、热、气等管理部门及公共服务企业的工作职能归纳梳理为 9 大类、118 小项的具体工作职责和任务。然后这 118 项内容全部下沉到各网格中，以网格为单位实施社会服务管理。各职能部门依据各自职责和任务，指派相应工作人员为网格责任人，工作人员与各个网格相对应，在网格工作采取一员多格、一员多能、多员联办、多格联动等形式，及时办理所负责区域内各类事务。这使部门网格责任人与所对应社区网格长直接进行工作对接，网格长直接协调各部门网格工作人员开展工作。居民有什么问题可以直接向网格长和民情信息员反映，然后由网格长向相关职能部门反映，直接与部门负责人进行对接对问题进行处理。通过这种模式，网格化管理实现了把区政府的社会管理服务功能前置下沉，使得区政府服务便捷、有效。

（2）问题：管理还是服务

通过以上的"网格化管理"机制，南关区努力实现区内各地划入网格、网格内事事有人管，社会服务更加精细化。为进一步加强"网格化管理"效果，一方面区政府要求各网格要把网格内的退休老党员、楼栋长、环卫工人以及其他责任心强的志愿者等吸纳进综治协管员和信息员队伍，二者辅助网格长对全区进行管理、服务。另一方面要求各网格长应每天定时一次巡查、走访，重点加强对社会闲散人员、精神病患者等特殊人群情况的掌握和排查，以便实现对社区民情的及时、全面把握。此外为便利数字信息化综合，平台建设了数据信息子系统，用三维地图、矢量地图、数据列表三种不同的形式管理辖区内居民、企业、学校、消防和特殊人群等 15 大类 122 项社会管理综合治理基础数据信息，实现了对楼宇、房屋、人员等基础信息的全面搜索、定位，对可能存在不稳定因素的场所和部位进行了重点标注。网格化的建立和相应的配套措施的完善，使整个南关区都处于政府的精细管理和服务之中。成立之初成效显著，杨区长说，不久之前他们收到一面锦旗，为他们送锦旗的是南关区桃源社区房产宿舍的 225 户居民，原因是实行网格化后没几天工夫，就解决了困扰他们 225 户居民三四年的水质污染问题，他们很感激。

　　然而，网格化管理在带来诸多好处的同时，也引起很多人的不满。起因是由于桃源区一户居民有一天发现他所在社区安装了很多摄像头，这让他颇为不满，认为自己被严密监视，缺乏个人自由空间。为此他拨打了区长热线对此事进行质问。对此杨区长也颇感无奈，他说："网格化管理建立是为了拉近政府与公众之间距离，提供更加精细化的管理和服务。管理手段的更加细化是为了服务的更加完善，一定程度的控制是手段而非目的。"然而，通过控制、管理去达到服务，到底这是政府进行管理，还是进行服务，这是值得深思的问题。

　　(3) 自治的体现

　　南关区在网格化管理中也一定程度注重公众自治作用的发挥，力图拉近政府与公众之间距离。首先，以民选方式从社区工作者中产生网格长、充分给予公众参与权，并把网格居民吸纳进综治协管员和信息员队伍，辅助网格长共同参与社区治理。其次，南关区依托"基层组织建设年"活动这一载体建立了社会公共服务组织、群众志愿性组织等共 342 个。截至 2012 年底，吉林省的社会组织发展到涵盖五大类的 14969 个，这些组织都成为整合群众力量表达群众诉求的重要工具。最后，南关区还建立了独特的考评模式。全区每月对网格长、60 个社区、13 个街道乡镇一级区直部门、管理单位进行考评。根据群众考核网格长、网格长考核职能部门的路径，依赖数字化信息综合平台，每月由网格长对职能部门就群众交办事件的完成度、群众满意度等进行考核评价。

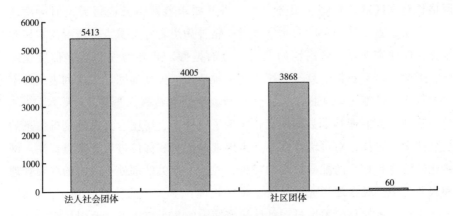

图 4 – 6　吉林省不同类别社会组织数量（截至 2012 年底）

通过这些方式，南关区公众自治打开新局面。杨区长曾说："通过公众自治，我们要把南关区建设成一个人人爱社区，人人建社区，人人管社区的新格局。"然而，最近在公众自治方面区领导也遇到了新问题。南关区桃源社区的王奶奶和文庙社区的张奶奶组织区内老人一起跳舞，因此组成了一支队伍，但却不知道这支队伍该归哪个网格管，需要帮助时，是找桃源社区还是文庙社区？过分精细化的网格划分带来了管理和服务上的地理区域限制，阻碍了社会组织的壮大，也阻碍了组织和组织之间，公众与公众之间的交流。对此杨区长又陷入了沉思。

三　长春市南关区社会治理法治化分析

（一）从社会管理创新到基层社会治理法治化

2004 年中共十六届四中全会提出，要加强社会建设和管理，推进社会管理体系创新。2007 年党的十七大报告提出，要建立健全党委领导、政府负责、社会协同、公众参与的社会管理格局。基于此，从 2000 年左右开始中国地方社会管理不断创新，也取得了一定成效。但是也出现了一些问题，如创新烟花现象（一时热闹的政绩工程之后不了了之）、孤岛现象（创新模式具有不可复制性如依托地区高财政收入）、重加现象（基层社会治理主体各自创设创新方式要求基层重复执行，如各部门基于不同职权安装监控设施），甚至出现违法"创新"（如政府部门越权滥权下任务搞摊派，不顾基层群众自治权利）。为此，中共十八届三中全会《中共中央关于全面深化改革若干重大问题的决定》明确提出，要从改进社会治理方式、激发社会组织活力、创新有效预防和化解社会矛盾体制、健全公共安全体系等几个方面，创新社会治理体制。中共十八届四中全会在《中共中央关于全面推进依法治国若干重大问题的决定》中提出全面推进依法治国，基础在基层，工作重点在基层，要深化基层组织和部门、行业依法治理，坚持系统治理、依法治理、综合治理、源头治理，提高社会治理法治化水平。从社会管理创新到社会治理创新再到社会治理法治化，体现了在依法治国提高国家治理体系和治理能力现代化要求下，基层社会管理不断优化的过程。社会管理创新属于社会管理现代化的范畴，其本质是社会治理模式的历史性重构，其价值目标应是实现社会治理的民主化与法治化。

南关区位于吉林省长春市的中南部，是长春市的老城区和中心区。一方面，区内坐落多个宗教场所、商场、学校、医院等重点单位，是城市商业中心、文化中心、商住中心；另一方面，老旧散弃管小区数目较多，人口密度大、流动人口多，困难人口多，多年来，随着南部新城建设，北部旧城改造，矛盾也逐渐增多，存在很多不稳定因素。作为长春市典型的新旧体制要素激烈碰撞的老城区，南关区在综合治理方面的情况是异常复杂且具有难度的，各类问题不断凸显。2011年以来，南关区结合区情，通过打造数字信息化综合平台，实行网格化管理，构建区、街、社区三级平台和网格及社区、街、区四级网络，推动社会服务管理职能部门下沉，探索了一条以科技为支撑，以网格化管理为依托，吸纳社会各种力量有效参与，政府、社会、公众合作共治的社会治理创新之路，特别是自中共十八大以来，南关区社会治理不断提高法治化水平，形成了独具特色的社会治理法治化模式——"南关模式"。

（二）南关区社会治理的具体实践

吉林省长春市南关区在社会管理综合治理工作中，创新性运用社会协同战略，转变单一刚性的社会治理方式，引导基层自治，扩大公众参与，矛盾化解端口前移，以网格化管理、社会化服务为方向，建立基层综合服务管理平台，实现社会管理到社会治理的转变，取得了良好的实践效果。

1. 南关模式的治理理念是化刚性管理为柔性治理，将管理寓于服务，打造基层管理服务一体平台。中共十八大以来，党中央多次强调，加强和创新社会管理，要把社会管理寓于为群众服务之中，在服务中实施管理、在管理中体现服务。从管理到服务的转变，关键是树立柔性治理理念，从过去单纯依靠强力手段的刚性管理转变为兼顾合作、包容的柔性服务，软化社会管理的手段，放低社会管理的身段，为飞速发展的经济创造柔性社会机制的软环境。

首先，以网格化管理、社会化服务为方向，健全基层综合服务管理平台，及时反映和协调人民群众各方面、各层次利益诉求。南关区把全区57个社区、3个村合理划分为318个服务管理责任网格，将辖区50个区直部门、街乡和水、电、热、气等管理部门及公共服务企业的工作职能，归纳梳理为9大类118小项具体工作职责和任务。然后，将这118项内容全部下沉到网格中，以网格为单位，实施社会服务管理。各职能部门依据各自工作职责和任务，指派相应工作人员为网格责任人，工作人员与各个网格相对应，在网格工作，采取一员多格、一员多能、多员联办、多格联动等形式。南关区建立了"受理员—网格长—网格协理员—综治协管员—民情信息员"四级服务管理体系。通过由居民组成的民情信息员、综治协管员日常巡逻、走访、帮扶，发现群众诉求，形成居民有事找网格长、网格长反馈给职能部门、职能部门及时办理和解决的新格局，由此取得居民足不出户就能表达诉求、服务自身的良好效果，做到在管理中突出服务。

其次，全区推行"一站化"模式，在社区普遍建立一站式服务大厅，大厅均设在社区一楼，实行开放式集中办公、统一设置党员示范岗，为群众办理劳动保障、民政、计生、国土、城建等各类咨询、申报、预审、代理业务，并通过LED屏或触摸屏提示各类办事指南和流程要求，一揽子解决群众服务诉求。为拓宽社区服务领域，南关区还推行"八种服务模式"，通过建立残疾人康复托管基金，发动各级党组织和广大党员与近6000户困难群众、困难党员、困难学生结成帮扶对子，开展优生、生育检查等服务，加强居民物业自治，开展社区文化艺术节和百场文艺演出进社区等活动，使各种具有针对性的重点服务和特色服务得到广泛开展，民生服务在基层，政府在管理与服务中与居民形成合力，做到在服务中实现管理。

2. 南关模式的治理战略是变单一管理为多元治理，突出社会协同。《中共中央关于全面深化改革若干重大问题的决定》明确提出，改进社会治理方式要坚持系统治理，加强党委领导，发挥政府主导作用，鼓励和支持社会各方面参与，实现政府治理和社会自我调节、居民自治良性互动。这体现出社会治理中的共同治理思想。共同治理强调多元主体通过协同方式实现对社会事务的共同管理。南关模式的战略恰恰是突出社会治理中社会各方面的有效参与，以社区为依托，以网格长、综治协管员、民情信息员为治理主体，打造了公众广泛参与、社会组织活力激发、市场力量适当介入的协同治理平台。

首先，以民选方式从社区工作者中产生网格长，充分给予公众参与权，并把退休老党员、楼栋长、环卫工人以及其他责任心强的志愿者等吸纳进综治协管员和信息员队伍，辅助网格长，共同参与社区治理。

其次，依托开展"基层组织建设年"活动这一载体，南关区建立了社会公共服务组织、群众志愿性组织等共 342 个。在这些自治组织中，在 834 个楼栋庭院成立党小组，涉及经济、政治、文化、民生等各个方面，社会组织活力大力激发，成为整合群众力量、表达群众诉求的重要工具。

最后，引入市场力量。辖区成立了由辖区派出所所长、物业公司和主要企事业单位负责人等作为成员的社区综治委，共同参与综合治理工作。一方面，通过引入市场力量，实现治理工作的"多主体"，达到治理的全方位、多角度，发挥政府、私营部门等各自的优势和作用。另一方面，市场力量有其自身遵循的价值规律，通过引入竞争机制，重视选择和竞争，使物业公司等市场力量在充分提供多样服务的同时，监督、促进政府，改善政府公共服务绩效，提升整体治理能力。

3. 南关模式的治理基础以社区建设为抓手，引导基层自治。中共十八大以来，中央一直强调国家治理、社会治理重点在基层，关键在群众。社区是国家治理的基本单元，加强社区建设，能够提高城市现代化管理水平，巩固城市基层政权，解决转型时期的社会矛盾，强化社区维护社会稳定"第一道防线"和社会矛盾"溶解器"的作用。而群众是社区建设的主体，要充分发挥群众首创精神，善于依靠基层组织和广大群众，通过基层自治，让居民以社区建设为载体，自己组织起来解决自己的问题，提高自我管理、自我服务水平。

南关区在探索社区建设方面，以满足社区居民物质生活和精神生活需要为导向，以社区服务用房为依托，通过提供各种周全的服务来平衡利益、凝聚人心、化解矛盾，实现社区有效自我治理，通过社区服务达到社区基层自治。

以南关区桃源社区为例。桃源社区在社区建设方面着力颇多，且效果良好。首先，从加大投入入手，桃源社区争取了资金近千万元，新建面积2880 平方米的社区公共服务用房。此用房设置了公共办事服务、日常休闲娱乐、学习教育培训和民主决策管理四大区域。在公共办事服务区设立了300 余平方米的一站式服务大厅，以及创新社会服务管理办公室等；在日常休闲娱乐区设置了茶艺室、棋牌室、舞蹈室等；在学习教育培训区设置了社区党员之家、多功能厅、市民图书馆、电子阅览室、社区矫正室、心理咨询室等；在民主决策管理区设有百姓说事点、居民议事厅、人大代表政协委员活动室、社区监委会、志愿者服务站。各类功能活动厅、室通过开展各种活动，提供服务，引导居民自觉自愿参与社区建设、社区管理，凝聚人心，在服务中实现自我治理。

依托功能齐全的公共服务用房，桃源社区还配备专职化队伍，开展针对辖区内老年人、残疾人和弱势群体等特殊人群的特色功能服务。为更好地服务空巢老人，社区积极协调区民政局投入 20 余万元，建立了有 3 个房间 10张床位的日间照料站；为方便社区居民就医，社区协调卫生部门建立了卫生服务站，设立了全科和牙科诊室、处置室、观察室等，配备了电脑、全科医疗诊断系统等设备；为搞好成长期青少年帮扶，社区专门设置了"绿色希望家园"，设置了便于个案辅导的茶座，现已累计帮扶青少年 30 余人次；为做好残疾人保障工作，社区建立了残疾人康复中心，共为 244 名残疾人提供免费的基本康复服务。通过这些特色服务活动，桃源区基本实现了社区治理的全覆盖，居民自治能力进一步提升。

最后，桃源区在社区建设中，也不忘充分依靠基层自治组织，实现居民自己事情自己解决。通过建立社区读书会、书画会、舞蹈队、合唱队、公益志愿者协会等组织，桃源区广泛吸纳居民参与社区建设和治理，让居民通过自己的活动获得服务，管理自身。

4. 南关模式的治理切入点是以网格化管理为依托，强调矛盾关口前移，科学预防，就地化解。南关区以基层、科技为先，创建了一个以区直部门、街乡、社区、网格为网络，以视频监控系统为支点的科技支撑体系，实现图文影音一体化数字传输的协同工作应用环境，即创新社会服务管理数字信息化综合平台。该平台集"诉求受理、综合治理、数据信息、统计分析"等功能于一体。一方面，在平台与群众之间建立联系纽带——"网格长"，网格长通过自身配备的"手机终端"，与综合平台无缝衔接，实现对群众反映的诉求事件即时掌握、处理与上报。通过每天的巡查、走访，网格长重点加强对社会闲散人员、精神病患者等特殊人群情况的掌握和排查并实现对社区民情的及时、全面把握，力争将矛盾化解在基层，问题处理在基层。另一方面，平台通过建设数据信息子系统，用三维地图、矢量地图、数据列表三种不同的形式管理辖区居民、企业、学校、消防和特殊人群等 15 大类 122 项社会管理综合治理基础数据信息，实现对楼宇、房屋、人员等基础信息的全面搜索、定位；对可能存在不稳定因素的场所和部位进行重点标注；根据重点人群、重点部位的统计数据进行重点预测，起到摸清矛盾纠纷情况、排查安全隐患、评估社会矛盾风险，提前预防和化解社会矛盾的作用。真正做到把矛盾关口前移，从源头上减少、化解社会矛盾。

5. 治理的保障是群众评判唱主角的考评机制。十八大以来，中共治理社会的改革措施都体现了"过程让群众参与、成效让群众评判、成果让群众共享"的理念，让群众真正握住考核政府、领导干部的指挥棒，保障社会治理成效，形成合理的反馈机制。

有效的反馈机制，群众是主体，科学考评系统是支撑。南关区在创新社会综合治理模式中，首先把群众满意作为衡量和检验综合治理成效的根本标准。通过建立群众考核网格长、网格长考核职能部门的路径，每月由网格长对职能部门就群众交办事件的完成度、群众满意度等进行考核评价，评价结果与职能部门领导职务晋升直接挂钩，而最终网格长又交由群众考核。由此，促使职能部门和网格长都不得不"眼睛向下"，围着基层和群众的需求转，把评判服务、治理水平高低的"表决器"交到群众手中。

与此同时，南关区充分利用数字信息化综合平台，建立了电子考评系统，实现了考评由"人控"到"机控"的转变。不仅通过信息平台计分，设立了完善的事件签收、办理时限、工作质效、群众评价情况等科学考核指标，而且通过信息平台与区纪委软环境办公室联网对接，实现了对职能部门的联合全程跟踪督查。

（三）基层社会治理法治化的"南关模式"要点

吉林省长春市南关区在社会管理综合治理工作中，将法治政府、法治社会作为社会管理综合治理目标，有效运用法治思维与法治方式，创新基层社会治理模式，以社会协同为切入点引导基层自治，扩大公众参与，以网格化管理、社会化服务为依托，将基层社会矛盾化解端口前移，形成"党委领导、政府主导、综治协调、部门负责、社会协同"的基层社会治理法治化的工作格局，其要点与推广建议如下。

1. 坚持党在基层社会治理法治化中的领导

法治化的模式移植于西方，借鉴学习了西方很多内容，但是中西方法治模式有一定区别，因为根本政治制度不同，西方法治模式基本建立在多党制和三权分立基础上，我们国家的法治模式则建立在中国共产党领导和人民代表大会制度等基础上。基层社会治理的南关模式的前提和基础就是坚持党的领导。党的领导和社会主义法治是一致的，社会主义法治必须坚持党的领导，党的领导必须依靠社会主义法治。只有在党的领导下依法治国、厉行法治，人民当家作主才能充分实现，国家和社会生活法治化才能有序推进。基层社会治理法治化更要充分发挥基层党组织在全面推进依法治国中的战斗堡垒作用，增强基层干部法治观念、法治为民的意识，提高依法办事能力，建立并完善重心下移、力量下沉的法治工作机制。

（1）充分发挥基层党组的战斗堡垒作用

党的领导是中国特色社会主义最本质的特征，是社会主义法治最根本的保证。把党的领导贯彻到依法治国全过程和各方面，是中国社会主义法治建设的一条基本经验。推进基层治理法治化要健全党领导基层社会治理的制度和工作机制，基层党委要领导和支持工会、共青团、妇联等人民团体和社会组织在基层社会治理法治化中积极发挥作用，基层党委政法委员会应把工作着力点放在把握政治方向、协调各方职能、统筹政法工作、建设政法队伍、督促依法履职、创造公正司法环境上，带头依法办事，保障宪法法律正确统一实施。南关区将"人性化、网格化、信息化、法治化"作为基层社会治理工作的要求，从区、街乡、社区（村）三个层面着手，在组织架构和职能定位上进行了大力度的调整和整合，自上而下建立了一套指挥有力、协调到位、运行有序的组织规范，从组织上保障基层社会治理法治化的推进。

首先，确立以党委统揽基层社会治理的领导机制。南关区委成立了以区委书记、区长任主任，区委副书记、常务副区长、政法委书记任副主任，其他相关区级领导和部门主要领导为成员的社会治安综合治理委员会，调整了区政法委内设机构名称和职能，并设立了社会治安、两新组织、特殊人群等10个专项组。坚持以综治委为统领，在社区成立综治委，建立了区、街乡、社区（村）、网络四级综治网格。以政法队伍为助力，在街乡成立党委政法委，由街（乡）党委副书记担任政法委书记，街（乡）综治办主任担任副书记，委员由街（乡）派出所、司法所、民政等相关部门负责人组成，所有组成人员全部实行兼职，并明确了八项工作职责，建立健全四项工作制度，进一步加强了党的领导。同时，建立了区级领导包保社区工作制度，定期深入下去，主动帮助社区解决问题。真正形成了"组织联建、矛盾联调、治安联防、部门联动、问题联治、平安联创"的齐抓共管工作局面，为基层社会治理法治化奠定了坚实的组织基础。

其次，建立并完善以基层党组织为重心的基层社会治理运行机制。南关区结合长春市城区实际情况和南关区的主要特点，本着"指挥前移，职能下沉，整合资源，充实力量"的工作思路，在街道层面尝试在全区13个街乡推行"街居一体化"工作模式，街道班子成员除党工委书记外，全部下到所辖社区党组织担任第一书记，既实现了街道力量和重心向社区倾斜，又加强了对社区党组织工作的领导。南关区要求第一书记每周都要保证三分之二的时间在社区工作，同社区党组织一道研究工作、解决问题，将社区难以协调、无力破解的难题以行之有效的方式快速解决，得到了居民群众的高度认可。同时，南关区基层党组织不断吸纳社会力量，健全基层队伍，全力打造治保主任、网格长、综治协管员、网格民警、环卫工人平安信息员、义务巡逻队等共4400余人的"六支平安创建队伍"，并多次邀请专家为基层综治队伍进行培训。南关区对基层社会治理法治化建设进行高位统筹，加强了对社区的领导，提高了社区的服务效能。

（2）严格秉持党内法规的约束作用

党内法规既是管党治党的重要依据，也是建设社会主义法治国家的有力保障。基层党组织要提高党内法规执行力，运用党内法规把党要管党、从严治党落到实处，促进党员、干部带头遵守国家法律法规。吉林省长春市南关区现有基层党组织1050个，其中党委35个，党总支56个，党支部959个，党员14097名。多年来，南关区按照"党委领导、政府负责、社会协同、公众参与、法治保障"的工作总要求，坚持打基础、利长远，加大投入、重心下移，下大力气对基层社会治理的内容和形式进行积极探索和实践。南关基层党委在基层建设中更加突出以人为本、执政为民，确立了"服务为先、百姓为重"的工作理念，把服务群众、让群众满意作为一切工作的出发点和落脚点，深刻践行了党的宗旨。同时，南关区牢牢把握群众路线教育实践活动契机，大力开展批评与自我批评，着力纠正社区工作人员存在的"四风问题"，并实现了密切联系群众、了解群众诉求、汇聚民智民慧的工作成效。

（3）有效发挥基层党员的模范作用

党规党纪严于国家法律，党的各级组织和广大党员干部不仅要模范遵守国家法律，而且要按照党规党纪以更高标准严格要求自己，坚定理想信念，践行党的宗旨。党的各级组织和广大党员要对法律怀有敬畏之心，牢记法律红线不可逾越、法律底线不可触碰，应当带头遵守法律，带头依法办事，在基层社会治理法治化建设中充分发挥党组织政治保障作用和党员先锋模范作用。南关区依托开展"基层组织建设年"活动这一载体，基层组织建设触角进一步下延，在网格内建立了党支部，在楼栋庭院成立了党小组，做到了"创新社会治理工作延伸到哪里，党的基层组织就跟进到哪里"。同时，充分调动工青妇、"非公经济组织和社会组织"积极投身创新社会治理工作中，发挥在动员公众参与、吸纳志愿人员、贴近基层群众方面的优势，更好地承担社会服务责任。社区党组织有计划组织开展形式多样的服务活动。服务项目从辖区群众实际需求出发，通过社区干部下去"问需"、发动百姓上门"点单"、利用网络征集"微心愿"等方式，分门别类列出具有不同区域特点的服务项目，体现辖区百姓意愿，实现服务内容与客体需求的统一。在职党员从实际出发，结合工作性质、个人特长和业余时间分配等情况，分类建立志愿服务团队，开展"在职党员活动周""认领微心愿""圆我社区梦"等活动，实现服务方式与主体意愿的统一。全区已有11385名在职党员参与服务活动，共认领服务项目15256个，满足百姓"微心愿"6519个，居民群众的诉求得到了满足，也切实密切了党群关系。

2. 发挥法律在基层社会治理创新中的引领和规范作用，理顺创新与法治的关系

创新在某种意义上就是要突破原有规章制度的局限，中国的改革在某种意义上也是建立在突破原有规章制度局限的基础上，这里也包括社会治理的创新。中共十八届四中全会明确提出必须更好发挥法治的引领和规范作用，重大改革必须于法有据。理顺创新与法治的关系需要明确两点：一是要把法治社会作为社会治理创新的重要价值目标。我们不能为了创新而创新，那些不把民主、法治、文明、自由、平等、公正等作为核心价值观、作为价值目标而只是为了完成上级任务等进行的政绩工程的创新都是经不起历史检验的。"价值问题是不能回避的……因为我们需要这些价值的指引，以便评价结果和事实并权衡各种对抗的利益。我们若不指出法律体系应当促进的价值

就不能具体指出法律的限度。我们至少需要一种关于良好生活的暂定概念。"① 二是要把社会管理法律体系作为社会管理创新的制度基础。比如基层社会治理要依靠并遵循民生民权服务保障法律体系、社会纠纷多元解决法律体系、基层社会自治法律体系、社会管理队伍建设法律体系等。

（1）建设法治政府，依法治理是社会管理创新的关键

法律的生命力在于实施，法律的权威也在于实施。推进基层社会治理的法治化最关键要管好政府的权力，加快建设职能科学、权责法定、执法严明、公开公正、廉洁高效、守法诚信的法治政府，着力提高政府管理和服务社会的权威性。依法行政既要严格遵照法律，切实维护宪法和法律的权威，又要注重依法保障公民的合法权益，抵制基层政府在社会治理中的缺位和越位。不能越位意味着不能用行政手段强行摊派各种行政任务，侵犯基层群众自治权利；不能缺位意味着基层政府不能随意推卸职责，把行政职能任意下沉，让基层社区承担本应属于政府的责任。"凡属重大改革都要于法有据"，基层社会治理的改革创新同样不能无视法律约束，基层社会治理的法治化要求以法治思维、法治方式解决基层社会治理中的现实问题。南关区努力以法治思维和法治方式切实规范基层社会治理工作，科学界定社区的职责范围，以区委区政府名义下发《关于严格社区工作准入制度的意见》，对进入社区的工作任务严格实行"准入制"，凡属党政职能部门应承担的工作内容，决不允许转嫁给社区，不得以行政命令的方式向社区下派任务、下达指标。党政职能部门凡拟将工作任务下达社区的，均要经过区相关部门审批，从而切实减轻了社区的工作负担，促进了社区将更多精力投入服务群众中去，减轻了居民对社区工作人员的抵触情绪，保障了社区基层自治的健康发展。同时，南关区在基层加强软件建设，充分利用、发挥好社区作用，按照"因地制宜、紧贴需求、凸显特色"的要求服务群众，坚持"办公最小化，服务最大化"的工作原则，以群众意见为基础，科学设置社区办公服务场所，避免社区行政化的弊端。南关区政府创新于法有据，治理手段绝不突破法律授予的权限，有效地发挥了基层政府与自治组织的协同功能，实现了基层社会治理的整合效应。

（2）依法行事，以法治规范基层社区自治

法律的权威源自人民的内心拥护和真诚信仰。推进多层次多领域依法治

---

① 〔美〕戈尔丁：《法律哲学》，齐海滨译，三联书店，1987，第133页。

理，要深入开展多层次多形式法治创建活动，深化基层组织和部门、行业依法治理，支持各类社会主体自我约束、自我管理。人民权益要靠法律保障，法律权威要靠人民维护，要充分发挥市民公约、乡规民约、行业规章、团体章程等社会规范在社会治理中的积极作用。南关区基层社会治理始终遵照《城市居民委员会组织法》和《民政部关于在全国推进城市社区建设的意见》，以法治作为基层政府的行政方法，绝不逾越法律的红线，并创新运用法律思维和法治方式规范基层社会治理内容。传统社区管理模式以社区为单位，仅依靠社区居委会完成社区的服务管理任务。南关区根据社区所辖行政区域为基本单位，将全区划分为557个责任网格，组建了网格长、网格民警、义务加补贴选聘的综治协管员、民情信息员等在内的网格队伍，实现了"一格多员、一员多能、多员联办、多格联动"的高效自治格局。每名网格长服务300~400户家庭，服务实效性增强，也更加精细化。网格长是在社区工作者中以民选方式产生，充分给予了公众参与权，社区志愿者也一同被吸纳进网格队伍，实现了社区治理的多元共治。社区工作者同时要接受社区居民的考评，考评结果与补贴金额直接挂钩，社区工作者要始终坚守自身的工作职责，社区工作大事小情的处理均要遵守法律法规以及社区规范。通过社区工作者的疏导和引领，居民群众也都更加愿意通过合理合法的渠道表达自身诉求，社会矛盾也都在基层通过正当程序得到化解。随着社区自治的健康有序发展和理性引领，居民群众都将成为社会主义法治的忠实崇尚者、自觉遵守者、坚定捍卫者。

（3）依法维权，以法治保障基层群众权利

必须弘扬社会主义法治精神，建设社会主义法治文化，增强全社会厉行法治的积极性和主动性，形成守法光荣、违法可耻的社会氛围。建立健全社会组织参与社会事务、维护公共利益、救助困难群众、帮教特殊人群、预防违法犯罪的机制和制度化渠道。南关区打破了固化管理模式，将全区52个职能部门、街乡和水、电、热、气等公共服务企业的2598名工作人员及9大类118项工作职责下沉到社区、网格。组织304名警官、114名法官、检察官、213名律师进社区、进网格，深入群众最需要、问题最突出，矛盾最集中、治安最复杂的地方为群众提供法律咨询，引导群众合理合法诉求。部门网格责任人与对应社区网格长直接进行工作对接，网格长直接协调各部门网格工作人员开展工作，确保网格中出现的问题，第一时间发现、报告、受理、解决，使小事不出网格，大事不出社区、街道。南关区已然形成职能部门围着社区转，社区围着百姓转，转变了工作作风，实现了"为民宗旨"和"公仆角色"的回归。居民群众依法维权有了途径，法治风尚也在职能部门为百姓的服务过程中逐渐形成。

3. 坚持人民群众在基层社会治理法治化进程中的主体地位，理顺创新与群众自治关系

人民是基层社会治理法治化的主体和力量源泉。必须坚持法治建设为了人民、依靠人民、造福人民、保护人民，以保障人民根本权益为出发点和落脚点，保证人民依法享有广泛的权利和自由、承担应尽的义务，维护社会公平正义，促进共同富裕。必须保证人民在党的领导下，依照法律规定，通过各种途径和形式管理国家事务，管理经济和文化事业，管理社会事务。必须使人民认识到法律既是保障自身权利的有力武器，也是必须遵守的行为规范，增强全社会学法、尊法、守法、用法意识，使法律为人民所掌握、所遵守、所运用。

（1）以多元柔性治理为突破口，强化社区自治

推进多层次多领域依法治理要坚持系统治理、依法治理、综合治理、源头治理，提高基层社会治理的法治化水平。改进社会治理方式要加强党委领导，发挥政府主导作用，鼓励和支持社会各方面参与，实现政府治理和社会自我调节、居民自治良性互动，要把社会管理寓于为群众服务之中，在服务中实施管理、在管理中体现服务。南关区从管理到服务的转变关键在于树立了柔性治理理念，从过去单纯依靠强力手段的刚性管理转变为寻求合作、包容的柔性服务，软化社会管理手段，放低社会管理的身段，为基层社会治理法治化推进创造了公众广泛参与、社会组织活力激发、市场力量适当介入的社区自治软环境。南关区以选好载体、抓好活动、做好服务为工作思路，将基层组织和队伍的智慧和力量有效凝聚起来，注重结合实际，突出特色，充分调动了基层社会的主动性和积极性，营造了社区自我调节、自我教育、自我发展的依法治理环境。

首先，南关区做好分类服务，引进市场化和社会化力量满足群众的个性化需求。针对就业困难人员，创建了"社区＋企业"的创业就业服务模式。社区与辖区企业联合创办创业就业基地，提供就业创业援助。建立社区创业就业信息库，及时向居民提供创业项目和就业岗位信息，举办各类用工招聘会。以委托培训的方式建立汽修、家政、厨师等实习基地，增强群众就业技能。利用社区场所，引进编织、刺绣、剪纸等民间工艺，开展订单式培训。

逐步形成以社区为中心、辐射辖区企业的创业就业服务网络。针对老旧散弃小区物业服务问题,创建了"1+3自助式"物业管理服务模式。建立了在政府投入修缮整治基础上,由社区牵头、物业管理服务站提供服务、业主委员会监督、志愿者参与的"1+3自助式"物业管理服务模式。社区负责制定规则,成立物业管理服务站负责设施维护、公共保洁、楼道亮化、治安巡视等基础服务,社会志愿者根据技能、特长提供无偿或低偿服务。针对空巢、孤寡、高龄、特困老人的生活不便,创建了"一卡通"的居家养老服务模式。发放居家养老服务卡,由社区与企业签订协议,为不同年龄段的老人提供购物、家政、餐饮、洗浴等各类服务以及代缴代购、上门服务。南关区根据各社区的不同需求以各类服务手段引导社区自治,促进社区发展,服务和管理均以满足人民群众所求为目标,这不仅提高了社区服务管理效率,还提高了社区居民生活的满意度。

其次,南关区做好党员示范服务活动,不断拓宽社区服务领域。加强和创新社会治理、推进基层平安创建,都离不开基层党组织和广大党员作用的发挥。南关区推行"八种服务模式",通过建立残疾人康复托管基金,发动各级党组织和广大党员与近6000户困难群众、困难党员、困难学生结成帮扶对子,开展优生、生育检查等服务,加强居民物业自治,开展社区文化艺术节和百场文艺演出进社区等活动,使各种具有针对性的重点服务和特色服务得到广泛开展。南关区还依托"基层组织建设年"建立了社会公共服务组织、群众志愿性组织等共342个,在自治组织中已有834个楼栋庭院成立了党小组,涉及社区经济、文化、民生等各个方面,社会组织活力得到大大加强。民生服务在基层、群众诉求在基层、社会治理在基层,南关区政府在管理与服务中与居民形成合力,与社会组织紧密合作,促进了社区自治的良性运转。

此外,南关区还做好精品示范社区,引领社区治理各项工作全面开展。南关区以打造精品示范社区为重点,高标准、分阶段打造了一批基础扎实、特色鲜明、带动力强、群众满意的示范社区。社区建立并完善了"一个中心、两个平台、三个工作站"等各项功能室设置和服务设施建设,提出了"服务团队优、服务功能优、服务载体优、服务机制优、服务评价优"的"五优"标准,制定了具体的量化指标。对社区建设进行定期评估验收和复查,对工作停滞不前、示范作用减弱的予以限期整改;对工作严重滑坡的,撤销称号并予以摘牌。示范社区还秉承"缺啥补啥,有什么问题解决什么问题,什么问题突出就重点解决什么问题"的工作要求,按照项目化运作的方式打造了一批服务群众品牌。东风社区推出便民"宅急送"服务项目，健康胡同社区打造了"五老关爱团"，华阳社区设立了"十分钟文化服务圈"，有力地带动了全区社区服务水平的整体提升。

（2）以政府职能下沉为立足点，强调社会协同

创新社会治理，必须着眼于维护最广大人民根本利益，最大限度增加和谐因素，增强社会发展活力，提高社会治理水平。必须切实转变政府职能，深化行政体制改革，创新行政管理方式。推进国家治理体系和治理能力现代化，必须更加注重改革的系统性、整体性、协同性。南关区以网格化管理、社会化服务为治理方向，健全基层综合服务管理平台，及时反映和协调人民群众各方面各层次利益诉求。南关区把全区57个社区、3个村合理划分为557个责任网格，将辖区50个区直部门、街乡和水、电、热、气等管理部门及公共服务企业的工作职能归纳梳理为9大类118小项具体工作职责和任务；并且将118项内容全部下沉到网格中，以网格为单位，实施社会服务管理。各职能部门依据各自工作职责和任务，指派相应工作人员为网格责任人，工作人员与各个网格相对应，形成了一员多格、一员多能、多员联办、多格联动的工作格局。同时，南关区把公安、行政执法、信访、教育、卫生等12个相关部门的职能在社会治安综合治理信息平台全部整合，疏通了群众利益诉求的表达渠道，实现了跨区域、跨部门的信息网络资源共享应用。南关区还建立了"受理员—网格长—网格协理员—综治协管员—民情信息员"四级管理服务体系，通过日常巡逻、走访、帮扶，发现并解决群众诉求；形成了居民有事找网格长，网格长反馈给职能部门，职能部门及时办理和解决的服务方式，取得了居民足不出户就能表达诉求、服务自身的良好效果。南关区还推行"一站化"服务模式，在社区普遍建立一站式服务大厅，实行开放式集中办公、统一设置党员示范岗，为群众办理劳动保障、民政、计生、国土、城建等各类咨询、申报、预审、代理业务，并通过LED屏或触摸屏提示各类办事指南和流程要求，一揽子解决群众服务诉求。此外，南关区还实行扁平化管理，将区综治办、民生办、应急办、区长公开电话、政务中心、基层党组织服务民生指导中心和软环境管理办公室等7个部门整合成立南关区社会服务管理中心，切实解决了部门之间"单打独斗"政法委唱"独角戏"的问题。

（3）以人民群众满意为指挥棒，强固基层队伍

中共中央组织部印发《关于改进地方党政领导班子和领导干部政绩考

核工作的通知》要求完善干部政绩考核评价指标，更加重视科技创新、教育文化、劳动就业、居民收入、社会保障、人民健康状况方面的考核。这些指标都与人民群众的生产生活息息相关，人民群众则是检验政府绩效和领导干部是否履职尽责的重要评判者。南关区坚持把激励和制约机制引入工作中，建立完善考评机制，切实把工作纳入经济社会发展总体规划、岗位目标责任制、绩效考核和软环境考核中，严格落实综治领导责任制和"一票否决"制度，充分发挥纪检监察机关的监督作用，促使政府各职能部门及街乡"身子沉下去，作风树起来"，工作相互支撑、相互衔接、相互促进、相互监督。网格长直接调动职能部门，发现问题直接上报信息，各职能部门工作成效和服务质量由基层群众做出评价，与绩效挂钩。在社区网格考核和工作目标责任制考核基础上，除按正常程序考核以外，还引入社会第三方调查机构，开展以"服务满意度"为标准的入户走访调查、电话随机测评及网络投票调查，有针对性地对社区干部进行督查、指导，建立多维度的社会评价体系。与此同时，南关区还充分利用数字信息化综合平台，建立了电子考评系统，实现了考评由"人控"到"机控"的转变。不仅通过信息平台计分，还设立了完善的事件签收、办理时限、工作质效、群众评价情况等科学考核指标；同时通过信息平台与区纪委软环境办公室的联网对接，实现了对职能部门的联合全程跟踪督查。南关区实现了社会治理及平安建设的过程让群众参与、成效让群众评判、成果让群众共享，不断提高基层治理队伍的治理水平和基层社会治理手段的现代化。

4. 坚持问题导向，健全依法维权和化解纠纷机制

推进基层社会治理的法治化要强化法律在维护群众权益、化解社会矛盾中的权威地位，引导和支持人们理性表达诉求、依法维护权益，解决好群众最关心最直接最现实的利益问题。要建立健全社会矛盾预警机制、利益表达机制、协商沟通机制、救济救助机制，畅通群众利益协调、权益保障法律渠道。要健全社会矛盾纠纷预防化解机制，完善调解、仲裁、行政裁决、行政复议、诉讼等有机衔接、相互协调的多元化纠纷解决机制。要完善立体化社会治安防控体系，有效防范化解管控影响社会安定的问题，保障人民生命财产安全。

社会矛盾突出与中国社会转型相伴生，是中国社会"成长的烦恼"，相较于长春市其他地区，由于历史和现实的原因，南关区是城市社会管理过程中情况最复杂、压力最大的地区，也是长春城市管理之要害所在，所以有效

化解社会纠纷矛盾是南关区社会治理法治化的重头戏。

（1）强调矛盾就地化解，建立纠纷化解机制

基层社会治理要坚持把全民普法和守法作为长期基础性工作，深入开展法治宣传教育，引导全民自觉守法、遇事找法、解决问题靠法。把法治教育纳入精神文明创建内容，开展群众性法治文化活动，建立法官、检察官、行政执法人员、律师等以案释法制度，加强普法讲师团、普法志愿者队伍建设。南关区基层社会治理工作坚持源头治理和依法治理。南关区从平安家庭抓起，从平安网络创起，充分发挥党委、政府主导作用、行业部门的推动作用、基层单位的主体作用，全面开展了17项基层平安创建活动。通过宣传教育、组织培训，引导群众积极参与平安创建全过程，真正将平安创建工作覆盖到全区各领域、各行业、各部门和家庭、社区、企业等每个社会单元。同时，南关区不断健全完善人民调解、行政调解、司法调解"三式联调、四级联动"工作体系，突出抓好专业性、行业性调解组织建设，建立了109个调委会、91个"百姓说事点"，加强了街乡调委会的规范化建设，专门设立调解室，严格落实"一个包案领导、一个化解专班、一个化解方案、一本工作台账、一个督查队伍"工作要求，防止各类矛盾碰头叠加、蔓延升级，努力实现家庭琐事不出户、矛盾纠纷不出社区、街道；形成了以块为主、条块结合、全方位、全覆盖的调解网络和化解社会矛盾纠纷的整体合力，真正使"组织建设走在工作前、预测工作走在预防前、预防工作走在化解前、化解工作走在激化前"，最大限度地把矛盾纠纷解决在基层，做到有问题就地解决。

（2）运用信息管理手段，掌控基层社会矛盾

从一元单向治理向多元交互共治的结构性变化，意味着我们不仅在思想观念上不再走人治的老路，而且也在政治生态上铲除了人治隐形存在的可能，最终使那种仅停留在口头上的法治无所依凭。南关区创新运用信息化管理手段，建设了集政务服务和社会服务于一身的社会服务管理中心，建成了全面覆盖、动态跟踪、资源共享、联管联用、科学高效的南关区社会治安综合治理信息平台，涵盖"诉求受理、公开电话、综合治理、数据信息、考核评价、综合监管、结果运用、统计分析"等八项功能。在全区建立了三级工作平台：分别在60个社区（村）建立了一级平台——社区受理平台；在52个责任部门、街乡建立二级平台——部门承办平台；在社管中心建立三级平台——区级监督指挥平台，实现了百姓合理诉求的及时发现和快速办

结。同时，把公安、行政执法、信访、教育、卫生等 12 个相关部门的职能在信息平台整合，并为每位网格长配备了移动终端，做到了第一时间发现问题、上报问题、解决问题，为百姓服务更直接、更高效，切实提高了社区服务工作效率和水平。为进一步填充现代化的通信数据库，南关区还采取"专群结合"的方式，将信息采集的触角向群众延伸。实现了对辖区重点部位、人员密集场所等公共安全重点的远程监控和动态监管。南关区现代化的治理手段基本实现了"基础信息数据化、事件办理流程化、防范防控可视化、监督监管常态化、考核评价程序化、结果运用制度化、统计分析自动化"的"七化"标准，为基层社会治理工作提供了坚实的科技支撑。

（3）建立多元共治场所，提高百姓归属意识

推进基层社会治理法治化要加强公民道德建设，弘扬中华优秀传统文化，增强法治的道德底蕴，强化规则意识，倡导契约精神，弘扬公序良俗，发挥法治在解决道德领域突出问题中的作用，引导人们自觉履行法定义务、社会责任、家庭责任。南关区转变工作理念，将"说群众听得懂的话，办群众得实惠的事，做群众信得过的人"作为社区工作目标，要求社区工作人员"做好每一件事，为每一名百姓服务""在管理中突出服务，在服务中实现管理""推开社区一扇门，办理百姓千家事""办好小事情，实现大管理"，不断提高人民群众的安全感和满意度。南关区坚持把推进场所建设作为创新社会治理的重要保障，为社区居民群众的物质、文化、生活需求提供功能完善的基层活动场地。南关区在原有办公用房的基础上，最大限度进行改扩建，加大资源整合力度，采取置换、购买等方式改善条件、扩大面积，更重要的是加强了软件建设，充分利用好、发挥好社区作用。每个社区把80% 以上的空间提供给群众开展各类活动，围绕察民情、解民忧、传民声、聚民心，在社区设置了涵盖党群综合、社会治理、文体活动、养老托幼、教育培训、公共服务等 6 大项、18 类具体功能的服务体系，并根据群众的需求变化，及时调整完善，较好地满足了群众需要。南关区 57 个社区现平均每天参加活动群众的人数在 5000 左右，百姓对社区的依赖程度和归属感明显增强。社区归属感的增强对于弘扬法治精神、强化规则意识、加强公民道德建设发挥着无可替代的作用。

南关区坚持人民主体地位，把解决问题、服务群众作为创新社会治理的根本宗旨，把依法治理、源头治理、多元共治作为基层社会治理的原则，把法治思维和法治方式作为基层社会治理的手段，始终坚持化解问题导向，与

时俱进地运用现代化手段预防和化解基层矛盾，推动了南关区基层社会治理的进程。南关区以网格化走访、网格化代办、网格化服务的治理模式，实现了政府引导、市场运作、社会参与、居民自治的社区自治。南关区以法治作为政府创新和社会治理的规范和底线，有效调整了政府管理与居民自治的关系，促进了基层社会治理的法治化，对中国基层社会发展具有极大的借鉴意义。

第五章　完善中国公众参与政府治理的法治保障体系

第一节　法律视角下公众参与政府治理问题的成因分析

一　基本参与权：宪法保障不足

（一）参与权的抽象宪法保障

宪法作为国家根本大法是国家法律体系中的最高法，其他法律必须遵循宪法精神。同样，宪法对公众参与的保障是公民参与权利得以实现的最根本前提和基础。然而在中国宪法第 2 条、第 27 条、第 41 条等条文中虽然可以推出参与权的内容，但宪法并没有集中、明确地规定参与权。（1）宪法第 2 条虽然规定人民依照法律规定通过各种途径和形式，管理国家事务，管理经济和文化事业，管理社会事务，但是这里的"管理"一词能否包含当前兴起的提出建议、参加听证、参与民意调查等多种多样的参与形式？（2）宪法第 41 条规定中华人民共和国公民对于任何国家机关和国家工作人员有提出批评和建议的权利，但是这里并没有提出明确批评和建议的时间，而这种批评、建议如在事后提出就仅仅意味着起到监督的作用，不能起到集思广益、事前预防的作用。因此从明确性上来看，宪法的规定尚显不足。宪法规定上的抽象性使得一般性法律在公众参与方面的规定缺乏具体依据，造成法律制定的随意性，从而进一步导致公众参与权的行使缺乏有效保障。

（二）知情权与信息公开的矛盾：共享与垄断

知情权是公众参与权的重要组成部分，它是公众参与权能否得到有效行使的基础，是公众行使监督权、参政议政权等权利的基础。上面提到的诸多实践范例中许多问题便是由于公众缺乏对政府政策与行政行为的充分了解而造成不解或对立。可见对知情权的充分保障事关政府政策的执行可能产生的预期效果。同时公众知情权的保障需要以政府有效的信息公开为基础，只有政府建立良好的信息公开制度，公众才能获取足够的信息，也才能保障公众知情权利的落实。但在现实中政府信息公开缺乏内外动力驱使而公众对获取信息的期望值增高，由此两者之间产生信息共享与垄断的矛盾。

知情权属于公众参与权的组成部分，应该在宪法中明确提出，但中国公众知情权则是由宪法规定中的其他条款推定而来的。《中华人民共和国宪法》规定："中华人民共和国的一切权力属于人民。人民行使国家权力的机关是全国人民代表大会和地方各级人民代表大会。人民依照法律规定，通过各种途径和形式，管理国家事务，管理经济和文化事务，管理社会事务。"其中的"一切权力属于人民"表明权力的来源是人民，人民有权利参与国家公共事务的管理，而进行公共事务管理的前提便是获得充分的信息，由此可推定人民具有知情权。而《中华人民共和国宪法》关于监督权的内容也包含了知情权作为行使监督权的基础，可此处的知情权仍旧是由推定获得。同时公众知情权的行使依赖于政府信息公开的程度并以此为基础。而中国的现实情况则是政府信息公开缺乏外在动力即缺乏法律强制性的驱动力。中国现有法律法规中，关于政府公开方面的内容有一部《政府信息公开条例》作为依据，该条例属于政府行政法规，地位低于一般法律，因此效力缺乏一般法律所具有的强制性。公众知情权缺乏根本大法的保障使得政府更无动力积极进行信息公开的工作，这进一步削弱了公众行使知情权的能力。

（三）监督权乏力

中国宪法规定一切权力属于人民，人民有权对国家机关及其工作人员进行批评建议，这是中国在宪法中对公民监督权的表述。监督权的有效行使依赖于两个前提条件：（1）公众能够充分获取相关信息；（2）政府必须对公众提出的批评建议及时回应且制定不回应的相关处罚条例。从上面所述可以了解到中国公众知情权缺乏宪法层面的有效保障，致使公众获取信息的难度加大。同时宪法中只对公众批评建议的权利进行了规定，但没有要求政府必须回应的相关条款，也不存在对未做回应的机构及个人进行追究、惩处的规定。这造成中国公众监督的上述两个前提都无法从宪法上得到充分保障，从而造成公众对政府监督的不力。监督乏力使得公众难以对政府施加约束力，这也使得政府的活动与行为可以更多地从自身利益出发。政府制定政策时的出发点可能不是以人民需求为依据，政府的政策内容可能忽视人民，忽视人民利益，甚至牺牲群众利益；同时，这使得政绩工程、贪污腐败、玩忽职守与滥用职权等违纪违法行为也有了充足的生存空间。

二 制度与法律体系：明确性与系统性不足

(一) 现有法律内容缺乏明确性

1. 主体代表性不足与程序的随意性

在中国，现行的法律法规体系关于听证的法律规定不明确，对于何种公共事务需要组织听证没有统一的标准，听证的主体和内容如何确定、在多大范围内听证、听证的程序与听证会代表如何产生、听证会代表的权利和义务是什么、听证会主持人如何产生及其职责是什么、听证会笔录的法律效力以及听证制度如何与公共决策联系起来等一系列问题的规定都不甚明确。在公民参与立法制度方面，对具体在何种情况下或者何时公民可以参与也未做出具体规定。政务公开是公众有效参与的基本条件和前提，而政府政务公开的内容、方式、时间及不公开的责任等规定都不明确。现有的对信访性质、地位、作用、原则、程序等的规定仅限于有关条例或者文件当中，但信访条例中也没有关于法律责任的规定，导致其他法律法规不能依此制定出具体的操作办法。如果没有明确的参与途径、程序等具体事项的规定，公众便无法参与。

2. 法律规定缺乏可操作性

现有的关于公众参与的很多法规只是对宪法及相关组织法有关规定的简单重复，可操作性不强，难以使立法程序民主化、法治化。要实现立法的民主化，公众就有权了解立法的整个过程，包括查阅人大的议事记录，但这种记录很少向公众公开，公众无法查阅这些资料，这降低了参与的可操作性。有关听证制度的法律规范缺乏详细的实施细则使公众参与听证缺乏可操作性，一些听证会、咨询会只是走形式，走过场，而缺乏实质性内容，在听证制度实施方面带有很大的主观性和随意性，使公众的参与起不到太大的作用。宪法赋予公民信访权利的合法性与现实中缺乏操作性的法律条文之间的错位，使信访工作的开展缺乏可操作性。中国建立了人民陪审员制度作为公民司法参与的重要方式，但有些地方将人民陪审员职业化，导致其成为某些人的专职工作而不是公众司法参与的一种身份。关于民间组织的各种管理法规重复较多，缺乏统一性和可操作性，使民间组织特别是一些联合性社团、志愿团体和公益团体在开展活动过程中无所适从、无法可依，降低了公众参与的效果也阻碍了民间组织的发展。有关公众参与环境保护的规定比较抽象，缺乏可操作性，目前只有环保总局颁布的《环境影响评价公众参与暂行办法》对公众参与环保的具体内容、方法、程序等方面做出了具体的规定，其他环境法规没有解决好环境保护方面公众参与的可操作性问题。宪法赋予公众诸多合法的政治表达方式如集会、游行、示威等，但这些参与机制缺乏系统的支持、规范和约束，导致公众通过这些方式表达民主诉求的可操作性很小。在现实生活中要想扩大公众参与就需要增强法律法规的可操作性，把法律原则外化为可操作的程序规则。

（二）制度供给不足

1. 政府信息公开制度尚需完善

信息公开是公众参与权实现的前提条件之一，公众不了解相关信息就无法做到有效参与从而无法对相关政策项目进行客观公正的评价，也就无法对政策有正确认识，进而影响政策执行的效果。同时监督权的行使也有赖于充足的信息作为基础，缺乏信息支撑公众便没有可能有针对性地对政府行为进行有效监督，监督权也只能具有形式化的外壳而缺乏实际的约束效力。

中国现有对政府信息公开的法律法规是 2008 年 5 月 1 日开始实行的《政府信息公开条例》，它是现今唯一涉及信息公开的成文规定，但在法律位阶上该条例仅属于政府行政法规，法律效力比人大所立法律低。因此《政府信息公开条例》并不具有法律所具备的有力的强制效力，无法给政府足够的外部压力和动力，无法驱使政府真正做到信息的充分合理公开。同时由于公开信息的标准制定得不够明确以及政府信息保密范围的不具体，该条例的实施效果不佳。由此，如上海律师严义明向财政部和发改委申请公开政府预算与决算信息而被告知涉密不宜公开的事情也就不难理解。[①]

2. 缺乏参与的启动制度

参与的启动制度所要解决的是关于公众参与的启动权归属问题，它涉及的内容包括以下几点：（1）公众参与的启动主体是谁；（2）启动需要哪些条件、在哪些领域或范围内需要启动公众参与；（3）启动的程序和原则包括什么。换言之，参与的启动制度要回答的问题包括启动主体、领域和程序。在中国公众参与的启动权只有唯一主体——政府，公众缺乏启动权利和

---

① 罗凯：《信息公开申请未获准　律师提起行政复议》，《21 世纪经济报道》2009 年 2 月 10 日。

途径，这造成公众在参与中更多扮演"听众"的角色，是一种被动消极的参与。这种被动与消极影响了公众参与的积极性，也使得许多关系到公众切身利益的问题无法进入政府视野，更无法走进政策程序成为政策源。如前文中所述，公共租赁房政策制定调研中关于主动寻求帮助一项的调查结果显示仅有少部分人会主动寻求政策帮助，这在一定程度上说明了公众并不认可现有参与的渠道和方式，认为现有渠道无力解决他们的问题。公众没有能力将自身利益投射进政府的视野，本质上便是由启动权缺失造成的。

政府提供公共服务、制定各种政策的最根本目的是提高人民群众的生活质量，为群众提供良好的生活空间与环境，而公众参与则是达成政府目标的重要途径和方式。现有的公众参与政策仅仅涉及利益相关方参与政策制定中的代表性和公平性等问题，却无法回答何种问题、哪些事务可以进入政策领域又是以何种方式进入政策领域的问题。利益多元化造就了多元利益主体利益诉求的丰富，而参与启动权归属的单一性则与利益主体的多元化发生冲突，这造成公众无力进行利益诉求，而政府则因自身能力、精力有限而无暇关注所有繁杂的利益诉求。更多的公众诉求与有限的政府关注之间的矛盾衍生出当下存在的诸多社会问题，这也是参与启动制度缺失所产生的不利影响之一。

3. 缺乏有效的监督机制

为了保证整个参与过程的公开公正，引入第三方监督机制是必要的，这种监督不仅仅是对政府组织开展参与活动所有行为的监督，也是对公众、其他群体行为的监督。监督方应由与协商议题涉及的利益无关的人员组成，在来源范围上，包括国家权力机关代表、政府内部监督机构人员、其他公众和群体的人员代表、新闻媒体等。监督内容应涵盖参与活动的启动召集、具体组织流程、协商过程、达成共识后问题解决过程等，确保所有程序都在阳光、公开、透明的监督下运行。

在中国现有的法律体系中，宪法作为根本大法理应从法律的最高层次对公众监督权加以保护，但如前所述，监督权有效行使的基础便是公众知情权和政府信息公开制度的完善，中国宪法虽然给予监督权以明文保护，但却没有对监督权行使的前提条件进行有力保障。同时其他法律规定中关于监督权的描述也多为抽象规定，缺乏具有可操作性的涉及监督主体、程序、原则等实施内容的具体规则。这造成现有法律和制度无法为公众监督权的有效行使提供充分保障。

三　救济权缺乏保障：宪法、司法与行政

没有救济便没有权利，其意义在于作为权利的救济总是与人的生存、安全和生活质量的连续性状态相关联，这是对人的自身生命和生活持久的和不被外界中断、扭曲、破坏或毁灭的一种最低限度的生存保障方式。① 可见救济权之于公众参与是何其重要。

当公民的知情权、参与权受到侵害时法律应当及时提供救济保障制度。但是，中国尚未建立真正意义上的宪法诉讼制度，作为公众基本权利的参与权不能通过宪法诉讼方式得到救济。"当前，我国面临的主要问题是完善符合中国国情的司法审查制度。'司法审查'在宪法的意义上说，是指由司法性质的机构对立法、行政决定有时还包含某些政治行为和普通法院的判决的合宪性审查，以美国普通法院对法律的合宪性审查和德国宪法法院的全面审查制为代表。在行政法的意义上说，是指法院对行政行为的合法性审查。"② 由于中国目前并没有建立真正意义上的宪法诉讼制度，违宪审查的可能性并不存在。救济权在宪法层面上的保障处于空白状态，一方面这使得政府的行政行为在某些领域可以不受监管，另一方面也造成公众利益受到潜在威胁，在受到实质伤害时也缺乏保护依据。

对于救济中的行政诉讼，当前中国一方面从行政法的意义上说，虽然《行政诉讼法》已颁行多年，《政府信息公开条例》等也规定了行政诉讼的救济渠道。可是另一方面，目前中国仍未将相关的行政行为纳入行政诉讼的受案范围，由此形成现今行政诉讼中的尴尬困境。公众也无法针对行政行为对自身利益造成的伤害进行诉讼赔偿从而救济权也无法得到行使，法律对权利的保障在此处无法得到体现。

四　参与途径：渠道的制度保障不足

一个国家在走向民主化的过程中，政治参与的逐步扩大，是不可阻挡的发展趋势。政治参与的扩大要求政治参与渠道的畅通和多元化，这不能仅仅限于各种基本制度，还需要社会的广泛参与。也就是说，各种社会组织、社团的建立，既是政治参与的主体，也是扩大公众有序政治参与的渠道。中共

---

① 贺海仁：《自我救济的权利》，《法学研究》2005 年第 4 期。
② 黄学贤、齐建东：《试论公民参与权的法律保障》，《甘肃行政学院学报》2009 年第 5 期。

十七大报告指出"发挥社会组织在扩大群众参与、反映群众诉求方面的积极作用，增强社会自治功能"。社会组织是人们以特定利益为纽带，以直接反映其成员所共同关心的问题为目标而结合在一起的社会团体，是扩大公民有序政治参与的社会渠道。因此畅通中国的政治参与渠道就需要充分发挥社会组织的积极作用。

首先，公民进行有序参与的信息渠道梗阻，致使普通公民对政府决策的参与往往是事后参与而非事前参与。以很多媒体报道的厦门市沧海 PX 项目为例。因为此事发生在党的十七大召开之前，正是党在新的形势下提出"扩大公民有序政治参与"的时期，又因为先有中科院院士在内的 105 名全国政协委员的联名反对，才有了该市政府的积极回应，表示会听取公众对此项目的意见。此后事情的发展正如一句俗语所说，墙倒众人推。当地居民向该市政府发出抵制该项目的信息，政府迅速做出了停止该项目建设并迁址的决定。市政府之所以做出如此决定，普通公民的参与即当地居民的参与只是表象。依据中国现实国情来看，一是该市政府不敢"顶风作案"——时值党的十七大即将召开，并不是真正认识到民意的重要性；二是一些中科院院士及全国政协委员的反对在社会上产生巨大影响使得他们望而却步。如此有背民意的项目如果按照"公民有序政治参与"的程序，就应在做出决策之前广泛征求当地居民的意见，此前公民的知情权、参与权没有得到保障才会导致后来的结局。这并不是公民参与的典型事例，却是公民对很多事关自身利益或公众利益的重大决策无法做到事前参与的明证。这种事例在中国不在少数，公众对此问题的参与往往不是事前有关发展的建设性意见被决策部门采纳，而更多的是决策前不知情决策后反映问题。

其次，公民进行参与的制度渠道梗阻。以信访制度为例，随着公民个人意识的觉醒，上访群众增多，虽说个人利益诉求是正当的政治行为，但大量信访问题的存在，从一个方面说明了正常的政治参与渠道不畅通，涉及公民个人利益或权益的问题不能在基层得到及时解决。

最后，公民参与的社会组织渠道不足。中国主要的社会组织是在共产党领导下的工青妇。在现实中，由于多方面原因，工会不能充分发挥作用切实为工人的利益说话；共青团也难以为其组织内的成员争取自身的利益；各级妇联组织相对于其他组织发挥的作用相对要大些，能为社会各阶层的广大妇女就具体的家庭暴力、包办婚姻以及妇女、儿童权益等提供一定的保障。

此外，目前社会上还有一些由高学历和高层次人才等组成的相关行业组织如律师协会、记者协会以及由私营企业主组成的私营企业主联合会、商会等。另外还有一些由国外各种基金资助的非政府组织，但这些非政府组织的存在往往有双向作用：一方面是它集中代表了中国一部分人的利益，能够组织起来进行集中的利益表达，从而实现相对有效的参与；另一方面，资助这些组织的国外企业或机构一般具有资本主义社会的价值观与政治观念，这对中国的政治发展和政治稳定会带来不利的影响。由此可见，中国目前公众进行参与的渠道日益多元化，但这些渠道功能的实现常常打折扣。目前占中国人口最大多数的农民还没有统一的组织来为他们的利益表达做集中协调；在城市化进程中日益壮大的农民工阶层也没有真正代表自己利益的组织。

五　回应机制：法律与制度保障不足

斯特林的《公共部门管理》一书将政府的回应看作对公众利益诉求和对政策接纳程度的一种及时反应，并采取措施解决这些问题。政府回应是政府履行职责的一种表现，是善治理念的一种现实体现。公众参与的意义在于给予公众以表达个人需求，提出利益诉求的渠道，从而使政府决策更为科学、合理，使政策的制定更符合公众需求。这就要求国家一方面必须给予公众参与以法律和制度上的保障，另一方面政府需要对公众参与的结果进行积极回应。缺乏回应性的公众参与使政府有了做表面文章的空间，政府可以仅仅建立参与的渠道而对参与的结果置之不顾。这样的公众参与便只具有形式上的意义，失去了它的本质意义，从而无法达到公众参与的真正目的。政府的回应应该及时与主动，政府应该"第一时间""第一地点"出现在现场，定期主动地向公众征询意见、解释政策和回答问题。在公共事务管理中，政府与公众之间的沟通必须首先保证渠道畅通、机制健全和运转有序，政府还必须积极地对公众和立法机关负责。责任政府的要求意味着政府从控制民意的暗箱操作转变为尊重民意的透明作业。政府的合法性、透明性、法治性是政府具体的运作原则，善治的本质就在于政府与公众对社会生活的合作管理。政府的回应程度提高表明政府责任的加强和善治的逐渐实现。公众对参与政府治理的热情不高、对政府政策的不理解等诸多问题大都是由政府的消极回应引起的。政府的不回应或消极回应使公众认为这种形式化的参与意义不大，他们的利益诉求只具有表达的价值却无法真正影响政府的政策制定，既然公众无法影响政府行为，那么消极的抵触便是对这种缺乏回应的参与方式的一种报答。长此以往，公众便可能对政府开展的公众参与彻底失去信心，政府也很难再以其他途径和方式唤起公众参与的热情。这对于中国政府治理现代化的建设不利，更会对社会的发展形成消极影响。之所以出现政府的消极回应原因有很多。首先，传统行政理念下的政府是以强有力的行政权力为基础，对国家和社会各领域进行管制，公众只是政府管理的对象，缺乏对政府行为的影响能力和渠道。新中国建立初期的政府便具有这种特征，行政机关的权力遍布社会各个角落，乃至对公众个人生活都有所干预。传统行政理念的惯性延续至今并未随着改革开放和市场经济的发展而完全消除。其次，科层制的组织结构造成组织缺乏对外界环境的积极反应。在科层制体制下的政府压抑个人意愿，以强力的整合能力和严密的等级体系为基础强调组织的权威。等级森严的层级体系使政府对公众需求的反应缓慢，甚至忽视个人的利益诉求。它所强调的价值与理念与民主价值、理念存在严重冲突，科层制组织中的官员仅对上负责而缺乏对下的回应动力。传统行政理念和科层制的组织结构导致政府回应意识淡薄，回应能力不足。

除了政府行政理念和自身组织结构的原因之外，缺乏外部压力也是造成政府消极回应的重要原因，这种外部压力主要来自法律法规方面。从法律层面看中国政府缺乏法律的有力约束，中国法律也缺乏对政府回应的硬性要求。在宪法层面看，中国仅仅对公众具备参政议政有所规定，但没有对政府必须做出回应的条款设定。而宪法层面对政府回应的缺失，使得其他法律在涉及公众参与方面的内容制定上也无上位法的依据，在缺乏宪法精神的指导下其他法律对政府回应未做硬性规定便不存在违宪问题。中国现有法律如《立法法》《价格法》等对于公众参与的听证程序、内容都有所规定，但却没有关于政府对公众意见和建议如何利用、回应又以何种形式和程序利用、回应等方面的相关规定。如前所述，中国法律对公众知情权和监督权的保障不力，进一步给予政府以消极回应甚至不回应的理由。政府在缺乏法律约束的情况下没有强制的外在动力对公众进行必要的回应。

此外，制度是规范政府行为的重要方面，回应机制的不足使得制度层面上关于政府回应的建设也难以完善。首先，回应机制的不足表现为回应的制度性缺失，政府虽然依据分层建设、逐级上报，部门设置分工原则设立，但在实践中却存在不少越位和越权干预行为，下级政府的回应主要以上级政府的命令和要求为准，对上级政府负责而不是对公众利益负责并为政府行为的出发点和回应目的。这使公众的利益只有受到上级政府领导的重视才可能进入政策源并成为政府议题。如温家宝总理为农民工讨薪水的情况，一方面说明党和国家领导人关心群众切身利益为民服务，但另一方面也体现出中国政府回应公众需求的制度建设存在重大缺陷，公众切身利益的维护无法依靠制度做保障而是寄希望于"好官"为民办事。其次，回应渠道形式化倾向严重。政府的回应渠道应以便于公众获取信息并反馈信息为标准进行设立。它不应只是政策问题的终端，而应该成为下一次公众参与的起点和渠道；它不应是单向信息的输出，而应是双向的输出与输入，这样回应渠道才具有实际意义。但中国现有的回应渠道多是单向信息输出的一次性反馈，如政务大厅设立的目的在于以一站式受理、一站式服务方便公众的工作生活，可在实际运行中两头受理时如发生一些公众迫切需要解决的问题，只能当面受理后台解决。再如，各地建立的市长热线多数信息并不能真正传递到市长办公室，且许多政策性问题的回复也是敷衍了事，甚至再无下文。哈尔滨曾就市长热线的作用进行调查，结果显示，"30 分钟内拨打 17 个职能部门的电话 9 个为空号；4 个无人接听无法核实；3 个接通后为其它单位，其中职业介绍服务中心的电话是某广告公司，医疗保险处的电话是汇远运输公司；只有 1 个号码与所属部门相符为失业保险基金管理中心。哈尔滨劳动和保障局监督服务内容包括拟定全市企业职工养老保险、失业保险、医疗保险、生育保险、工伤保险和农村社会保险的具体政策，制定全市机关、企事业单位补充养老保险、补充医疗保险政策和补充保险承办机构资格认定标准等多项内容，均与百姓生活息息相关，而其众多服务、投诉电话仅有一部畅通，可想而知其回应效果如何"[①]。原本为弥补回应机制的制度性缺失而设立的市长热线对于渠道的完善往往并无帮助，成为仅具形式化外壳却无任何实际意义的回应渠道。再次，政府回应的"拖延症"问题严重，且回应过程不透明。政府回应机制强调及时与公开，即要求政府必须在第一时间将相关信息公开并做出相应的处理措施，解决当下问题。尤其在应对突发情况进行危机处理的时刻更要求政府回应的及时性和透明性。在信息化时代，信息传递的速度和数量呈几何级数增长，公众获取信息的能力得到增强，各类信息通过网络进入公众视野。政府面对信息的爆炸再无法以传统的围堵方式控制信息流通，这对政府的回应能力提出了更高要求。如在非典时期，中国部分地区存在瞒报、漏报甚至不报的情况，而政府的这种做法最终导致公众陷入恐慌，加上

---

① http：//news. nen. com. cn/jinhushiping/224/3419724. shtml，最后访问日期：2014 年 3 月 15 日。

网络传言四起，使得公众开始抢购板蓝根、消毒水等物资，各地此类商品陷入短缺。再如山西疫苗事件，公众在几年前便向当地政府反映情况，但未引起政府对此事的重视，结果导致悲剧的发生。此类事件的发生都是由于一些政府部门在处理相关问题时存在回应不及时、回应过程不透明、信息发布不完全的问题，从而损害了公众利益，导致社会不安定因素的产生，进而降低了政府在公众心中的权威性。最后，政府回应存在厚此薄彼的不公平问题。政府回应的目的是更深入地了解公众利益诉求，满足公众意愿，提高公众生活水平。然而随着经济的发展，一些政府官员的政绩观出现偏差，不再以为民服务为宗旨，过分强调经济效益。民众满意度与政绩的脱钩，使政府仅对能带来经济收益的事务关注，而涉及民生的"贫寡"等问题则无法引起政府足够的重视。这种片面的回应使公众需求无法得到满足，最终损害了公众利益。同时对于掌握更多资源的强势利益集团，政府也将其视为"座上客"给予各种优惠和优待。对这类利益集团的问题政府都会及时进行回应，并解决关系到集团利益的相关问题，而对于弱势群体政府的回应便存在滞后甚至忽视的现象，产生厚此薄彼的问题。

第二节　参与主体的权利保障

一　明确公众参与权的宪法规定

中国是一个成文法国家，所以从宪法保障的形式上应由宪法对公众参与权进行直接有效的保障，这也是其他一些国家的普遍做法。比如1993年的《俄罗斯联邦宪法》第二章"人和公民的权利与自由"部分的第32条第5款就规定"俄罗斯联邦公民享有参与行使审判权的权利"。[①] 第33条还规定"俄罗斯联邦公民有权向国家机关、地方自治机关提出个人意愿及表达个人和集体请求的权利"[②]。俄罗斯宪法对公众参与权的保障除个人权利和义务的规定外也对公众参与的组织、程序、救济等方面做了相关规定，表明俄罗斯宪法对公众参与权的保障内容是十分丰富的，其范围也非常广泛。正是由

[①] 转引自黄学贤、齐建东《试论公民参与权的法律保障》，《甘肃行政学院学报》2009年第5期。

[②] 转引自刘洪岩《俄罗斯公民参与的法律解读及评析》，《俄罗斯中亚东欧研究》2010年第6期。

于俄罗斯宪法对公众参与的全面保障才使得公众参与的发展能够有序、高效、合理地发展。

通过上面对中国公众参与政府治理中的问题成因分析，可知中国宪法对公众参与的相关规定并不明确，还是一种推定判断，因此在政府进行实际行政行为以及其他相关法律的制定时关于公众参与权利的考量难免产生缺失。因此，中国应通过对宪法中公民权利和义务这部分内容的修改，明确公民有权通过各种形式和途径参与公共事务的决策、执行和监督，并有权对相关决策的制定、执行、监督和评价等各个阶段提出质询和建议。同时应在宪法中对公民的知情权进行明文规定，以宪法的名义从根本上保障公民知情权的地位，从而避免政府信息公开的外在驱动力不足，保障公民能获取足够信息以便行使参与权利。

二　保障社会组织的参与主体地位

个人利益与社会利益共同存在于当今社会，个人利益与社会利益的交织并不是时刻保持一致，当两者发生冲突时个人利益的保护便相对困难，但这并不能成为牺牲部分群体个人利益的理由。参与主体在处于利益博弈的弱势一方时，个人的抗争显得势单力薄，此时组织的出现便成为个人利益诉求得到保护和满足的重要条件。在当今西方发达国家，以社会组织形式出现的公众参与主体逐渐增多，个人利益组织化，个人的利益维护有了组织依托。在美国以维护共同利益而结成的组织有上万之多，虽然在各自所属领域、组织目标和性质等方面存在差异，但它们都能通过积极参与政府治理行为，以不同的形式和方式向政府提出利益诉求维护各自利益。美国各社会组织和利益集团之所以能如此有效地参与政府治理，其法律依据便是美国宪法中对结社自由的保护。詹姆斯·麦迪逊曾简捷地指明了这一点："自由权对于利益集团正如同空气之于火。利益集团是一种没有自由便会即刻夭折的产物。"[1]莱斯特和米尔布拉斯在1963年的《华盛顿的院外活动人员》一书中也以肯定的口吻写道，利益集团的影响来自这一事实，即"利益集团的成员是公民而美国政治制度的制定是要反映公民选票的影响的"[2]。与分散的弱势个

---

[1]　Madison, *The Federalist*, Quoted American Legislative Process: Congress and the State, Englewood Cliffs: Prentice Hall, 1981.

[2]　〔美〕奥恩斯坦、埃尔德:《利益集团、院外活动和政策制订》，潘同文等译，世界知识出版社，1981，第18页。

体相比，利益集团在行政立法的各个阶段都享有优势，行政机关最终做出决定必须依赖的信息在很大程度上来自受管制的利益集团，官僚机构可能会对行政官员构成压力迫使其不得不认可受管制利益集团的地位。①

利益相关者是各国听证制度等公众参与活动中的主要参与者，其代表选举也有重要依据。而代表的产生一般包括两种途径：（1）政府发布公告，公民自愿报名，由相关组织者对申请者进行筛选产生公众代表。（2）利益相关组织通过内部选拔产生参与代表。从规范意义看，在保障参与的品质方面，由非政府组织决定参与行政立法的利益代表人选无疑具有优越性。② 通过社会组织行使参与权，通过组织内部的自治程序、民主程序整合不同意见也有利于理性参与、有序参与。③ 中国宪法第35条明确规定公民有结社自由的权利，国务院在1998年制定了《社会团体登记管理条例》以具体条例落实和细化对公民结社自由的保障。为了规范民办非企业单位的登记管理，国务院在1998年制定了《民办非企业单位登记管理暂行条例》。为了规范基金会的组织和活动、维护基金会、捐赠人和受益人的合法权益，促进社会力量参与公益事业，国务院又于2004年制定颁布了《基金会管理条例》。

但是，目前中国社会团体立法还存在很多问题，比如《社会团体登记管理条例》第3条规定："成立社会团体应当经其业务主管单位审查同意并依照本条例的规定进行登记。社会团体应当具备法人条件。"因此社会团体的设立采取的是双重许可制，即首先需要取得业务主管单位的审查同意，然后再去民政部门办理社会团体登记。这就使社会团体的合法成立非常困难，很多民间组织长期处于"非法"状态，或者以工商注册的形式获得合法性证明（代价是不能够享受非营利组织的免税待遇），而极少数取得合法身份的民间组织也面临各种困难。④ 同时中国现存社会组织绝大部分是政府主导创建的，如社区治理中的居民委员会、各类志愿者组织等，它们有的挂靠政府名下，有的是由事业单位创办。由于这些社会组织的产生并不是社会自身繁衍而出现的，因此这些组织的身份便出现"双重化"特征。一方面这些

① 〔美〕理查德·B. 斯图尔特：《美国行政法的重构》，沈岿译，商务印书馆，2002，第66页。

② 许玉镇、李晓明：《论立法民主参与中公众代表的代表性——以行政立法中的行政相对方为例》，《社会科学战线》2010年第7期。

③ 黄学贤、齐建东：《试论公民参与权的法律保障》，《甘肃行政学院学报》2009年第5期。

④ 王锡锌：《利益组织化、公众参与和个体权利保障》，《东方法学》2008年第4期。

社会组织属性上是社会利益代表，有着自治性；另一方面由于它们挂靠政府财政权和人事权被政府把持，在开展组织行为的过程中具有行政化倾向，乃至具有了官僚作风。半官方半民间的身份使得这些组织在进行向下征询和向上诉求的过程中，更多是对上负责对下敷衍，并不能为组织中的成员和所代表的公众谋求利益，也使得公众参与社会组织的热情降低，进一步阻碍了组织的发展和自治能力的提升。

因此，中国应当尽快制定《社会团体法》，以法律的形式规范并保障结社自由的行使，取消现行的双重许可制，适度放宽社会组织的成立条件，使公民能够较方便地组织社会团体，通过社会团体能够积极、有效地行使参与权。①

三 救济制度的法律完善

救济权的实现有赖于救济实现制度的完善，而制度从形式到实践的过程则需要以法律作为依托和保障。救济权是公众参与中维护自身权益的保障性权利，所谓无救济即无权利正说明了救济权的重要性。救济实现制度的完善应从救济权入宪及扩大行政诉讼和司法审查范围两方面入手。

1. 救济权入宪

救济权应作为公民的基本权利而进入宪法文本当中。中国的宪法应明确：公民在其法定权利受到侵害时享有向独立而不偏倚的法院提起诉讼并由法院依照法定程序进行审判继而做出公正裁判的权利。救济权入宪的意义在于公众救济权利有了最根本的法律保障，国家对公众救济权的保护成为国家义务从而有助于对侵害公民救济权利的主体进行责任追究。并且救济权入宪也意味着，其他诉讼法律内容必须依照宪法所设定的救济权利内容进行相应的条文设定，从而实现对宪法的充实和细化。救济权的宪法表述也在一定程度上能够有效约束政府行为，抑制行政权扩张所带来的权力滥用，从根本上维护公众利益。

2. 扩大行政诉讼和司法审查范围

扩大行政诉讼范围主要是由于中国当前实行的诉讼法所保护的公众权利更多是财产权和人身权，对于公众参与权受到侵害时如何追究政府的行政行为则没有明确规定，公众因此无法针对这些侵害个人利益的行政行为提出诉

---

① 邓佑文：《论行政参与权保障与救济制度的完善》，《理论学刊》2012 年第 3 期。

讼申请，从而无法维护个人利益。因此中国应将公众的参与权纳入行政诉讼范围，规定政府行政行为一旦侵犯公众参与权时公众有权利提出诉讼申请，这样才能从法律层面保护公众参与权的实现。

司法审查范围的扩大主要包括宪法诉讼制度的建立和行政诉讼制度的完善。前面所述救济权入宪便是建立宪法诉讼制度的基础，在法律法规缺乏对公众救济权的规定时宪法诉讼能为公众提供直接救济。除为公众提供直接救济外，司法审查也应包括违宪审查，对于违反宪法精神和规定损害公众利益的法律法规进行撤销或更改，保护法律体系的公正性，为公众权益的实现提供良好的法律环境。而司法审查所需的行政诉讼制度的完善主要是指行政诉讼法中应将规范性文件纳入司法审查范围，保障相对人的诉讼权利。

第三节　公众参与途径的拓展与法律规定的完善

一　细化参与主体及代表遴选程序的法律规定

公众参与的主体在前面已有论述，它包括公众个体以及社会组织，而此处所论述的参与主体范围则是专门以听证会为基础，确定听证会中的参与主体范围及主体的参与资格和选拔等问题。听证是为了获取公众意见，提高听证所涉及事项的科学性、公正性。而公正性的前提便是确立合理的听证参与主体以便使听证参与者的身份具有较高的代表性，能够代表某一群体参与到政府治理过程中。

对于参与主体范围的明确，首先从行政机关方面进行分析。从宏观层面而言听证需要包括意见提供者和意见听取者。在实践中意见的提供者主要是公众，而听取方则是相关行政机关或部门。在中国听证制度中，关于意见听取者的界定存在规定不一的情况。政府一般是以组织者的身份参与听证会，但哪些行政机关或部门成为组织者，成为组织者的依据何在，在中国不同法律的界定中并无统一规定。一些听证是由该领域内的决策机关直接组织，而有些事项则是一级政府委托本级政府组成部门进行听证的组织工作。组织者来源的不同直接影响的便是听证实施的效果，决策者直接组织便于信息传递的及时与完整，而委托听证则能在一定程度上避免决策者直接听证时可能的选择性听取行为。因此中国应该从更高层级制定统一的听证法规，根据事务范围和特点的不同确定哪些事项决策机关可直接组织听证，哪些事项需要进行委托听证。这样既能考虑不同领域的差异性问题，防止规定的片面性，又能从宏观层面给予政府组织听证以政策法规的指导。

就公众参与方而言，参与主体范围的确立主要涉及的问题包括公众参与听证的资格要求有哪些、申请程序是什么、以何种标准对听证申请者进行选拔并确定其参与资格，即公众参与的代表遴选问题。在前面叙述参与途径的第三章中，我们已经就公众参与听证的代表遴选问题进行了论述，总结出中国代表遴选存在的问题：第一，遴选程序缺乏公开性和科学性；第二，代表参与能力弱，专业性不强；第三，行政化倾向严重；第四，遴选过程的监督机制不健全。针对以上问题，笔者认为应该从以下几个方面对中国代表遴选制度进行改善。

首先，拓展代表遴选的信息发布渠道。政府除使用新兴的网络渠道进行听证信息的公开外，也需要对电视传媒、新闻报刊等传统媒介进行有效利用，形成全方位、立体化的政府信息公开渠道。这样做一方面能推进政府信息公开和宣传的渠道建设，另一方面能拓宽公众参与的利益表达和信息反馈的渠道。此外在公众申请方面除网络申请外应该加强对电话、传真和信件申请的渠道建设，保证公众拥有充足有效的参与路径，能通过多种渠道参与政府治理。同时对于公告和通知的时限也要酌情延长，以便信息的传递范围能随时间的推移变得更为广泛，让更多的人知晓并参与到政府治理中。

其次，健全代表遴选制度，保障弱势群体的参与权。政府要加强公众政治参与的制度化建设，在充分尊重宪法和法律赋予公众的政治权利和自由的前提下，对公众的权利义务、公众在政府决策中的身份、参与方式和渠道、程序和准则等进行法律确认并以此为依据对公众的行为加以规范。在目前的社会发展阶段，受决策成本和决策效率的限制，所有公民还不可能直接参与社会事务管理，但是政府可以根据不同的利益主张划分不同的利益群体，在同一群体中选取代表参与到政府决策当中，这已成为一种必然要求。代表参与决策的本意是为了提升决策的时效性，但是代表不是一个单纯数量概念，关键在于所选出的代表能否有效代表和维护推举人或团体的利益，是否具备参与决策的品质和能力。应依据严格的遴选程序，选出素质和能力真正符合参与政府决策要求的代表。利益不同群体的代表遴选方式也不同，首先，要按照遴选程序选出符合要求自愿报名的代表，然后将遴选的代表按照收入水平进行分类，保证每一收入阶层都有代表入选，同时兼顾弱势群体和低层人士所占的比例，最后确定正式的代表。有些决策需要专业性强的代表参与，应由专业部门或代表的单位负责选拔，专家代表有普通代表所不具备的专业知识，可以对决策方案进行专业性分析，对未来可能出现的后果进行专业预测，预测结果具有一定权威性。因此专家代表是否公平公正，其背景知识是否专业，也是影响政府决策的重要因素。

再次，加强对遴选代表参与能力的培养，形成完善的培养机制。建立遴选代表的培养机制，通过不同途径对公众代表进行引导与教育，培养他们对政府决策和行政行为的正确理解和认识，一方面有助于遴选代表的参与更为科学有效能，从根本上对政府的治理工作提出科学合理的意见和建议；另一方面参政议政能力的提高可以进一步提升公众参与的热情，为公众通过其他途径参与政府各领域的治理或决策打下坚实基础。培养机制的建立还能正确引导公众对中国现状和未来发展有深入的认识，使公众的利益诉求和表达方式符合中国社会发展的目标，从而促使公众有序参与政府治理。有序的参与能进一步减少各利益团体间的矛盾以及个人利益和公共利益的摩擦，为实现公共利益提供保障。同时中国政府的现代治理体系的完善也有赖于具备高素质的参政议政公众的参与，这种参与能促进政府向着治理能力现代化方向发展。

最后，代表遴选监督机制的完善。完善的监督机制是公众代表遴选公正性与公平性的重要前提，代表遴选的每个环节都应该有制度做依据，有法律给予的有力保障做基础。要完善代表遴选的监督机制，（1）应加强信息的公开，以广泛的大众传媒为载体将遴选的程序、方式、方法等信息置于公众视野下，形成社会有力的社会监督。必须严格按照制度要求遴选参政代表，充分利用公共媒体和相关部门的作用监督代表遴选过程，使整个遴选过程对媒体和公共组织公开透明，促进遴选过程在"阳光"下运行。① 单位内部原则上不宜推选以"聘请"形式产生的代表，行业负责人不能指派"举荐"形式产生的代表，不能一次就确定"随机抽取"形式产生的代表。②（2）应加强对代表遴选中的违规违法行为进行责任追究。责任追究强调对未按规定履行职责的组织或个人进行相应处罚，这样便能够将代表遴选纳入法律保护的范畴，对公众参与权的保障更为有力。对于一些事件中的不法行为以及不

---

① 许玉镇：《论公众参与政府决策的代表遴选机制》，《哈尔滨工业大学学报》（社会科学版）2013 年第 6 期。
② 王锡锌主编《行政过程中公众参与的制度实践》，第 8 页。

合乎政策的措施，应该依法给予相关责任人以适量的惩处。完善公权力责任监督机制应当在责任类型化的基础上建构一套贯穿于公权力行使过程的责任监督机制并逐步完成规范化的任务。（3）应将代表身份的公开纳入法制范畴。如果遴选出的代表仅能代表个人，只为个人利益的维护做出努力，那么代表性便由此丧失，公众参与的民主化和公正性也就此失去意义。代表身份的公开一方面有助于公众获取足够的代表信息进行社会监督；另一方面也能将代表置于法律的强制约束和监督体系下，增强公众代表的责任感，促使其履行代表职责，保护公众利益。只有在法律和制度框架内进行的代表遴选才能为公众的参与提供良好的制度基础与法制环境。

二　参与途径的拓展与法律保障

参与途径拓展的目的在于为公众提供更多的参与渠道、丰富公众参与的形式和方式，也能对现有途径存在的问题和缺陷进行有效弥补。因此本书并没有对听证会、信访等现行的主要途径进行论述，而是以参与途径建立的目的不同提出可能的新型参与途径以及对现有的一些新兴途径提出针对性的建议和对策。本书对公众参与途径的分类是以孙柏瑛教授关于公民参与的相关论述以及托马斯的"公民参与的有效决策模型"为依据做出的。在此笔者将公众参与的途径以参与目的为依据分为两类：（1）信息获取和传递的参与途径；（2）提高政策科学性与公正性的参与途径：民主座谈与专家咨询。

（一）信息获取和传递的公众参与途径

1. 政府发起的参与：公民调查、公众评议

公民调查是通过电话访谈、调查问卷和网络问卷等方式随机选取公众参与，调查了解公众对某一事务或问题的看法及态度、意见和建议的一种公众参与途径。孙柏瑛教授认为，当管理者需要从大范围的公众那里获取更具代表性的信息而又不希望与之分享决策权的情况下这种方式最为恰当。[①] 公民调查除了更具广泛意义上的代表性之外，其效率也颇高。但这种高效率需要以问卷的合理设计、调查时间的科学设定为前提。公民调查除具有广泛代表性和高效率的优势外，自身也有实施的局限性。因为公民调查多采取问卷形式，开放性问卷可能导致公众无从下手，而封闭式问卷则存在难以反映公众

---

① 孙柏瑛、杜英歌：《地方治理中的有序公民参与》，中国人民大学出版社，2013，第145页。

对某一问题的感知强烈度，从而难以获取公众对该问题的真实意愿。这就造成了信息失真，使问卷调查的价值大打折扣。因此公民调查只适合政府在有了明确方案后希望了解公众观点时使用。同时公民调查如果定期进行，有利于政府对某一政策实施效果的持续关注，从而判断公众意愿和需求的未来走势。

公众评议政府主要是针对政府行为的一种考核，多用于政府的绩效考核。公众评议政府源自 20 世纪 70 年代的欧美国家，从撒切尔政府的"雷纳绩效评审"开始至今各国以不同形式和名称开展公众对政府的评价活动。自 1998 年开始中国各地便展开了公众评议政府行动，如沈阳市的"市民评议政府"、珠海市的"万人评议政府"、广州市的"市民评价政府形象"、南京市的"万人评价机关"等。近年来随着国家对政府绩效考核体系建设的重视，公众评议的形式发生变化，不再采取传统喊口号的开展运动模式，而是将其纳入政府考核评价体系，通过制度化的渠道完善公众对政府的评价活动。虽然公众评议政府是一种自下而上的对政府的考核方式，能在一定程度上弥补传统的自上而下的评价方式的缺陷，但公众评议政府本身也具有自身局限。首先，信息的匮乏使公众缺乏对政府工作的全面评议能力，公众评议的客观性不足。其次，评议结果的信息收集和处理机关独立性缺失，大部分机构是政府组成部门，很难做到对结果的合理运用。最后，公众评议政府根本目的是让政府认清其行为与公众实际需求的满足程度之间的差距，使政府能积极应对，缩小差距。对于出现问题的政府及个人的惩处只是手段并不是目的。但在实践中许多地方政府将手段当作目的，以惩处代替激励，错用公众评议结果。这是传统政府行政理念的延续，而当代治理理念下的政府应该对此给予改革。虽然公众评议政府作为公众参与的途径有诸多局限，但不能否认该途径能够有效改善政府与公众关系，增加政府行为的透明度并强化政府责任意识。因此中国应进一步加强信息公开，增强评议组织的独立性，合理利用评议结果，改变传统行政理念，从而完善公众对政府的评议活动，使公众参与能多一种有效途径。

2. 公众的主动参与：市长热线、网络参与

《地方治理中的有序公民参与》一书对公众主动参与有以下论述：当公民向公共行政管理者表达对政府公共服务的需求、意见或他们对某项政策的偏好时，他们通常会采取主动接触政府官员这种政治参与的方法即公民发起的接触，通过这个途径公民自发地与政府机构取得联系，要求提供某项服

务，表达对某项服务或服务机关的不满或提出其他要求和意见。① 公众主动发起的参与所反映的个性化的需求，虽然欠缺代表性，但它所涉及的问题却能为制度和政策的完善提供一定建议具有参考价值。在中国，公众主动发起的参与主要通过两种途径进行：市长热线和网络渠道。

中国绝大部分地方政府都建立了市长热线，它所涉及的问题领域十分广泛，既包括政治方面的某些政策执行问题，也包括公民在生活中遇到的具体问题。相较于政府发起的就某一问题的意见征询，公众更愿意探讨涉及个人利益、贴近个人生活的问题。通过市长热线，公众能更直接地反映个人需求，表达个人意愿。但如前所述，市长热线的发展并不能满足公众需求，形式化的倾向使公众积极性受挫。针对此类现象，应在程序上加以完善。首先明确市长热线办公室的权限；其次对受理问题呈报的程序加以细化，即明确问题受理以何种形式进行、记录如何报送相关单位、相关单位针对此事的处理如何后续跟进等；再次对受理问题进行分类，哪些问题需要上报至哪一层级，问题属于单一部门的直接交付相应部门，问题属于跨部门的需要协调各部门采取解决措施；最后对于问题的解决结果热线办公室需要进行跟进了解，获取公众的信息反馈。

网络作为信息时代的重要载体具有信息传递和反馈的及时性、传播范围的广泛性等特点。网络的这些特性使得公众获取信息的时间成本大大减低，同时增强了公众参与的热情。网络参与已成为公众参与政府治理的重要途径，微博问政、网络反腐成为公众网络参与的重要内容。对网络参与途径的优化与完善，应从政府治理和法律规范两方面入手。从政府治理角度出发，应正视网络参与的作用，改变传统的应对方式。网络对信息的传播具有几何级数的增长速度，范围之广、信息量之大、参与主体的数量之多是其他传播渠道所不具备的，也是历史上任何时期都不曾出现的。可以说，网络的出现给中国政府的治理提出了重大挑战。面对这种挑战中国政府虽开始了自我改变，但仍旧存在以老观念旧方法应对网络参与的现象。传统行政观念下政府对传播媒介具有绝对控制权，以强制性的行政权力管理传播媒介，当媒介出现不利于政府管理的信息时，它们可以很快地找到信息源并能很快控制信息的流通，因此很少出现失控现象。可如今的网络不再受政府的绝对控制，政府能掌握的仅有部分网络渠道，对于遍布世界的网络光缆和移动终端没有能

---

① 孙柏瑛、杜英歌：《地方治理中的有序公民参与》，第 141 页。

力和精力——把控。因此政府必须转变观念，对网络参与给予高度重视。当然这种重视不是以传统的强制手段进行打击和销毁，而是要对网络参与所涉及的领域和问题进行积极的回应，正确认识网络对政府治理的积极作用。从法律角度出发，在制定相关法律法规时不应以"围堵"为目的，而应以"疏通引导"为目的，规范网络参与的发展。当下中国已颁布的许多规范网络行为的法律多是以围堵和限制为内容，加强对网络的管制强调对违规者的处罚。可网络自身具有广泛性特征，并不是围追堵截便能治理的，这样的管制型法律只能起到事后惩处的作用，无法对网络的未来发展起到规范引导作用。而网络参与具备与网络信息传播相同的特点，网络参与没有资格限定，参与主体的范围十分广泛，而对政府治理和社会问题的讨论范围和话语内容也纷繁复杂，许多领域的事件都可能成为网络参与的热议话题。限制性条款仅能对部分人群、部分话题乃至部分网络渠道进行规约，无法将整个网络纳入管辖范围。因此在制定相关法律时不应将作为规范的惩处手段当作目的和标准设计法律条款，而应通过法律的强制性特征一方面对违法行为进行惩处，另一方面更要对网络的发展起到规划引导作用，并能保障网络参与主体的权利行使。只有结合网络特点制定的相关制度和法律，才能真正起到对网络参与的规范和保障作用。

（二）提高政策科学性与公正性的参与途径：民主座谈与专家咨询

1. 民主座谈

在德国、丹麦等发达国家，公众参与政府治理的重要途径之一便是公民会议，其形式是政府选取议题，公众参与讨论。公民会议中的公众并不一定具备专业知识，对议题的了解是通过对相关材料的阅读获取的，在会议上公众可以就该议题表达个人观点，并进行讨论或通过辩论形成共识，为政府提供参考意见。中国的民主座谈会是公众参与政府治理的途径之一，虽然它与公民会议存在差异，但本质上仍是政府与公众就某一问题进行合作的一种方式。在中国民主座谈会的形式和程序较为松散，缺乏严谨性，对于某一问题所提出的建议的参考价值也因此有所降低。因此应吸收国外公民会议的成功经验，尤其是在程序上应该借鉴公民会议的严谨性。首先对于议题的挑选，公民会议一般是由官方机构进行议题筛选。对此中国在政府挑选议题的基础上，应赋予公众相应权利探讨公众更为关注的问题。其次参与者的资格应放宽，只要对该议题有兴趣即可进行申请而不对其职业、性别和专业知识进行条件限定。最后参与结果应该形成书面文件，一方面交予政府形成参考性建议，另一方面要通过网络和报刊等传媒告知广大公众。

2. 专家咨询

专家咨询是通过政府就某一议题邀请专家组成顾问团或直接委托民间咨询组织、科研单位及高校等共同针对某议题进行商讨以提高政策制定的质量、确保政策的科学性和民主化的一种公众参与形式。在国外公众就政策议题的参与除听证会外，还可以通过公民咨询委员会的形式进行。国外公民咨询委员会是以利益群体和社会组织的代表为组织成员，它不面向最广泛的公众群体，而是仅针对公众组织代表而设立的一种参与形式。由于中国公众组织和利益团体的发展不平衡、不完善，因此很难设立与国外相同的公民咨询委员会，而专家咨询委员会与其目的和性质相近，代替了公民咨询委员会，成为中国公众参与的途径之一。

中国各级政府都在不同程度上为专家咨询提供了参与渠道，部分政府聘请专家成立专门的专家咨询委员会或专家咨询团，无论名称有何差别，其本质都是相同的。专家咨询委员会将参与主体的范围限制在"专家"层面，这可能会引起公众对其代表性的争议。这种质疑有其合理性，但不能因此忽视专家咨询对提高政府决策质量以及对丰富公众参与途径的意义。专家参与咨询的价值体现为他们所具有的专业知识和技能对专业领域内的理论与实践问题的认知深度和广度，对政策问题从理论角度进行分析研究的能力，专家咨询的目的在于提高政策的质量。从价值、目的和意义方面考量专家咨询可知，代表性在这里并不是十分严重的问题也无法掩盖专家咨询的价值所在。因此完善专家咨询制度，有效利用专家咨询委员会的政策建议便显得十分重要。现有的专家咨询组织主要包括政府内部或政府领导的政策研究室和参政室即内部智囊团；还有政府外部的高校、民间组织、专家咨询委员会以及专门的咨询公司。内部专家咨询组织侧重于进行时效性强的政策研究，为政府提供及时的参考建议。在外部专家咨询组织中，高校侧重于理论层面的研究将实践经验上升到理论总结；民间组织则侧重对涉及自身领域内的问题进行专门研究；专家咨询委员会作为某种组织结构松散，没有层级结构，是各领域内的专家在政府组织下对行政机关所提出的问题进行研究；咨询公司参与政府活动是近年来兴起的一种专家咨询方式，它们对政府治理的参与范围广泛，既包括政策咨询，也包括对政府绩效评估和政府组织改革等内部问题的咨询。内部政研室与外部咨询组织共同构成中国专家咨询这一参与形式的主体结构。

目前中国专家参与政府治理的方式主要包括以下几种：第一，专题咨询即在政府主导下就政府关心的某一问题进行专门研究并为政府提供对策建议。第二，对重大事项、政策制定以及制度设计的研究论证。重大项目在建设前都需要征询有关专家的意见和建议，此外制度设计和政策制定除开始之前的研究论证外，专家咨询也在执行、监督与评估的各阶段发挥重要作用。而像机构改革、工资改革、事业单位改革等问题专家咨询一方面可以为政府提供建设性意见，另一方面也能使一般公众对政府政策有更深层次的理解，起到良好的信息传播和知识普及作用。第三，对政府工作的评估评价。随着绩效考核体系建设在中国的全面开展，针对评估主体独立性的质疑增多，政府的自我评估并不能使公众满意，也无助于客观公正地看待政府行为，因此对独立第三方的引入成为绩效考核体系进一步完善的关键。专家组织尤其是咨询公司在这方面相比于政府内部以及和政府联系密切的高校与民间组织有着更明显的独立性优势。咨询公司来自市场，以营利为目的，有独立的财会系统和人事权利，不受政府的经济和人事制约，可以公正客观地对政府进行绩效评估。

通过以上的分析与论述可知，专家咨询作为公众参与的一种途径可以很好地为政府的政策制定提供具有科学性的参考意见，提高政府决策质量进而促进政府不断革新与发展。完善专家咨询渠道应从以下三点入手：首先，提供高效、畅通的互动运行机制。对于专家咨询的利用中国政府更倾向于将政策议题交由内部咨询组织，对于外部组织的引入和利用较少，一些涉及外部参与的方式受到政府的轻视或者忽视，逐渐沦为形式化的"表面文章"。对此政府应积极整合各种专家组织形成立体性、交叉性的专家咨询网络，实现内外部专家资源的优化配置与合理利用。尤其应注重对外部专家咨询的利用，使更具独立性的专家组织能从相对客观的视角和价值观出发研究政府议题，分析公众的利益诉求。其次，优化专家咨询的制度建设。专家咨询的客观、公正需要制度作为保障，专家咨询的客观有赖于以专家自身及其所属组织的独立性为基础，必须对专家的独立地位从制度设计上做出专门保障。专家咨询的公正需要制度确保，专家咨询中的言论免责，这样才可以使专家在轻松的氛围中畅所欲言，提出有针对性的批评建议，其言论不受政府左右。当然言论免责并不是说可以让专家在言论上为所欲为随意提出建议和意见，这种自由需要在责任追究的制度约束下实现。最后，完善专家咨询的法律保障。制度的实施需要法律的完备作为基础，只有将专家咨询制度纳入法制轨道，才能实现对专家咨询制度的有力保障。中国各级政府应该制定专家咨询的相关法规和制度章程对专家咨询从法律上进行严格规定，明确专家咨询的地位、性质、范围等。同时应颁布实施细则就专家咨询的具体程序包括筛选方式、起始过程等做出细致规定，使专家咨询具有实践中的可操作性。

第四节　完善公众参与的制度建设

一　信息公开制度

政府信息公开制度最早出现在北欧的瑞典。早在 1776 年瑞典就制定了《出版自由法》赋予普通市民享有要求法院和行政机关公开有关公文的权利。不过真正率先实现政府信息公开制度规范化的当属美国。到目前为止，世界上已经有澳大利亚、加拿大、法国、德国、英国、韩国、日本等 40 多个国家和地区制定了专门的信息公开法。从这些国家和地区的信息公开法中可以看到如下共性的内容。首先，由于信息公开的法制化涉及政府文件、会议、电子记录等诸多信息载体的公开以及公民隐私权、国家秘密、商业秘密的保护等一系列问题，因而制定单一的信息公开法典是困难而且不现实的。以美国为例，美国的政务信息公开制度由一系列法律构成，其《信息自由法》仅仅是对美国联邦政府各机构公开政府信息做出了规定。此外美国于 1972 年制定《咨询委员会法》，规定联邦行政机关的咨询委员会的组织、文件和会议等必须公开。1976 年颁布的美国《阳光下的政府法》进一步规定合议制行政机关的会议必须公开，公众有权观察会议，取得会议情报。1974 年美国又制定了《隐私权法》，旨在保护公民隐私权不受政府机关侵害，控制行政机关处理个人记录的行为，保护个人检阅关于自己的档案的权利。美国这种分阶段、分步骤地进行信息公开立法、最终形成一个内部和谐的法律体系的务实做法对中国来说无疑是值得借鉴的。其次，人们常常以议会制定专门的信息公开法作为国家信息公开法完成的标志，但是事实并非如此。因为如果时机不成熟就匆忙地制定全国统一的信息公开法将会产生负面影响。对此可以借鉴韩国的经验，先在地方制定相应的信息公开条例，然后议会在总结各地条例制定经验的基础上制定出在全国范围内实施的信息公开法。最后，在发达国家信息公开法治化的进程中，有效的诉讼机制是极为重要的环节。美国的经验为此提供了有力的证据。在美国涉及信息公开的诉讼有两种：一种是"情报自由法诉讼"，即公众有权针对政府信息不公开而向法院起诉，请求法院命令政府信息公开；另一种是"反情报自由法的诉讼"。美国的经验显示较完善的公开诉讼权制度对信息公开法治化具有巨大的推动作用。

当前，中国信息公开实施效果不佳的一个重要原因是规范依据不足，作为行政法规的《政府信息公开条例》与作为法律的《中华人民共和国保守国家秘密法》《中华人民共和国档案法》在保密事项、公开程序等方面的关系没有理顺。制度完善的工作已经开始进行，在 2009 年 6 月 22 日召开的十一届全国人大常委会第九次会议上《保密法》修订草案首次提交立法机关审议。但与社会各界的广泛期待不同，此次法律修订重心在于强化保密管理、严格保密责任，而如何确定国家秘密与政府信息公开之间的边界、如何解决《保密法》落后导致的妨碍透明政府建设和公民知情权保障等问题，并不是此次修订《保密法》的重点。① 因此在《政府信息公开条例》的基础上，中国还应当尽快制定《信息公开法》，以这一特别法协调法律规范之间的关系，保障公众的知情权，为公民参与权的行使创造条件。

首先，制定《政府信息公开法》是为了确保政府对其负有责任的社会公众提供获取政府信息资源的机会和途径，从而实现资源共享，最大限度地使用政府信息资源。其次，政府信息应以公开为原则不公开为例外，即除涉及国家秘密、商业秘密和个人隐私等确属无法公开的事项以外，其余一切均应公开。政府信息公开的范围大小决定了信息公开的程度。因此应当明确规定政府信息公开的范围，使公众确实了解哪些信息资源是可以依法获得的。再次，政府信息公开的方式应以最大限度地方便公众获取政府信息为出发点。最后，政府应当设置不履行信息公开义务行为的法律后果及补救途径。政府文件在信息应当公开而未公开时对公众不生效力；应当明确规定政府机关及其工作人员无正当理由拒不提供信息所应承担的法律责任；明确公民知情权因政府信息公开出现问题而受到侵害时可以采取的法律救济途径，包括行政救济和司法救济等途径。

总之，公众行政参与权的行使确实可以促使行政机关考虑相关利益，促进行政决策的科学性与正当性，形成政府与公众之间的良性互动，同时也可将纠纷解决机制前置，促成多元利益主体之间的妥协与让步，化解冲突与矛盾，实现社会和谐。不可否认的是，公众行政参与权的行使确实也存在诸多弊端，如可能导致在行政决策过程中不同利益之间的对抗与冲突，使得行政

---

① 秦旭东：《〈保密法〉修订进一步强化保密责任》，财经网，2009 年 6 月 23 日。

机关难以抉择；利益主体的参与也不可能完全避免行政机关在做出决策时偏向某种利益如组织化的利益；民主参与机制也会造成行政成本的扩大或工作效率低下；等等。为了避免这些问题，行政机关可能会尽力采用非正式的决策程序方式达成行政管理目的，造成利益代表机制的虚置。如在法律规定"听取意见可以采取座谈会、论证会、听证会等多种形式"时，行政机关可能会选择采取座谈会、论证会、书面提交意见等形式而避免采用正式的听证程序。即使在法律规定采用正式听证制度的领域，由于法律规定的不明确性，行政机关仍有很大的裁量空间选择决策方式。但是，我们不能由此而否定公众行政参与权的合理性及其在行政过程中的意义。在民主制度下，行政民主化的趋势不可阻挡，公众行政参与权的实现是现代行政的必然要求。

二　社会监督制度

监督制度是保障公众权益，规范政府行为的重要保障，通过对政府行为的监督可以发现政府政策及其他行政行为的错误或执行过程中的偏差，有利于政府及时改善自身行为，提高施政能力。针对政府的监督主要包括两方面内容即内部监督和外部监督，而在外部监督中涉及公众参与程度较高的是社会监督。社会监督属于外部监督，它属于非权力监督，能在一定程度上弥补内部监督的不足和空白，其监督主体便是公民、社会组织以及新闻传媒等。中国现有的社会监督主要包括传统途径下的信访监督以及舆论监督。

（一）信访监督

信访监督是中国目前一种主要的社会监督形式，其主要功能是群众对政府行为提出批评、建议并通过信访途径维护个人或集体利益。中国宪法赋予公民广泛的民主权利，每一位公民对国家的各项工作都有提出各种建议、意见和要求的权利。公民通过信访渠道向各级政府反映问题，发表意见，对各项工作提出批评和建议参与国家机关、企事业单位的管理和民主监督，这是公民行使民主权利参与国家管理和社会管理的重要途径和形式。完善信访制度，强化信访监督，不仅是揭露各种腐败行为和不正之风、反对官僚主义和形式主义的有效措施，而且也是对政府行政行为进行群众监督的重要渠道。就中国目前的实际情况来看，信访制度对于公众而言，不失为进行利益诉求维护个人利益的重要渠道。而对政府而言，其意义在于它也是反映社会矛盾，对政府进行社会监督的一种重要形式和渠道。2005年1月国家颁布了新的《信访条例》，对原有的信访制度进行了补充和完善，将涉诉请求剥离，弱化信访的救济性，增强了信访制度的民主监督性。中国应在此基础上进一步完善信访制度的监督功能，将信访条例中涉及的信访程序和对公众所提出异议的政府回应写入条例当中，明确政府回应义务，使信访监督不再是有去无回的形式化监督。

（二）舆论监督

随着信息时代的到来，舆论监督在社会监督中的作用日益突出，它的影响力逐渐增强，如何利用好新兴技术完善舆论监督成为政府急需关注的问题。在中国，舆论监督的传统途径是新闻媒介包括电视新闻、报纸、杂志等。公众力图通过这些渠道反映自身诉求和对一些政策的不满、意见并提出具有参考性或代表性的建议。随着信息技术尤其是网络技术的快速发展，信息的传递速度呈几何级数增长，可以说我们今天已处于信息爆炸的时代。网络的出现让信息的传播空间、时间局限被打破，政府不能再依靠传统的围追堵截的方式抑制信息的传播。这一方面虽然拓展了公众获取信息的渠道，有助于公众知情权的实现，有利于公众利用信息更有效地参与政府治理行为，也有利于公众监督权的行使。但另一方面由于缺乏有效、必要的约束，信息传播中也出现虚假信息、消极信息等不良行为和现象。如何利用好信息技术提高公众参与质量成为摆在中国政府面前的新课题。对此，我们应该从以下几点认识出发：（1）颁布《新闻法》《政府信息公开法》等相关法律，完善舆论监督的法律体系。应在相关法律条文中明确规定新闻媒介的权利和义务，同时也需要确定政府对新闻媒介的管辖权和管辖范围以及政府的作用和责任，并确立舆论监督的运行准则及行为规范，将舆论监督纳入法律保障体系。还应明确对政府和舆论媒介的权责规定，创造有利于其在各自领域内发挥作用的制度环境。（2）保障舆论媒介的监督权，在法律条文中应明确规定政府在对待新闻媒介方式出现错误和问题时的责任追究及惩处措施，以法律的强制性抑制政府行政权力对新闻媒介言论自由的打压，从而保障新闻媒介的监督权。（3）对于新兴的网络媒介，应该专门制定法律对其监督权利、义务、监督程序和标准进行规定，净化网络监督环境，约束不良行为，真正发挥新兴媒体的技术优势，达到监督权的合理利用。

三 听证制度

在治理理念下，政府治理强调政府与社会的合作，强调政府与公众在地位平等基础上通过协商的方式共同治理某一领域的问题。而听证则是连接政

府与社会，加强公众与政府关系的最重要的方式。听证涉及领域和范围非常
广泛，如立法、食品药品监管、价格制定、政策制定等，它是中国现今发展
最快也是比较成熟的一种公众参与方式。因此，完善听证制度对于中国公众
参与的实现，对于提高公众参与质量的意义不言而喻。

听证制度源自西方国家，它是西方社会公民参与精神的现实体现。因此
梳理国外听证制度的发展状况对于完善中国听证制度具有重要的借鉴意义和
参考价值，应在分析国外听证制度的现状和经验的基础上提出完善中国听证
制度的途径选择和对策建议。

（一）域外经验

完整的听证制度主要包括听证范围即需要关注何种领域的哪些问题进行
听证；听证主体即听证的参与人和组织，需要关注其有哪些需要、具备哪些
资格、如何产生等；听证程序即关注开展听证的原则、顺序、步骤和时限；
听证结果的法律效力，即关注听证结果对政策、计划及其他公共事务的影响
力如何。基于以上四点本书在介绍国外听证制度的现状和经验时也采取此种
分类方式逐一研究。

1. 听证范围

听证制度中范围概念是表明听证是具有一定空间、时间和事务属性的制
度，是有一定范围的限制的。目前各国对听证范围的限定主要从行政行为是
否侵害利益相关方的权益以及该种不利影响是否违法两方面考量。政府行政
行为主要分为两类：一类是抽象行政行为即政府制定的一些行政法规、规章
及政策等；另一类是具体行政行为即实践中具体实施的行政行为。对于听证
范围的规定，本书也从这两方面做一介绍。

抽象行政行为。抽象行政行为一般属于听证范围，但具体到各国又有所
不同。有的国家规定只有在规章涉及义务、拘束或负担时才适用听证，如葡
萄牙《行政程序法典》第 177 条规定："规章涉及义务、拘束或负担时不得
违反公共利益并说明其理由，有权限制定规章的机关一般应就有关的草案听
取代表受影响利益的实体的意见。"有的国家则规定根据规章的内容确定是
否需要进行听证，如韩国《行政程序法》第 41 条规定："立法有紧急性者
依立法内容之性质或其他事由，除进行听证有困难或者是单纯执行上位法或
者听证有碍公益外，制定规章都应当听证。"有的国家则赋予行政机关较大
的自由裁量权，是否要进行听证由行政机关判断决定，如日本《行政程序
法》第 13 条规定行政机关可在认为适当时举行非正式听证并决定紧急情况

下排除适用听证。

具体行政行为。具体行政行为是否适用行政听证，一般以该行为是否对利害关系人的合法权益产生不利影响为标准，如韩国《行政程序法》第22条规定行政机关对当事人课以义务或限制权益之处分时应当向当事人提供提出意见的机会。美国、荷兰等国的行政程序法也都有类似的规定。各国或地区行政听证范围大都比较宽泛，一般都采用概括式的规定，而对于不适用行政听证的事项则以否定列举的方式予以排除。有学者总结了不适用听证的行政行为的范围：（1）紧急情况。如日本行政程序法规定，因公益上紧急有不利于处分之必要不适用听证。（2）涉及国家安全的决定。如美国行政程序法规定军事和外交职务上的行为不适用听证。（3）行政执法行为。如德国行政程序法规定行政执法时所采取的措施可以免除听证。（4）批量行政行为。如德国行政程序法规定行政机关拟颁布一般处分或大量同类行政行为或借助自动机器设备颁布之行政行为不适用听证。（5）根据客观标准而为的羁束行政行为即需要通过计算、检测、试验等技术手段做出或者必须经过考试、选举等程序后按照客观评价标准所做出的行政行为。（6）对利害关系人权益影响轻微而无听证之必要的。①

2. 听证参与主体

行政听证主体是指在行政听证程序中享有一定权利并承担一定义务的组织或个人，包括行政听证组织者、行政听证主持人和行政听证参与人。

对于听证组织者，综观世界各国和地区的行政程序法，行政听证的组织者一般是有权做出行政决定的行政机关，如美国、韩国、日本等都有如此规定。在整个行政听证程序中，行政听证组织者起着重要的作用，其职责主要包括：（1）接受当事人或其他利害关系人的听证申请；（2）听证期日前的相当期间内向当事人或其他利害关系人发出书面的听证通知书；（3）选任或指定听证主持人；（4）做出行政决定时应依据听证记录。②

"听证主持人是一个处于中立地位的中间人，不一定是政府部门，但在一定情况下政府部门主持听证会是不适当，地位的中立有利于提高听证的公信力和避免公众对听证公正性的无端猜忌。"③ 纵观世界范围内，听证主持

---

① 杨建生、廖明岚：《行政听证制度比较研究》，《学术论坛》2006年第6期。
② 应松年：《行政程序法立法研究》，中国法制出版社，2001，第529页。
③ 魏建新：《论我国行政决策听证制度的完善》，《云南行政学院学报》2005年第3期。

人的选择与任命并不相同，但主要包含两类：第一类是行政法官。在美国行政法官从律师和有行政经验的人中选任，专门从事听证工作，独立于行政机关。第二类是由行政机关的长官或从行政机关所属职员中指定。比如在日本，"听证由行政机关指定之职员或其他由政令所规定之人主持"①。对于听证支持人的权利，各国规定也不尽相同，区别主要在于是否具有做出初步决定的权利。②

听证制度参与主体中最为重要的便是参与人，它包括除主持人之外的其他参与者。各国行政程序法，听证参与人的范围不尽相同。在美国，听证参与人包括"明显当事人"和"参加人"两种。"明显当事人"是权益直接受到行政决定影响的人，是行政机关指令为一定的行为或不为一定行为的人，或向行政机关申请营业执照和其他利益的人，或营业收费标准受到行政机关管辖的公司，这类人是直接承受行政行为的客体或引起行政行为的主体。而"参加人"，是权益间接受到行政决定影响的人，他们虽不是行政行为的直接对象，但对行政机关的决定具有利害关系。这类人最具典型的就是竞争者和消费者。③　在德国听证参与人就是"当事人"，是指权利或利益直接或间接受行政决定影响的人。

3. 听证程序

从各国的法律规定及现实实施来看，听证程序主要包括通知、听证前的准备会议、听证进行以及听证结束。通知是听证开展的起始环节，是由行政机关在听证开始前以书面方式对利益相关方和其他参加者进行告知的一种行为，它是对利益相关者合法权益的一种维护与尊重。它所包含的内容主要是听证的事务（即听证涉及的内容）、法律依据、时间、地点、参与者所享有的在程序上的权利等。听证前的预备会议主要是为了解决听证双方的矛盾和冲突，并避免其在正式听证中爆发，即使无法在预备会议阶段解决问题，也能促使正式听证顺利进行。听证的进行是听证的正式开始，此阶段参与者就核心议题开展辩论和质询，主持人则必须保证参与的公众能获得足够的时间

---

① 转引自叶新火《国外行政听证制度比较及其借鉴意义》，《改革与理论》2003 年第 5 期。
② 如韩国与德国，在韩国《行政程序法》第 35 条第 1 款和德国《联邦行政程序法》第 69 条第 1 款中就没有给予主持人以决定权；而美国和葡萄牙，在美国《联邦行政程序法》第 556 条第 3 款第 8 项和葡萄牙《行政程序法典》第 105 条中便授予主持人以做出初步决定或建设性决定的权利。
③ 皮纯协：《行政程序法比较研究》，中国人民公安大学出版社，2000，第 228 页。

进行陈述与提问，避免政府在此过程中的主导行为。听证终结时有权做出行政决定的主持人应当即时根据听证确定的事实及相关的证据做出初步决定或者建设性决定。主持人无权做出行政决定的则应当在听证终结后及时制作听证报告，写明听证的时间、地点、事由及当事人或参加人陈述的内容、提交的证据等，连同其他有关材料一并提交给有权做出决定的行政机关。

4. 听证的法律效力

听证的法律效力主要指听证记录具有的法律效力。世界大多数国家和地区的行政程序法都规定听证应当制作相应的记录，但是行政机关是否只能以听证记录为行政的唯一依据，各国和地区的规定并不相同。归纳起来，听证记录对行政权决定的影响大致有两种情况：一种是听证记录对行政机关的决定具有一定的约束力，行政机关应当斟酌听证记录并结合其他事实做出相应规定而不是必须以听证记录作为唯一依据。如德国《行政程序法》第 69 条第 2 项规定："官署应斟酌全部程序的结果决定之。"而与上述情况相对的另一种情况是美国实行的案卷排他制度。所谓案卷排他制度是指通过听证做出的决定所依据的证据原则上必须是该决定做出前经过当事人质证的记录，在行政案卷中的事实材料不能在案卷以外作为当事人所未知却已为质证的材料充当行政决定的依据，否则该行政决定无效。为此在美国听证记录具有绝对的效力，行政机关做出行政决定必须以听证记录作为唯一依据，而不能根据其他途径得来的材料来做出。

（二）完善中国听证制度的建议

1. 扩大听证范围

要扩大行政听证的适用范围应当从立法技术上着手，并参照各国行政程序法的规定采用概括式和列举式相结合的立法体例，以举行听证为原则，以排除为例外。具体而言即要在将来制定的《行政程序法》中先采用概括方法对行政听证的适用范围做一般的概括：行政机关做出任何可能对公民、法人或其他组织的合法权益产生不利影响的行政行为时受到不利影响的公民、法人或其他组织有权依法要求听证；公民、法人或其他组织认为行政机关做出的行政行为违法或者程序不当、显失公正的均可依法提出听证的申请。然后再采用列举式分别肯定列举行政听证主要适用的范围和否定列举行政听证不能适用的范围。在肯定列举中应将包括限制人身自由的行政处罚在内的所有行政处罚的法定种类列入行政听证的适用范围，同时还应将其进一步扩大到行政裁决、行政强制、行政征收和行政收费等对公民、法人或其他组织的权益有较大影响的行政领域。在否定列举中应当严格按照法律、法规的相关规定，对于某些特定紧急情况下的政府行为由于涉及公共利益、国家利益和国家安全等原因，可以作为特殊情况予以排除。

2. 建立主持人制度，扩大参与主体范围

完善中国听证主持人制度应当参照现行全国司法统一考试的做法，逐步建立起听证主持人的资格考试制度，通过公开考核的办法选拔符合条件的人员担任听证主持人。另外为了保证听证主持人独立的法律地位能真正落到实处，中国还应建立听证主持人独立保障制度，要以法律的形式明确规定听证主持人独立的法律地位。当然，从目前情况来看，由于听证制度在中国发展的时间还比较短，设立专职听证主持人并成立专门机关进行统一管理的条件还不具备。因此在目前阶段听证主持人还是以政府法制机构的人员担任为宜。

扩大行政听证参加人员的范围应当借鉴各国行政程序法的规定，不仅合法权益受到直接影响的当事人有要求参加听证的权利，而且权益间接受到影响的第三方也应当有申请参加听证的权利。从原则上说，在行政立法中全体公民都应享有申请参加听证的权利；而在具体行政行为中，凡是与一定具体行政行为的结果有直接或者间接利害关系的公民、法人或者组织原则上也都依法享有参加听证的权利。

3. 完善听证的程序规则

听证程序的开始一般由政府提出即听证程序的启动权归属于政府，公众并没有法律保障下的启动权。对此中国应在法律上对启动权的归属做出明确规定，将公众纳入程序的启动主体当中，赋予公众以听证的启动权并对启动的原则、涉及事项、程序等加以细化。在听证开始前的会议上，应该就需要听证的事项所涉及的信息加以公开以方便公众获取充足信息，防范政府出于自身利益考量隐瞒信息的行为。而在听证的进行阶段，应该明确主持人的职能，对进行中的各个阶段加以时间和内容上的控制，对于不同领域或者类型的听证应在行政法规中做出有针对性的不同规定。

4. 增强听证结果的法律效力

关于听证笔录的法律效力可以借鉴德日模式，即行政机关应当斟酌听证笔录并结合其他事实做出相应的决定。这一模式在中国具有一定的可行性，符合中国传统的"以事实为依据，以法律为准绳"的法律观念，有利于防止行政权的专断从而有利于维护利害关系人的合法权益。

四 建立高效的回应机制

公众参与的根本目的是更好地解决社会问题，满足公众需求，维护公众利益，提高公众的生活质量。而有效的公众参与衡量标准之一便是公众参与的效力有多大，即公众参与的结果在多大程度上影响政府行为。回应机制便是解决公众效力问题的制度之一，公众通过政府的回应获取反馈信息，了解自己的利益诉求是否得到政府关注。通过该渠道，公众也能了解到自己意见和建议是否被采纳，如未被采纳原因是什么，这样做在一定程度上便于公众对政府政策的理解，有助于政府开展工作。建立高效的回应制度与机制既需要政府方面的自我改革，也需要从法律层面对公众权益加以保障。

国家治理体系的建立要求政府必须转变观念，不再以社会管理者的身份实施对公众的管制行为，而是需要以服务者的身份通过与公众的协商对话解决公众所关心的问题。这就要求中国政府尽快建立服务型体制，改革政府自身结构，以简捷、高效的组织形态回应公众诉求。伴随信息技术快速发展的是公众利益诉求途径的增加，为应对信息爆炸时代的效率要求，政府应加快电子政府建设，创制政府回应平台，利用新兴的信息技术打造信息发布、收集、处理和回应的全新机制，便于公众第一时间获取信息并发声。同时一个以实现公共利益为宗旨、致力于全心全意为公众服务的政府，有责任和义务将管理过程公开化、透明化，以更便捷的方式、更易理解的语言让民众能够便利地获得政府的信息。无论从政治民主还是从行政效率、公共服务来说，政务信息以便捷、有效的方式对公众开放是加强政府行为合法性的唯一渠道，由此也才能进一步加强政府与公众之间的联系。政府应该建立范围广泛的政务公开机制。知情权是保证公众在服务型政府中享有主体地位的关键。只有及时了解政府的相关信息，公众才能切实享受到政府的服务，而且政务公开程度也直接影响公众参与的广度和深度。一方面政府应通过新闻发布会、公开听证制度以及各种咨询委员会等形式不断扩大政务公开范围，广泛听取公众意见，以保证机构调整符合民意，符合公共利益；另一方面，应完善公众的利益表达机制，进一步细化宪法与法律有关公民权的规定，建立易于操作的程序，使公民的知情权切实得到法律的保障。"对于通过各种制度化渠道汇集起来的公民诉求，政府必须及时回应并把这些诉求纳入到政府机构改革中来。民意反映了公民对政府的期待，是政府管理的出发点，也是政府正常运转的原始动力。为公民建立方便可行的利益表达机制、鼓励其表达自己的利益要求，不仅能增强他们对政府的认同与支持，而且能够及时根据公民需要更好地推进政府的改革。"①

回应机制的建立除政府进行自我改革之外，也需要法律作为外力对政府回应提出硬性要求。中国宪法规定公民有权对国家机关及其工作人员提出批评和建议，这是公众参与权在宪法中的一种体现。它赋予公众以参政议政的权利，但是中国宪法和其他法律并没有对政府是否需要回应以及如何回应公众的意见和建议做出明文规定，法律规定的空白造成政府回应的外在动力缺失。对此，中国应该在宪法中明确规定政府有义务、有责任对公众所提出的意见、建议和批评做出回应，由此才能从根本上保障公众权利。

---

① 谢庆奎、佟福玲：《服务型政府与和谐社会》，北京大学出版社，2006，第 248 页。

参考文献

著作类

〔法〕阿尔弗雷德·格罗塞：《身份认同的困境》，王鲲译，社会科学文献出版社，2010。

〔美〕阿尔温·托夫勒：《第三次浪潮》，朱志焱、潘琪、张焱译，三联书店，1984。

〔英〕安德鲁·查德威克：《互联网政治学：国家、公民与新传播技术》，任孟山译，华夏出版社，2010。

〔美〕安东尼·奥罗姆：《政治社会学导论》（第4版），张华青、何俊志、孙嘉明等译，上海世纪出版集团，2006。

〔美〕安东尼·奥罗姆：《政治社会学——主体政治的社会剖析》，张华青、孙嘉明译，上海人民出版社，1989。

〔美〕本杰明·巴伯：《强势民主》，彭斌、吴润洲译，吉林人民出版社，2006。

〔美〕布赖恩·麦克奈尔：《政治传播学引论》，殷祺译，新华出版社，2005。

蔡定剑：《民主是一种现代生活》，社会科学文献出版社，2010。

蔡定剑主编《公众参与：风险社会的制度建设》，法律出版社，2009。

蔡定剑主编《公众参与：欧洲的制度和经验》，法律出版社，2009。

〔美〕查尔斯·埃德温·贝克：《媒体、市场与民主》，冯建三译，上海世纪出版集团，2008。

陈家刚选编《协商民主》，上海三联书店，2004。

陈晓莉：《政治文明视域中的农民政治参与》，中国社会科学出版社，

2007。

陈振明：《公共管理学》，中国人民大学出版社，2005。

程燎原、王人博：《权利及其救济》，山东人民出版社，1998。

〔美〕达尔：《民主理论的前言》，顾昕、朱丹译，三联书店，1999。

〔英〕戴维·冈特利特：《网络研究——数字化时代媒介研究的重新定向》，彭兰等译，新华出版社，2004。

〔英〕戴维·赫尔德：《民主的模式》（最新修订版），燕继荣等译，中央编译出版社，2008。

邓颖声等：《中国特色社会主义权力监督体系研究》，时事出版社，2011。

杜骏飞主编《网络传播概论》，福建人民出版社，2003。

段永朝：《互联网：碎片化生存》，中信出版社，2009。

房宁主编《中国政治参与报告（2012）》，社会科学文献出版社，2012。

龚志宏：《和谐社会与公民政治参与》，河南人民出版社，2009。

谷春德主编《西方法律思想史》，中国人民大学出版社，2000。

郭道晖：《当代中国立法》，中国民主法制出版社，1998。

〔德〕哈贝马斯：《公共领域的结构转型》，曹卫东、王晓珏、刘北城、宋伟杰译，学术出版社，1999。

〔德〕哈贝马斯：《在事实与规范之间——关于法律和民主法治国的商谈理论》，童世骏译，三联书店，2003。

韩冬梅：《西方协商民主理论研究》，中国社会科学出版社，2008。

何俊志：《选举政治学》，复旦大学出版社，2009。

胡鞍钢等：《中国国家治理法治化》，中国人民大学出版社，2014。

黄建钢：《政治民主与群体心态》，中信出版社，2003。

季卫东：《大变局下的中国法治》，北京大学出版社，2013。

季卫东：《宪政新论——全球化时代的法与社会变迁》，北京大学出版社，2002。

贾西津主编《中国公民参与：案例与模式》，社会科学文献出版社，2008。

〔美〕简·芳汀：《构建虚拟政府：信息技术与制度创新》，邵国松译，中国人民大学出版社，2004。

〔美〕凯斯·桑斯坦：《网络共和国：网络社会中的民主问题》，黄维明译，上海世纪出版集团，2003。

李金河、徐锋：《当代中国公众政治参与和决策科学化》，人民出版社，2009。

李龙：《中国特色社会主义法治体系理论纲要》，武汉大学出版社，2014。

〔美〕理查德·斯皮内洛：《铁笼，还是乌托邦——网络空间的道德与法律》，李伦等译，北京大学出版社，2007。

刘海年等主编《依法治国建设社会主义法治国家》，中国法制出版社，1996。

刘作翔：《迈向民主与法治的国度》，山东人民出版社，1999。

〔美〕罗伯特·W. 麦克切斯尼：《富媒体 穷民主——不确定时代的传播政治》，谢岳译，新华出版社，2004。

〔美〕罗伯特·达尔：《论民主》，李柏光、林猛译，商务印书馆，1999。

麻宝斌：《中国社会转型时期的群体性政治参与》，中国社会科学出版社，2009。

〔美〕曼纽尔·卡斯特：《网络社会的崛起》，夏铸九、王志弘等译，社会科学文献出版社，2006。

〔美〕曼纽尔·卡斯特主编《网络社会：跨文化的视角》，周凯译，社会科学文献出版社，2009。

莫吉武等：《协商民主与有序参与》，中国社会科学出版社，2009。

〔日〕蒲岛郁夫：《政治参与》，解莉莉译，经济日报出版社，1989。

〔美〕乔治·S. 布莱尔：《社区权力与公民参与》，伊佩庄、张雅竹编译，中国社会出版社，2003。

邱永文：《当代中国政治参与研究》，中共中央党校出版社，2009。

〔美〕塞缪尔·亨廷顿、琼·纳尔逊：《难以抉择：发展中国家的政治参与》，王晓寿等译，华夏出版社，1989。

石路：《政府公共决策与公民参与》，社会科学文献出版社，2009。

〔英〕史蒂文·拉克斯：《尴尬的接近权——网络社会的敏感话题》，禹建强、王海译，新华出版社，2004。

〔美〕斯蒂芬·戈德史密斯、威廉·D. 埃格斯：《网络化治理：公共部门的新形态》，孙迎春译，北京大学出版社，2008。

谭智华：《法治与社会和谐》，人民法院出版社，2009。

〔美〕托马斯·R. 戴伊：《自上而下的政策制定》，鞠方安、吴忧译，中国人民大学出版社，2002。

〔德〕托马斯·海贝勒、君特·舒耕德：《从群众到公民——中国的政治参与》（城市卷），张文红译，中央编译出版社，2009。

王国华等编著《决策理论与方法》，中国科学技术大学出版社，2006。

王沪宁：《比较政治分析》，上海人民出版社，1987。

王惠岩主编《政治学原理》（第二版），高等教育出版社，2006。

王敬尧：《参与式治理：中国社区建设实证研究》，中国社会科学出版社，2006。

王浦劬主编《政治学基础》，北京大学出版社，2000。

王人博、程燎原：《法治论》，山东人民出版社，1989。

王巍、牛美丽编译《公民参与》，中国人民大学出版社，2009。

王维国编著《公民有序政治参与的途径》，人民出版社，2007。

王锡锌主编《行政过程中公众参与的制度实践》，中国法制出版社，2008。

王锡锌主编《公众参与和中国新公共运动的兴起》，中国法制出版社，2008。

王雅琴：《选举及其相关权利研究》，山东人民出版社，2004。

王周户主编《公众参与的理论与实践》，法律出版社，2011。

魏星河：《当代中国公民有序政治参与研究》，人民出版社，2007。

吴振钧：《权力监督与制衡》，中国人民大学出版社，2008。

谢芳：《西方社区公民参与：以美国社区听证为例》，中国社会出版社，2009。

谢岳：《大众传媒与民主政治》，上海交通大学出版社，2005。

徐建波主编《法学家眼中的中国法治》，中国方正出版社，2003。

杨宗科：《法律机制论》，西北大学出版社，2000。

于海青：《当代西方参与民主研究》，中国社会科学出版社，2009。

俞可平：《论国家治理现代化》，社会科学文献出版社，2014。

〔美〕约翰·克莱顿·托马斯：《公共决策中的公民参与》，孙柏瑛等译，中国人民大学出版社，2010。

〔德〕约翰·奈斯比特、多丽丝·奈斯比特：《中国大趋势：新社会的八大支柱》，魏平译，吉林出版集团、中华工商联合出版社，2009。

张淑华：《网络民意与公共决策：权利和权力的对话》，复旦大学出版社，2010。

张维迎：《信息、信任与法律》，三联书店，2003。

张文显主编《法理学》，法律出版社，1997。

张小罗：《论网络媒体之政府管制》，知识产权出版社，2009。

赵成根：《民主与公共决策研究》，黑龙江人民出版社，2000。

赵震江主编《法律社会学》，北京大学出版社，1998。

郑红：《公民协商：中国政治体制改革的基层民主路径》，法制与社会出版社，2009。

周甲禄：《舆论监督权论》，山东人民出版社，2006。

卓泽渊：《法治国家论》，法律出版社，2008。

期刊论文

陈佑武：《论政治参与法治化的人权保障价值》，《人权》2013 年第 5 期。

程琥：《公众参与社会管理机制研究》，《行政法学研究》2012 年第 1 期。

高洪贵：《协商民主视野下的政府公共决策与公民参与》，《理论导刊》2012 年第 4 期。

葛宁、黄忠伟：《我国网络领域青年有序参与研究》，《政治学报》2013 年第 6 期。

郭小聪、代凯：《公民参与的争辩与经验研究——十五年来海外相关研究述评》，《厦门大学学报》（哲学社会科学版）2014 年第 3 期。

贺善侃、邓志锋：《推进基层政府公共决策中的协商民主》，《理论探索》2011 年第 2 期。

黄冬娅：《组织化利益表达：理论假设与经验争论》，《中山大学学报》（社会科学版）2013 年第 1 期。

李强彬、黄健荣：《国外协商民主研究 30 年：协商民主何以须为何以可为》，《四川大学学报》（哲学社会科学版）2013 年第 3 期。

李英：《论政治参与的法治化》，《郑州大学学报》（哲学社会科学版）2009 年第 3 期。

娄成武、钟俊生：《公众利益表达机制的缺失及其应对》，《社会科学辑刊》2012 年第 4 期。

聂运麟：《政治参与与政治稳定》，《华中师范大学学报》（人文社会科学版）2000 年第 1 期。

彭新武：《中国社会主义民主行政的系统建构》，《北京行政学院学报》2009 年第 4 期。

漆国生：《公共服务中的公众参与能力探析》，《中国行政管理》2010 年第 3 期。

秦德君：《中国政治发展与扩大公民政治参与》，《社会科学》2001 年第 9 期。

史献芝：《协商民主与社会管理的链接与良性互动》，《理论探讨》2012 年第 2 期。

孙莹：《论我国人大代表结构比例的调整优化——以精英主义和多元主义代表模式为分析框架》，《法学学报》2013 年第 4 期。

谭君久：《论政治文明与文明政治》，《人大复印报刊资料·政治学》2003 年第 1 期。

王春江：《中国特色协商民主制度的形成路径与实践形式》，《人民论坛》2012 年第 6 期。

王志强：《公民政治参与空间的转换与协商民主》，《华南师范大学学报》（社会科学版）2011 年第 2 期。

魏姝：《民主行政与行政民主——兼论中国行政改革的方向与困境》，《江苏行政学院学报》2012 年第 1 期。

吴文勤：《论政治法治化下的政治参与——兼论我国政治体制改革的渐进模式》，《政治与法律》1999 年第 3 期。

殷峰：《政治参与法治化问题探析》，《政法学刊》2008 年第 3 期。

于志刚、邢飞龙：《中国网络法律体系的现状分析和未来建构》，《法学学报》2013 年第 4 期。

章舜钦：《和谐社会公民政治参与权的法治保障》，《学术探索》2008 年第 4 期。

周光辉：《当代中国政治发展的十大趋势》，《政治学研究》1998 年第 1 期。

朱光磊、陈娟：《中国阶层分化与重组 30 年：过程、特征与思考》，《教学与研究》2008 年 10 期。

英文文献

Bearman，P S. and Everett，K D，1993. "The Structure of Protest，1961 –

1983". *Social Networks*, 15: 171 – 200.

Burt, R. S. , 1982. *Toward A Structural Theory of Action*. New York: Academic Press.

Burt, R. S. , 1990. "Detecting Role Equivalence". Social Networks, 12: 83 – 97.

Diani, M. , 1992. "The Concept of Social Movement". *Sociological Review*, 40: 1 – 25

Embirbayer, M. and Sheller, M. , 1998. "Publics is History". *Theory and Society*, 27 (6): 727 – 779.

Galaskiewicz, J. , 1979. *Exchange Network and Community Politics*. Beverly Hills: Sage Publications.

Granovetter, M. , 1976. "Network Sampling: Some First Steps". AJS, 81: 1287 – 1303.

Klandermans, B. , 1997. *The Social Psychology of Protest*. Oxford: Blackwell.

Knoke, D. , and Kuklinski, J. , 1982, *Network Analysis*. London: Sage Publication.

Lin, Nan, 1999. "Social Networks and Status Attainment". ARS, 25: 467 – 487.

Marc, H. , James Melitski. Seung – Yong Rho. and Richard Schwester, 2004. Restoring Trust in Government: The Potential of Digital Citizen Participation. IBM Center for the Business of Government. Special Report Series.

Marsden, P. V. , 1981. "Introducing Influence Processes into a System of Collective Decision". AJS, 86: 1203 – 1235.

Miller, D. 2002. *Is Deliberative Democracy Unfair to Disadvantaged Groups? Democracy as Public Deliberation: New Perspectives*. Manchester University Press.

Offe, C. , 1985. "New Social Movements: Changing Boundaries of the Political Structure". *Social Research*, 52: 817 – 868.

Robert, D. 2001. *Putnam: Bowling Alone: The Collapse and Revival of American Community*. New York: Touchstone.

后 记

2007 年春天，我开始带领研究团队就公众参与政府治理课题进行了一系列的调研工作。本书是研究团队成员集体智慧的结晶。全书由我总体设计并最后统稿、定稿，韩冬、杨冠一协助我进行了统稿，王玮做了大量校对工作。具体写作分工情况是：韩冬，第一章第一节、第二节；姚志远，第二章第一节；王颖，第二章第一节的案例部分；彭德生，第二章第二节；陈聪，第三章第一节；崔丽萍、袁克，第三章第二节；袁金凤，第四章第一节；马海龙，第四章第一节；张梦雨，第四章第一节；王曼超，第四章第一节；毕荣，第四章第一节；杨晓、吴兴识，第四章第一节；肖成俊、杨冠一，第五章第三节。

此外，本书也是国家社科基金重大项目"推进中国特色社会主义政治参与法治化研究"（项目号：14ZDC010）的阶段性研究成果。

本书在写作过程中参阅了国内外许多学者的论著，在此对他们表示感谢。

本书的出版得到了社会科学文献出版社的大力支持，在此表示衷心谢意。

由于作者水平有限，书中存在不尽完善之处，敬请大家批评指正。

许玉镇

2015 年 8 月于长春

图书在版编目（CIP）数据

公众参与政府治理的法治保障/许玉镇著.—北京：社会
科学文献出版社，2015.10
　（公共治理与公共政策丛书）
　ISBN 978 - 7 - 5097 - 8136 - 4

　Ⅰ.①公…　Ⅱ.①许…　Ⅲ.①公民 - 参与管理 - 国家 -
行政机关 - 行政管理 - 研究 - 中国　Ⅳ.①D630.1

　中国版本图书馆 CIP 数据核字（2015）第 232804 号

·公共治理与公共政策丛书·
公众参与政府治理的法治保障

著　　者 / 许玉镇

出 版 人 / 谢寿光
项目统筹 / 袁卫华
责任编辑 / 袁卫华

出　　版 / 社会科学文献出版社·人文分社（010）59367215
　　　　　地址：北京市北三环中路甲 29 号院华龙大厦　邮编：100029
　　　　　网址：www.ssap.com.cn
发　　行 / 市场营销中心（010）59367081　59367090
　　　　　读者服务中心（010）59367028
印　　装 / 北京季蜂印刷有限公司

规　　格 / 开　本：787mm × 1092mm　1/16
　　　　　印　张：18.25　字　数：319 千字
版　　次 / 2015 年 10 月第 1 版　2015 年 10 月第 1 次印刷
书　　号 / ISBN 978 - 7 - 5097 - 8136 - 4
定　　价 / 89.00 元